# O mistério da fé

**Dados Internacionais de Catalogação na Publicação (CIP)**
**(Câmara Brasileira do Livro, SP, Brasil)**

Alfeyev, Hilarion
O mistério da fé : introdução à teologia dogmática ortodoxa / Hilarion Alfeyev ; tradução de Svetlana Ruseishvili. – Petrópolis, RJ : Vozes, 2018.

Título original: инство веры. Вьедение в православное док.

3ª reimpressão, 2024.

ISBN 978-85-326-5678-0

1. Igreja Ortodoxa Russa – Doutrinas I. Título.

17-11130 CDD-281.947

Índices para catálogo sistemático:

1. Igreja Ortodoxa Russa : Doutrinas 281.947

HILARION ALFEYEV

# O mistério da fé

## Introdução à teologia dogmática ortodoxa

Tradução de Svetlana Ruseishvili

Petrópolis

Tradução do original em russo intitulado
Таинство веры. Вьедение в православное догматические богословие.

Direitos de publicação em língua portuguesa:
2018, Editora Vozes Ltda.
Rua Frei Luís, 100
25689-900 Petrópolis, RJ
www.vozes.com.br
Brasil



---

*Editoração*: Fernando Sergio Olivetti da Rocha
*Diagramação*: Mania de criar
*Revisão gráfica*: Nilton Braz da Rocha / Nivaldo S. Menezes
*Capa*: Idée Arte e Comunicação
*Ilustração de capa*: Cruz da Vitória, conservada no interior da Câmara Santa de Oviedo, Espanha.

ISBN 978-85-326-5678-0

Este livro foi composto e impresso pela Editora Vozes Ltda.

# Sumário

# Prefácio do Metropolita Kallistos (Ware) de Diokleia

O livro do Metropolita Hilarion Alfeyev, *O mistério da fé*, é uma brilhante introdução ao ensinamento dogmático cristão, à oração e à liturgia. É uma leitura complexa, mas ao mesmo tempo acessível não apenas aos ortodoxos, mas também aos leitores de outras confissões. O livro é redigido em conformidade com o espírito patrístico, em linguagem contemporânea, fiel à Tradição eclesiástica e aberto para o futuro.

O Metropolita Hilarion fundamentou o livro em sua vasta experiência pastoral, científica e de diálogo entre diferentes correntes cristãs. Ele nasceu em 1966, em Moscou, e cresceu no seio da Igreja Ortodoxa Russa. Com 20 anos de idade recebeu a ordenação presbiteral. Dedicou-se ao serviço pastoral por alguns anos na Lituânia e depois lecionou em escolas teológicas de Moscou, entre 1991 e 1993.

No período de 1993 a 1995, ele cursou o doutorado na Universidade de Oxford, onde eu tive o prazer de ser o seu orientador científico. Quantas coisas aprendi com as nossas conversas! Nunca antes eu tinha orientado um doutorando tão determinado em atividades científicas e apto a concluir a tese em um prazo tão curto. Em 2000, a sua tese foi publicada pela Editora Oxford University Press, intitulada *St Symeon the New Theologian and Orthodox Tradition*. Ao longo de sua estadia em Oxford, o Hieromonge Hilarion também se dedicou aos estudos do idioma sírio, orientado pelo Professor Sebastian Brock, que resultaram em publicação, pela Editora Cistercian Publications, nos Estados Unidos, de seu segundo livro em inglês, *The Spiritual Word of Isaac the Syrian*. Tanto São Simeão quanto Santo Isaque são autores místicos, de modo que o Padre Hilarion possui uma inclinação à teologia mística, como se certificarão os leitores da presente obra.

De volta à Rússia, entre 1995 e 2001, o Hieromonge Hilarion trabalhou no Departamento das Relações Internacionais do Patriarcado de Moscou. Ele viajava muito para participar de diversas conferências intercristãs. Mesmo assim, ele continuava redigindo tratados teológicos complexos, como, entre outros, "Vida e ensinamentos de São Gregório Nazianzeno" (por esse estudo ele recebeu o título de doutor em Teologia pelo Instituto Teológico Ortodoxo de São Sérgio, em Paris), "Cristo: o vencedor do inferno", "O mistério sagrado da Igreja – Introdução à história e à problemática dos debates sobre a veneração do nome de Deus".

Depois de receber a ordenação para bispo de Podólia, em janeiro de 2002, ele foi nomeado chefe da Representação da Igreja Ortodoxa Russa para as Organizações Internacionais Europeias, em Bruxelas. Um ano depois tornou-se bispo de Viena, na Áustria. Ao longo desses anos, ele não interrompeu suas atividades teológicas e científicas, que resultaram em publicação do tratado *A ortodoxia – Um estudo fundamental inédito da história, da teologia e da vida litúrgica e sacramental da Igreja Ortodoxa*.

Em 2009, o Bispo Hilarion se tornou chefe do Departamento das Relações Internacionais do Patriarcado de Moscou e membro permanente do Sínodo da Igreja Ortodoxa Russa. Em 2010, foi promovido para metropolita. Em 2011, chefiou a Comissão Bíblica e Teológica da Igreja Ortodoxa Russa.

Grandes hierarcas da Igreja primitiva, como São Basílio Magno ou Santo Agostinho, agregavam com sucesso suas obrigações administrativas com a atividade científica e literária. Que isso seja possível também para o Metropolita Hilarion!

O livro *O mistério da fé* é caracterizado pela abordagem completa e abrangente. Para o seu autor, não há ruptura entre a teologia e a espiritualidade, entre os dogmas e a experiência pessoal, entre a fé e a oração, tudo isso está interligado em um todo indivisível. O Metropolita Hilarion corresponde ao conceito dos Santos Padres da Igreja, que diziam que "o teólogo é aquele que pratica uma oração verdadeira". Ele não está dedicado apenas a narrar em um estilo abstrato, "escolástico", aquilo que faz parte do ensinamento cristão ortodoxo. Ele procura reinterpretá-lo do ponto de vista pessoal, empírico e dinâmico, apresentá-lo como *um estilo de vida*. São Filareto, grande metropolita de Moscou do século XIX, dizia que o Credo, a profissão doutrinária da fé cristã, pertence àqueles que vivem de acordo com ele. Este livro está escrito justamente conforme esse espírito.

Uma das qualidades mais atraentes deste livro é o fato de que o seu texto é ricamente ilustrado pelas citações retiradas de obras dos Santos Padres da Igreja e dos teólogos contemporâneos. A Tradição da Ortodoxia Oriental é apresentada para nós em toda sua exuberância e diversidade criativa.

A verdadeira teologia, como insiste o Metropolita Hilarion, não existe sem o sentimento de admiração. De acordo com Albert Einstein, "aquele que não consegue mais parar para admirar e extasiar-se em veneração, é como se estivesse morto". Que este livro provoque nos leitores essa capacidade vivificante de admirar-se e de extasiar-se perante Deus!

*Kallistos*

Metropolita de Diokleia

# Prefácio do autor

Sem ter a pretensão de expor sistematicamente a teologia dogmática da Igreja Ortodoxa, o presente livro foi elaborado a partir de conferências ministradas no grande seminário teológico de Moscou. O seu gênero pode ser definido como um comentário autoral de um sacerdote ortodoxo sobre os dogmas da Igreja Ortodoxa. Por essa razão, no livro há mais perguntas do que respostas. O livro se refere a um grande público de leitores interessados nos ensinamentos da Igreja Ortodoxa, em seu desenvolvimento histórico e na sua maneira de abordar os problemas contemporâneos. O autor julgou indispensável dar a possibilidade aos seus leitores de ouvir a voz vivificante dos doutores da Igreja e de alguns teólogos de grande relevância, e por essa razão trouxe no texto várias citações de suas opiniões sobre os fundamentos dogmáticos da fé.

O dogma – a lei, a regra, o decreto – designa a verdade imutável, recebida como um artigo da fé e à qual todo cristão deve se submeter. Os dogmas são revelados divinamente, pois estão fundados nas Escrituras Sagradas, mesmo tendo sido formulados de forma definitiva nos séculos posteriores. Eles são o patrimônio da Igreja como um todo, porque foram elaborados por sua inteligência coletiva. Diferentemente dos dogmas, as heresias – do grego *hairesis*, literalmente "escolha", "remoção" – representam opiniões teológicas contrárias ao ensinamento da Igreja, como se fossem "removidas" de seu contexto. Todos os dogmas foram formulados em resposta às heresias insurgentes. Por sua vez, as próprias heresias nasciam em decorrência de má interpretação dos fundamentos dogmáticos da fé. A história multissecular do cristianismo é repleta de lutas incessantes contra as heresias. Foi precisamente nessas lutas que a consciência da Igreja se firmou, as formulações foram apuradas e os conceitos teológicos foram desenvolvidos. A sistematização da teologia dogmática ortodoxa é o resultado da história bimilenar do cristianismo.

No mundo contemporâneo é comum a opinião de que os dogmas religiosos são secundários, não obrigatórios, sendo que os mandamentos éticos são considerados primordiais. Dessa posição procede a indiferença pela teologia. Entretanto, a Igreja sempre foi consciente de que os dogmas e os mandamentos são inseparáveis. "A fé sem obras é morta", diz o Apóstolo Tiago (2,26). E segundo o Apóstolo Paulo, "o homem é justificado pela fé sem as obras da lei" (Rm 3,28). Nessas duas afirmações não há nada de contraditório. As obras são indispensáveis, mas elas não são salvadoras por si mesmas, sem a fé, pois é Cristo que salva os homens, e não as suas obras de caridade.

"E conhecereis a verdade, e a verdade vos libertará", diz Cristo (Jo 8,32), que é a única Verdade, Caminho e Vida (Jo 14,6). Cada dogma revela a verdade, mostra o caminho e comunga da vida. E cada heresia distancia da verdade, obstrui o caminho que leva à salvação, traz ao homem a morte espiritual. As inúmeras lutas pelos dogmas pelas quais a Igreja passou ao longo de sua história são lutas pela salvação do homem, segundo as palavras do teólogo Vladimir Lossky. São lutas pela possibilidade de comungar da verdadeira Vida, da união com Deus e da bem-aventurança eterna[1].

A teologia ortodoxa nunca dispôs de uma coleção de verdades dogmáticas tão rica e tão completa como aquela que representou para o Ocidente a *Suma teológica*, de Tomás de Aquino. Nela, o autor tentou sistematizar todo o ensinamento da fé

---

1. LOSSKY, V. *Essai sur la théologie mystique de l'Eglise d'Orient.* Paris: Aubier, 1944 [Introduction].

cristã em forma de perguntas e respostas. Por longos séculos, a obra de Tomás de Aquino predeterminou no Ocidente o desenvolvimento do pensamento teológico, que se tornava cada vez mais racional e escolástico. De acordo com as circunstâncias históricas, a teologia ortodoxa dos últimos séculos sofreu uma forte influência da "teologia escolar" ocidental, que impregnou parcialmente os manuais russos de dogmática escritos no século XIX. Um distanciamento da vida espiritual autêntica e o caráter especulativo próprio à "teologia escolar" da Igreja Católica até o Segundo Concílio do Vaticano foram muito presentes na teologia dogmática russa do século XIX. É apenas no século XX, graças às obras de proeminentes teólogos russos, como Vladimir Lossky, Georges Florovsky, entre outros, que a influência escolástica sobre a teologia russa foi reduzida e novas perspectivas comuns de pesquisa teológica foram elaboradas, resumidas pelas palavras de ordem: "Adiante, aos Santos Padres!"

A vida em Cristo é como um fogo espiritual, enquanto que a teologia construída na base de deduções racionais se parece à palha queimada e consumida pelo fogo da experiência religiosa autêntica. Podemos lembrar o relato sobre a vida do próprio Tomás de Aquino, "o pai da escolástica", de acordo com o qual, após ter visto Cristo, durante a oração, ele jamais escreveu algo sobre o tema e deixou a sua "Suma" inacabada. "Tudo o que escrevi não passa de uma palha para mim", disse ele ao seu secretário.

Não só a teologia não deve entrar em contradição com a experiência espiritual, como deve se basear nela. Foi justamente dessa maneira que a teologia dos Santos Padres da Igreja procedeu ao longo de vinte séculos, desde o Apóstolo Paulo e o mártir Santo Inácio de Antioquia até São Teófano o Recluso e São Silvano do Monte Athos. Por mais que o presente livro tenha por base o ensinamento geral dos Santos Padres, nele também são consideradas opiniões teológicas particulares, *theologoumena*, que foram contribuídas por um ou outro autor à tesouraria dos conhecimentos cristãos.

Segundo a concepção ortodoxa, o principal critério do rigor teológico é o tal chamado *consensus patrum*, "o consenso dos Padres", sobre as questões fundamentais da doutrina. Porém, esse consenso não pode ser interpretado como algo artificial, como resultado de abandono de qualquer individualidade de cada autor, ou como um "denominador comum" de todo pensamento patrístico. Acredito que o "consenso dos Padres" significa o seu acordo sobre os fundamentos, admitindo ao mesmo tempo uns desacordos sobre os assuntos particulares. Dessa maneira, várias opiniões particulares dos Santos Padres entram no "consenso" como frutos da busca espiritual dos homens da fé divinamente inspirados, e não devem ser desintegradas artificialmente para chegar a um esquema geral ou a uma "soma" simplificada da teologia.

Além das citações dos Santos Padres, trazemos também as opiniões de alguns teólogos ortodoxos contemporâneos. A dogmática ortodoxa não é um monumento da antiguidade cristã, ela exige uma recepção viva e um comentário atualizado que possa integrar a experiência da humanidade no século XX. Por exemplo, é impossível relatar o ensinamento dogmático da Igreja sem evocar o pensamento dos relevantes teólogos contemporâneos, como o Metropolita Antônio Bloom ou o Bispo Sofronio Sakharov. Permanecendo fiéis à Tradição patrística, eles conseguiram responder às angústias do homem de *hoje*, ou seja, aos problemas que diferem muito daqueles que atormentavam os homens no século IV. A dogmática ortodoxa não pode ser reduzida a simples repetição de tudo que já foi escrito pelos Padres da Antiguidade. Não se trata de *reinterpretação* dos dogmas, mas de uma *interpretação renovada*, que inclui a experiência do cristão contemporâneo como parte do sistema dogmático.

Baseada na experiência espiritual, estranha ao racionalismo e à escolástica, a teologia ortodoxa permanece viva e ativa nos dias de hoje tanto quanto na Antiguidade. O homem enfrenta sempre as mesmas dúvidas: O que é a verdade? Em que consiste o sentido da vida? Como encontrar o verdadeiro conhecimento sobre a divindade? Como alcançar a bem-aventurança em Deus? O cristianismo não tem por objetivo dar as respostas definitivas e esgotar assim todas as inquietudes do espírito humano. No entanto, ele revela uma nova realidade, tão superior a todas as outras que nos rodeiam na vida terrena, que, uma vez encontrada, o homem é capaz de esquecer todas as suas angústias e dúvidas. É porque a sua alma se encontra com a divindade e se cala no pressentimento do Mistério, nenhuma palavra humana é capaz de expressar.

# 1

# A BUSCA PELA FÉ

## O apelo

A fé é o caminho pelo qual Deus e homem andam ao encontro um do outro. Deus dá o primeiro passo, porque sua fé no homem é incondicional. Ele oferece ao homem um sinal, um pressentimento de sua presença. O homem ouve um apelo misterioso de Deus, e em resposta dá um passo ao seu encontro. Deus convoca o homem clara ou discretamente, de maneira manifesta ou imperceptível. Porém, será difícil para o homem acreditar em Deus sem, antes, ter vivenciado esse apelo divino.

A fé é um segredo e um mistério. Por que um homem responde ao apelo enquanto o outro, não? Por que um, ao ouvir a Palavra de Deus, está pronto a aceitá-la, enquanto o outro permanece surdo? Por que um, ao encontrar Deus em seu caminho, abandona tudo imediatamente para segui-lo, enquanto o outro se afasta dele? "E Jesus, andando junto ao Mar da Galileia, viu dois irmãos, Simeão, chamado Pedro, e André, os quais lançavam as redes ao mar, porque eram pescadores. E disse-lhes: 'Vinde após mim, e eu vos farei pescadores de homens'. Então eles, deixando logo as redes, seguiram-no. E, adiantando-se dali, viu outros dois irmãos, Tiago, filho de Zebedeu, e João, seu irmão, num barco com seu pai Zebedeu, consertando as redes; e chamou-os. Eles, deixando imediatamente o barco e seu pai, seguiram-no" (Mt 4,18-22). Como explicar a misteriosa prontidão dos pescadores galileus de abandonar tudo para seguir Cristo, que eles mal conheciam? E por que o mancebo ao qual Cristo também disse "vem e segue-me" não respondeu imediatamente, mas "retirou-se triste"? (Mt 19,21-22). Não seria porque aqueles eram pobres e esse possuía "muitas propriedades", aqueles não tinham nada além de Deus, e esse tinha "tesouros na terra"?

Cada homem possui seus tesouros na vida – sejam eles dinheiro ou bens, bom emprego ou bem-estar. Mas o Senhor diz: "Bem-aventurados os pobres de espírito, porque deles é o Reino dos Céus" (Mt 5,3). As versões antigas do Evangelho segundo Lucas dão uma mensagem ainda mais clara e direta: "Bem-aventurados vós, os pobres, porque vosso é o Reino de Deus" (Lc 6,20). Bem-aventurados são aqueles que perceberam que, mesmo possuindo fortunas, não têm nada nessa vida; aqueles que pressentiram que nenhuma aquisição terrena possa substituir Deus. Bem-aventurados são aqueles que vão e vendem todos os seus bens para adquirir uma pérola de grande valor: a fé (Mt 13,45-46). Bem-aventurados são aqueles que entenderam que sem Deus eles são pobres, aqueles que demandam e aspiram por Ele com toda a sua alma, todo o seu espírito e a sua vontade.

A palavra da fé nunca foi fácil de compreender. Mas em nossa época as pessoas ficam tão preocupadas com os problemas da existência, que muitos simplesmente não têm tempo para ouvir essa palavra e refletir sobre Deus. Não raro, o sentimento religioso se limita pela celebração do Natal ou da Páscoa ou pela observação de alguns outros ritos apenas para "não perder as raízes", as tradições populares. Em alguns lugares a religião entra de repente "na moda" e as pessoas começam a frequentar a igreja para ser como todo mundo. Mas a prioridade, para a maioria, ainda é a vida de negócios e o trabalho. "Pessoas de negócio" são uma geração típica do século XX. Para elas, não existe nada além de sua própria função em algum "negócio", que as consome por inteiro e que não lhes consente sequer uma pausa necessária para ouvir a voz divina.

Ainda assim, por mais paradoxal que pareça, as pessoas conseguem ouvir o misterioso apelo de Deus em seus corações inseridos na desordem das tarefas, eventos e impressões cotidianas. Nem sempre esse apelo é reconhecido como vindo de Deus. Muitas vezes ele é sentido simplesmente como uma insatisfação, uma inquietude interna, uma busca. O indivíduo pode levar anos para perceber que toda a sua vida anterior era tão incompleta e falha porque Deus não estava presente nela. E sem Deus não há e não pode haver plenitude de existência. "Porque nos fizeste para ti [escreve Santo Agostinho], e o nosso coração é inquieto enquanto em ti não encontrar a paz"[1].

O apelo divino pode ser pensado como uma flecha, com a qual Deus, como um caçador experiente, atinge a alma humana. A ferida ensanguentada e incurável faz a alma procurar por um remédio, esquecendo todo o resto. A alma daquele que ouviu o apelo se torna possuidora de um ardente ímpeto por Deus.

> Os pensamentos dessa alma são consumidos por um amor divino e por uma aspiração irresistível às belezas cada vez mais gloriosas e radiantes do espírito. Eles padecem de um amor incontrolável pelo Noivo celeste e [...] aspiram à majestade sublime que nem as palavras podem expressar, nem a razão pode apreender. [...] Por meio dos grandes esforços, de uma ascese longa e de uma luta pertinaz [...] essas almas são sempre excitadas pelos mistérios celestes do espírito e cativadas pela beleza divina, procurando a plenitude completa. Pois o Espírito Divino contém uma beleza variada e inesgotável, inefável e inconcebível,

1. AGOSTINO. *Confessioni*. Garzanti, 1995, livro 1, 1,1, p. 3.

> que se revela às almas dignas para sua felicidade, sua alegria, sua vida e sua consolação. Para que a alma pura que não para de padecer de amor mais intenso pelo Noivo celeste nunca mais se preocupe com o mundano, mas que seja totalmente consumida por Aquele que a atrai [escreve São Macário do Egito][2].

## A diversidade de caminhos

As pessoas chegam a Deus pelas diversas vias. Às vezes, o encontro com Deus é inesperado e súbito; às vezes, ele é antecipado por um longo caminho de procuras, dúvidas e decepções. Em alguns casos Deus "surpreende" o homem chegando repentinamente; em outros, o homem encontra Deus sozinho e se volta a Ele. Esse encontro pode acontecer a qualquer hora: na infância ou na juventude, na maturidade ou na velhice. E não há no mundo pessoas que encontram Deus pelos caminhos iguais. Do mesmo modo que não há um caminho garantido que possa levar a Deus qualquer pessoa. Cada um é pioneiro nesse caminho, cada um deve passar por ele sozinho para encontrar seu próprio Deus, ao qual se diz: "Ó Deus, Tu és o meu Deus" (Sl 63,1). Deus é um e único para todas as pessoas, mas Ele deve ser descoberto por *mim* para tornar-se *meu*.

Um dos exemplos de um encontro súbito do homem com seu Deus é o Apóstolo Paulo. Antes de se tornar um apóstolo ele tinha sido um judeu ortodoxo e tinha ódio pelo cristianismo, que considerava uma seita prejudicial e perigosa. "Respirando ainda ameaças e mortes", ele caminhava para Damasco prestes a fazer muitos danos à Igreja. Mas, quando já estava se aproximando da cidade, "subitamente o cercou um resplendor de luz

2. SÃO MACÁRIO DO EGITO. *Novas conversas espirituais*. Moscou, 1990, p. 49-50 [em russo].

do céu. E, caindo em terra, ouviu uma voz que lhe dizia: 'Saulo, Saulo, por que me persegues?' E ele disse: 'Quem és, Senhor?' E disse o Senhor: 'Eu sou Jesus, a quem tu persegues'" (At 9,1-5). Ofuscado pela luz divina, Saulo perdeu a visão – ao longo de três dias ele permaneceu cego e manteve jejum. Em seguida, recebeu o Batismo, recuperou a visão e se tornou o apóstolo de Cristo, aquele cujo destino era trabalhar "muito mais do que todos eles" na pregação do Evangelho (1Cor 15,10). Imediatamente após a sua conversão, foi pregar aquele Cristo que se revelou pessoalmente a ele, aquele Cristo que se tornou *seu* Deus.

Há ainda um outro exemplo contemporâneo. Um dos mais conhecidos pregadores ortodoxos russos do mundo, o Metropolita Antônio (Bloom), era ateu quando criança. Tudo que ele ouvia sobre Cristo não provocava nele nenhuma simpatia pelo cristianismo. Certa vez, indignado pelo sermão de um sacerdote, ele decidiu verificar se realmente o cristianismo era tão desagradável como parecia. Então pegou o Novo Testamento, escolheu o Evangelho mais curto – para não gastar muito tempo – e iniciou a leitura.

> Enquanto eu lia o Evangelho segundo São Marcos [ele relata], entre o capítulo primeiro e o começo do terceiro eu ressenti, de repente, que havia alguém do outro lado da minha mesa. A sua presença era inquestionável, embora invisível. Quando levantei o meu olhar, eu não vi ninguém, não ouvi ninguém, não tive nenhum sentido acionado, mas eu estava *absolutamente* convencido de que aquele que estava presente do outro lado da mesa era Jesus Cristo [...]. Assim começou uma grande mudança na minha vida. Senti que não existia nenhuma outra tarefa na minha vida, senão compartilhar com outros aquela alegria transformadora que me foi revelada ao conhecer Deus e Cristo. E assim, ainda na adolescên-

> cia, comecei a falar sobre Cristo em todos os lugares e ocasiões: na escola, no metrô, nas colônias de férias. Eu falava sobre Cristo tal como Ele foi revelado para *mim*: como vida, como alegria, como sentido, como algo tão novo que renovava *tudo* [...]. Eu podia fazer as palavras de São Paulo minhas: "E ai de mim, se não anunciar o Evangelho!" (1Cor 9,16). Porque não compartilhar esse milagre seria um crime perante Deus, que o proferiu, e perante as pessoas, que em todos os cantos do mundo almejam uma palavra viva sobre Deus, sobre o homem, sobre a vida[3].

Menos repentina, mas não menos inesperada, foi a conversão religiosa do navegador francês Bernard Moitessier. Tendo sido participante de uma corrida solitária em volta do mundo, cujo campeão levaria um prêmio importante e a fama mundial, ele era um dos favoritos e tinha todas as chances de ganhar a corrida. A sua entrada triunfal já estava sendo preparada na Inglaterra. Mas, inesperadamente, ele alterou o seu curso e dirigiu seu iate à costa da Polinésia. Apenas alguns meses depois foi possível descobrir a razão pela qual ele abandonou a competição. Ao longo de todo aquele tempo que ele passou junto ao oceano e ao céu, na medida em que pensava sobre o sentido da vida, menos atraente ficava o objetivo da competição – dinheiro, sucesso, fama. Lá, no oceano, ele sentiu *o sopro da eternidade*, vivenciou a presença de Deus e não tinha mais vontade de voltar à rotina mundana.

Certamente, a conversão religiosa nem sempre é repentina e inesperada. Muitas vezes o encontro resulta de uma longa procura. Santo Agostinho precisou passar pelos múltiplos equívocos e provas, ler muitos livros filosóficos e teológicos para compreender, aos 33 anos de idade, que ele não conseguia vi-

---

3. BISPO ANTÔNIO (BLOOM). *Conversas sobre a fé e a Igreja*. Moscou, 1991, p. 308-309 [em russo].

ver sem Deus. Nos nossos tempos, algumas pessoas se lançam a procurar nos livros uma "verdade" abstrata, pouco relacionada com a vida, e finalmente chegam à revelação de Deus Pessoa. Às vezes, chega-se ao cristianismo pelos desvios – através das religiões e cultos orientais, do budismo, da ioga. Alguns chegam a Deus após ter vivenciado um drama: perda de um ser próximo, um desgosto, uma doença, um desespero. É na infelicidade que o homem ressente sua pobreza, compreende que tinha perdido tudo e não possui nada mais além de Deus. É então que ele consegue clamar por Deus *de profundis* – "das profundezas" (Sl 130,1) da desolação e do desespero.

A conversão religiosa pode acontecer também como resultado de encontro com um verdadeiro crente. Cristo disse: "Assim resplandeça a vossa luz diante dos homens, para que vejam as vossas boas obras e glorifiquem vosso Pai, que está nos céus" (Mt 5,16). Se fosse possível um cristão resplandecer-se com uma luz divina, se fosse possível ele ter o amor de Deus refletido em seus olhos, isso seria o melhor testemunho de Deus e a melhor prova de sua existência. Existe um relato sobre um jovem que decidiu se dedicar a Deus após ter contemplado um sacerdote se transfigurar diante de seus olhos e irradiar uma luz celeste, tal como Cristo no Monte Tabor.

Há também um caminho a Deus aparentemente mais natural possível: quando uma criança nasce em uma família religiosa e cresce dentro da fé. No entanto, a fé, embora possa ser herdada, precisa ser internalizada e experimentada pelo ser humano, precisa se tornar parte de *sua* própria experiência vivida. Conhecidos são os casos dos ateus provenientes de famílias religiosas ou de sacerdotes. Nicolay Tchernychevski e Nicolay Dobroliubov, filósofos materialistas russos do século XIX, ambos nasceram em tradicionais famílias de sacerdotes, mas romperam com a religiosidade de seus ancestrais. Não se nasce crente. A fé se conquista através do esforço e da coragem daquele que a almeja.

## A filosofia em busca do criador do universo

Em todos os tempos o ser humano buscou descobrir a verdade e compreender a razão de sua existência. Na Grécia antiga, os filósofos pesquisavam tanto as leis do universo como o ser humano e o seu pensamento, procurando alcançar conhecimentos sobre a gênese das coisas. Os filósofos se dedicavam não apenas ao raciocínio e à lógica, mas também estudavam astronomia e física, matemática e geometria, música e poesia. Esses múltiplos conhecimentos eram acompanhados por uma vida ascética e pela oração, sem as quais é impossível atingir o estado da purificação do espírito, da alma e do corpo – o estado de catarse.

Ao pesquisar o mundo visível, os filósofos chegaram à conclusão de que não havia nada ocasional no universo. Cada elemento possui o seu lugar e a sua função específica conforme rígidas leis universais: os planetas nunca se desviam de suas órbitas e os satélites nunca deixam seus planetas. Tudo no universo é tão harmonioso e cheio de propósito que os gregos antigos o chamavam de "cosmos", isto é, o belo, a ordem, a harmonia, algo contrário ao "caos" – a confusão e a desordem. "Cosmos" era visto como um mecanismo imenso, regido por um ritmo ininterrupto, por uma pulsão infalível. Contudo, qualquer mecanismo deve ser criado por *alguém*; qualquer relógio, por mais preciso que seja, precisa ser concebido e lançado. É assim que os filósofos, pelo método dialético, chegavam à ideia de um único criador do universo. Platão o chamou de Criador, Pai, Deus e Demiurgo, o que significa "Feitor", "Mestre".

> [...] é necessário que tudo que tem nascido seja nascido por uma ação de uma causa determinada [escreve Platão]. Porém, descobrir o autor e o padre desse cosmos é uma grande façanha e, uma vez descoberto, é impossível divulgá-lo, de modo que chegue a

> todo o mundo. [...] O cosmos é belo e o demiurgo é bom [...]. Pois o cosmos é o mais belo de tudo que tem sido produzido, e o demiurgo é a mais perfeita e a melhor das causas. [...] Deus quis que todas as coisas fossem boas; deixou de lado, na medida em que isso estava em suas mãos, toda a imperfeição, e assim tomou toda essa massa visível, desprovida de todo repouso e quietude, submetida a um processo de câmbio sem medida e sem ordem, e a levou da desordem à ordem, já que estimava que a ordem vale infinitamente mais do que a desordem[4].

Platão habitava o país no qual reinava o politeísmo. As pessoas divinizavam as forças da natureza e as adoravam. Formalmente, a filosofia não rejeitava os deuses, mas acreditava na superioridade de uma Razão sobre eles. Na cosmologia de Platão os deuses possuíam funções de alguma maneira parecidas com as funções dos anjos nas religiões monoteístas: o Demiurgo é quem os criou e quem os comanda, enquanto eles apenas obedecem à sua vontade. Em sua vontade de criar os seres humanos, o Demiurgo lhes aborda falando: "Deuses, filhos de Deuses de quem eu sou o Autor, e das obras que eu sou o Padre, vocês foram feitos indissolúveis por mim, posto que não quererei destruí-los"[5]. Em seguida, ele lhes fornece a matéria-prima e ordena criar com ela os seres humanos. Assim, de fato, os melhores pensadores da Antiguidade superavam o politeísmo e se aproximavam da verdade sobre o Deus único.

Filósofos falavam também sobre *Logos* (do grego *logos*: "palavra", "razão", "pensamento", "lei"), que era concebido inicialmente como uma lei eterna e universal que dá fundamento para o universo. Contudo, *Logos* não é apenas uma ideia abstrata: ele

---

4. Trad. a partir de PLATON. *Timeo*. Buenos Aires: Aguilar, 1963, 28c-30a, p. 91-92.

5. Ibid., 1963, 41a, p. 112.

é também uma força criadora divina que intermedia Deus e o mundo criado. Esse era o ensinamento de Fílon de Alexandria e dos pensadores do neoplatonismo. Nos escritos de Plotino, um dos representantes da escola do neoplatonismo, a filosofia quase se transforma em religião. Ele destaca a transcendência, a infinitude, o absoluto e a incognoscibilidade do divino, pois Ele não possui uma definição e não há propriedades que possam ser atribuídas a Ele. Plotino chamava Deus de Uno, que possuía a plenitude da existência e dava origem a todas as outras formas de ser, das quais a primeira é o Intelecto e a segunda é a Alma do Mundo. No exterior da Alma do Mundo há o mundo material, ou seja, o universo, que ganha vida através do sopro da Alma. Assim, o mundo se apresenta como um reflexo da realidade divina e contém os traços da beleza e da perfeição. O Uno, o Intelecto e a Alma formam em conjunto a Tríade divina (a Trindade). O ser humano pode até conseguir contemplar Deus através de catarse – purificação –, mas, ainda assim, Deus permanece inconcebível e inatingível. Ele permanece um mistério.

A filosofia da Antiguidade, através da dialética, se aproxima das verdades que serão reveladas definitivamente no cristianismo – sobre Deus único, o criador do mundo, sobre o *Logos*, Filho divino, e sobre a Santíssima Trindade. Não é por acaso que os primeiros autores cristãos chamavam a filosofia de "cristianismo antes de Cristo". "Mesmo que a filosofia helenística não contenha a verdade em toda a sua grandeza [...], ela libera o caminho que leva a Cristo", diz Clemente de Alexandria[6]. Muitos dos Santos Padres da Igreja chegaram ao cristianismo através do estudo da filosofia, ou, ao menos, tinham grande consideração por ela. Entre eles, São Justino (mártir), São Clemente de Alexandria, Santo Agostinho, São Gregório de Nissa e São Gregó-

---

6. CLEMENTE DE ALEXANDRIA. *Stromata I*: cultura y religión. Madri: Ciudad Nueva, 1996, 1-1,5.

rio Nazianzeno. Na entrada dos primeiros templos cristãos, ao lado das imagens dos mártires e dos santos, havia imagens de Sócrates, Platão e Aristóteles, enquanto precursores e primeiros arautos da verdade...

## A religião da revelação divina

A maioria dos povos que habitavam o mundo pré-cristão estava imersa no obscurantismo politeísta. Mesmo se haviam mentes abertas e iluminadas, como os filósofos gregos que eram capazes de romper com a ignorância do politeísmo, suas revelações sobre Deus único permaneciam nada mais que um vestígio de um espírito especulativo. Deus Criador ainda lhes parecia distante e abstrato. Certos, até pensavam que Deus, ao ter criado o universo, se limitou a dar apenas o primeiro impulso, a acionar o mecanismo, sem interferir posteriormente na vida dos seres humanos, entregando-os assim ao acaso da fatalidade e do destino.

Havia, contudo, um povo eleito, ao qual Deus confiou o conhecimento místico sobre si, sobre a criação do mundo e sobre o sentido da vida. Os antigos hebreus conheciam Deus não através de livros ou especulações dos sábios, mas através de sua própria experiência milenar. Eles deixaram o Grande Livro – a Bíblia, que não é uma invenção humana, mas é concedida por Deus em uma revelação direta. Noé, Abrão, Isaac, Jacó, Moisés, Elias – muitos justos e profetas não se contentavam em apenas refletir sobre Deus, mas eles o viam com seus próprios olhos e lhe falavam pessoalmente.

> Sendo, pois, Abrão da idade de 99 anos, apareceu o Senhor a Abrão, e disse-lhe: "Eu sou o Deus Todo-poderoso; anda em minha presença e sê perfeito. E porei o meu concerto entre mim e ti, e te multiplicarei grandissimamente". Então caiu Abrão sobre o

> seu rosto, e Deus falou com ele, dizendo: "Quanto a mim, eis o meu concerto contigo: Tu serás o pai de uma multidão de nações. [...] E darei a ti e à tua semente depois de ti a terra de tuas peregrinações, toda a terra de Canaã, em perpétua possessão, e ser-lhes-ei o seu Deus" (Gn 17,1-8).

Os hebreus chamavam Deus de "Deus dos pais", ou seja, Deus dos ancestrais, e zelavam em preservar a aliança confiada a seus pais.

Todas as revelações de Deus no Antigo Testamento têm caráter pessoal. Deus se revela ao ser humano não como uma força abstrata, mas como um ser vivo que fala, ouve, vê, pensa e auxilia.

> E disse o Senhor a Moisés: "Eis que eu virei a ti numa nuvem espessa, para que o povo ouça, falando eu contigo, e para que também creiam em ti eternamente". [...] E aconteceu, ao terceiro dia, ao amanhecer, que houve trovões e relâmpagos sobre o monte, e uma espessa nuvem, e um sonido de buzina muito forte, de maneira que estremeceu todo o povo que estava no arraial. [...] E todo o Monte Sinai fumegava, porque o Senhor descera sobre ele em fogo; a fumaça subia como de uma fornalha, e todo o monte tremia grandemente. E o sonido da buzina ia aumentando cada vez mais; Moisés falava, e Deus lhe respondia em voz alta. [...] Então falou Deus todas estas palavras, dizendo: "Eu sou o Senhor, teu Deus, que te tirei da terra do Egito, da casa da servidão. Não terás outros deuses diante de mim". [...] E o povo estava em pé, de longe; Moisés, porém, se chegou à escuridade, onde Deus estava (Ex 19,9.16.18-19; 20,1-3.21).

Nesse caso, a "escuridade" e a nuvem representam o mistério, pois, embora Deus se revele ao homem, Ele permanece misterioso e inconcebível. Nenhuma pessoa podia se aproximar do Monte Sinai, "para que não morramos" (Ex 20,19), pois "homem nenhum verá a minha face e viverá" (Ex 33,20). Ou seja, embora Moisés tenha visto Deus, sua essência permaneceu impenetrável para a visão humana.

Deus participa viva e ativamente na vida do povo de Israel. Quando Moisés guia o povo do Egito para a terra prometida, Deus pessoalmente o precede em uma coluna de fogo. Deus permanece entre as pessoas, dialoga com elas, habita a morada que construíram para Ele. Depois de terminar a construção do templo, o Rei Salomão invoca a Deus, pedindo que Ele faça dele a sua habitação.

> E sucedeu que, saindo os sacerdotes do santuário, uma nuvem encheu a casa do Senhor. E não podiam ter-se em pé os sacerdotes para ministrar, por causa da nuvem, porque a glória do Senhor enchera a casa do Senhor. Então disse Salomão: "O Senhor disse que habitaria nas trevas. Certamente te edificarei uma casa para morada, assento para a tua eterna habitação. [...] Mas, na verdade, habitaria Deus na terra?" Eis que os céus, e até o céu dos céus, não poderiam te conter, quanto menos esta casa que eu tenho edificado. Volve-te, pois, para a oração de teu servo, e para a sua súplica, ó Senhor meu Deus, para ouvires o clamor e a oração que o teu servo hoje faz diante de ti. Para que os teus olhos noite e dia estejam abertos sobre esta casa, sobre este lugar, do qual disseste: "O meu nome estará ali, para ouvires a oração que o teu servo fizer neste lugar". [...] Toda a oração, toda a súplica, que qualquer homem de todo o teu povo Israel fizer conhecendo cada um a chaga do seu coração, e estendendo as suas mãos para esta casa. Ouve Tu então nos céus, assento da tua habitação, e perdoa,

> e faze, e dá a cada um conforme a todos os seus caminhos, e segundo vires o coração de todos os filhos dos homens (1Rs 8,10-13.27-29.38-39).

E Deus que reside na escuridão, ou seja, em mistério, Deus que não pode ser contido nem pelos céus, nem pela terra, nem pelo mundo visível, nem pelo invisível, desce aos homens e *habita* lá, onde eles querem que Ele habite, lá onde eles *reservaram um lugar* para Ele.

Um dos pontos mais surpreendentes na religião revelada é que Deus, permanecendo misterioso e inconcebível, é, ao mesmo tempo, tão próximo às pessoas que elas podem chamá-lo de "Deus *nosso*" e "Deus *meu*". Nisso consiste a enorme diferença entre a revelação divina e todas as conquistas do pensamento humano. Enquanto o Deus dos filósofos permanece abstrato e inerte, o Deus da revelação é vivo, próximo e pessoal. Ambos os caminhos levam à compreensão de que Deus é inconcebível e que Ele é um mistério. Porém, enquanto a filosofia deixa o ser humano no pé da montanha e não lhe dá ferramentas para continuar a escalada, a religião lhe guia até o topo, onde Deus *vive* na sombra. A religião o conduz para dentro da nuvem, ou seja, para além de todas as palavras e as deduções racionais, e desvela perante ele o mistério de Deus.

* * *

> Eis um mistério: há almas que conheceram o Senhor; há as que não o conheceram, mas que creem. E tem, também, homens que não apenas não conheceram Deus, mas que não creem nele. [...] É o orgulho que impede ter a fé. O homem orgulhoso quer compreender tudo através de sua inteligência e da ciência, mas ele não consegue conhecer Deus porque o Senhor se revela apenas às almas humildes.

[...] No céu ou na terra nós conhecemos o Senhor apenas por intermédio do Espírito Santo. [...] Até os pagãos ressentiam a existência de Deus, mas eles não sabiam como louvar o verdadeiro Deus. Porém, o Espírito Santo inspirou os profetas, depois os apóstolos, depois os santos padres e santos bispos nossos, e assim a verdadeira fé adveio até o nosso tempo. [...] Ó homens, criaturas de Deus, conhecei o criador. Ele nos ama. Conhecei o amor de Cristo e vivei em paz. [...] Direcionai-vos a Deus, todos os povos da terra, direcionai as vossas preces a Ele. Assim, as preces de toda a terra elevar-se-ão ao céu, como uma nuvem esplêndida e serena, iluminada pelo sol. [...] Sabei, povos, nós fomos criados para contemplar a glória de Deus nos céus. Não apreseis-vos à terra, pois Deus é o nosso Pai, Ele nos ama como seus próprios filhos" (São Silvano do Monte Athos. In: HIEROMONGE SOFRONIO. *Starets Silvano*, p. 148-150).

A filosofia é uma imagem clara da verdade, um presente divino concedido aos gregos. Ademais, ela não nos separa da fé, [...] mas nos predispõe com uma mais ampla bagagem, que serve como uma preparação para a demonstração da fé. [...] Antes da vinda do Senhor, a filosofia era necessária para a justificação dos gregos. [...] Provavelmente a filosofia tinha sido dada primitivamente aos gregos antes de eles próprios chamarem o Senhor, já que a filosofia educava os gregos, como a Lei educava os hebreus, até Cristo. [...] Porque um único é o caminho da verdade, mas ele é como um rio que sempre flui e no qual desembocam afluentes, cada qual de um lugar (CLEMENTE DE ALEXANDRIA. *Stromata* I, 2, 20.1; 20.2.5; 28.1,3; 29.1 [CLEMENTE DE ALEJANDRIA.

*Stromata I*: cultura y religión. Madri: Ciudad Nueva, 1996, p. 113, 129, 131]).

Mas então, após ter lido aqueles livros dos platônicos e ter aceitado o convite para procurar uma verdade incorpórea, vi e compreendi "pelas coisas que estão criadas" o "seu eterno poder" (Rm 1,20), e apesar de ser rejeitado, compreendi as coisas que a escuridão desta alma me impedia de contemplar. Eu estava certo que Vós sois e que sois infinito, mas sem ocupar espaço, finito ou infinito que fosse [...]. E assim me joguei avidamente sobre as páginas preciosas ditadas por vosso espírito, e acima de tudo sobre aquelas do Apóstolo Paulo [...]. No fim da primeira página descobri que tudo que eu tinha lido de verdadeiro lá, aqui era dito com a garantia de tua graça [...]. Aquelas páginas não têm esse ar de piedade, o pranto de uma confissão; "os sacrifícios são o espírito quebrantado, a um coração quebrantado e contrito" (Sl 51,17), nem a salvação de seu povo, nem "a santa cidade" (Ap 21,2), "o penhor do Espírito" (2Cor 1,22), nem o cálice da nossa redenção. Lá não se ouve cantar "A minha alma espera somente em Deus, dele vem a minha salvação, só Ele é a minha rocha e a minha salvação; é a minha defesa, não serei grandemente abalado" (Sl 62,1-2). E não se ouve chamar "Vinde a mim todos os que estais cansados e oprimidos" (Mt 11,28). Eles desdenham seu ensinamento, pois Ele é "manso e humilde de coração" (Mt 11,29) (SANTO AGOSTINHO. *Confissões* [AGOSTINO. *Confessioni*. Garzanti, 1995, livro VII, 20.26-21.27]).

E sabemos que todas as coisas contribuem juntamente para o bem daqueles que amam a Deus, daqueles que são chamados por seu decreto. Porque os que dantes conheceu também os predestinou para serem conformes à imagem de seu Filho, a fim de que Ele seja o primogênito entre muitos irmãos. E aos que predestinou, a estes também chamou; e aos que chamou, a estes também justificou; e aos que justificou, a estes também glorificou. Que diremos pois a estas coisas? Se Deus é por nós, quem será contra nós? (Rm 8,28-31).

A fé em Cristo é o novo paraíso. É por isso que Deus conheceu, antes mesmo da fundação do mundo, todos aqueles que acreditaram ou iriam acreditar nele. Ele os chamou e não parará de chamar até o fim dos tempos. Ele os glorificou e os glorificará. Ele os justificou e os justificará, ou seja, tornando-os dignos à imagem da glória de seu Filho por meio do Batismo e da graça do Espírito Santo, transformando-os misteriosamente dos velhos em novos e dos mortais em imortais [...] (SÃO SIMEÃO, O NOVO TEÓLOGO. *Tratado ético*, II, 7, 287-295).

# 2

# Deus

## Etimologia da palavra "Deus"

Em diferentes idiomas, a palavra "Deus" é relacionada a diversos termos e conceitos; cada um dos quais pode esclarecer algumas características de Deus. É porque nos tempos antigos as pessoas se esforçavam em procurar aquelas palavras que poderiam expressar suas representações de Deus e suas vivências de contato com Ele.

Em russo, assim como em outros idiomas de origem eslava que pertencem à família linguística indo-europeia, a palavra "Deus" – "*Bog*" – é relacionada, segundo os linguistas, à palavra sânscrita *bhaga*, que significa "donatário". Essa palavra, por sua vez, procede do *bhagas* – "fortuna", "felicidade"[1]. Em russo, a palavra "riqueza" (*bogatstvo*) também é relacionada ao substantivo *Bog* – Deus. Dessa maneira, Deus é representado em termos da plenitude da existência, da absoluta perfeição, do júbilo, que, contudo, não são contidos *dentro* da divindade, mas são disseminados entre os seres vivos. Deus nos outorga, nos enche de sua plenitude, de sua riqueza quando nós nos direcionamos a Ele.

---

1. FASMER, M. *Dicionário Etimológico do Idioma Russo*. T. 1. Moscou, 1986, p. 181-182 [em russo].

Em grego, a palavra *theos*, segundo Platão, tem origem no verbo *theein*, que significa "correr". "Parece-me que os primeiros homens da região da Grécia consideravam apenas aqueles deuses que agora são os de muitos bárbaros: o sol, a lua, a terra, os astros e o céu, e, uma vez que viam todos sempre deslocando-se e *correndo*, a partir desta natureza denominaram-lhes *deuses*", escreve Platão no diálogo *Crátilo*[2]. Em outras palavras, os antigos viam no movimento circular e no curso intencional da natureza uma prova da existência de uma força superior dotada de inteligência, que eles, não sendo capazes de identificar enquanto o Deus único, representavam como uma variedade de forças divinas.

Entretanto, São Gregório Nazianzeno oferece uma outra interpretação dessa etimologia. Ele acredita que a palavra *theos* vem do verbo *ethein*, que significa "acender", "queimar", "arder". "Porque o Senhor teu Deus é um fogo que consome, um Deus zeloso" (Dt 4,24), diz a Bíblia. Essas palavras serão repetidas pelo Apóstolo Paulo para enfatizar a capacidade de Deus de exterminar e de consumir todo o mal (Hb 12,29). "Deus é fogo, mas o diabo é frio", disseram os santos Barsanúfio e João[3].

> Deus é fogo, que aquece e incendeia os corações e todo o nosso interior. Assim, se sentirmos um frio nos nossos corações, que é do demônio, [...] clamaremos pelo Senhor. Ele chegará aquecendo o nosso coração com um amor perfeito não apenas por Ele, mas também pelo próximo. Diante desse calor, o frio do demônio se dissolverá"[4] [escreve São Serafim de Sarov, um monge e taumaturgo russo].

---

2. SOUZA, L.F. (2010). *Platão, Crátilo*: Estudo e tradução. Universidade de São Paulo, p. 98-99 [Dissertação de mestrado].

3. BARSANÚFIO E JOÃO. *Guia da vida espiritual*. São Petersburgo, 1905, p. 14, resposta 18 [em russo].

4. Registros do Mosteiro Serafim-Diveevo. São Petersburgo, 1903, p. 113 [em russo].

São João Damasceno propõe mais uma etimologia da palavra *theos*. Segundo ele, a palavra se origina do verbo *theaomai*, ou seja, "contemplar": "Pois nada se oculta de Deus, Ele é vigilante de todas as coisas. 'De fato, *todas as coisas Ele via antes de sua criação* [...]'"[5], escreve São João Damasceno.

Nas línguas de origem germânica, a palavra "Deus" – *God* em inglês, *Gott* em alemão – vem do verbo que significa "cair em terra", "se prostrar". O metropolita russo Antônio (Bloom) diz o seguinte a esse propósito: "As pessoas que, nos tempos remotos, queriam falar algo sobre Deus não tentaram descrevê-lo, retratá-lo, definir a sua essência, mas queriam apenas indicar o que acontece com a pessoa que inesperadamente encontra Deus, que de repente é iluminada pela graça divina, pela luz divina. Tudo que a pessoa pode fazer neste instante é se prostrar em um sentimento de temor sagrado, adorando Aquele que, mesmo sendo inconcebível, se apresentou em uma intimidade e em um esplendor luminoso"[6]. O Apóstolo Paulo, que foi iluminado pelo Senhor no caminho a Damasco, abalado por essa luz, bruscamente "caiu em terra, [...] tremendo e atônito" (At 9,4.6).

O nome com o qual Deus se manifestou aos antigos hebreus – *Yahweh* – significa "ente", "aquele que existe", e vem do verbo *hayah*, isto é, "ser", "existir", ou então de sua forma em primeira pessoa – *ehieh* – "eu sou". Contudo, esse verbo possui um sentido dinâmico – designa não apenas o fato de existir, mas, sobretudo, uma existência sempre presente, sempre atual e viva, uma presença efetiva. Quando Deus diz a Moisés "Eu Sou o Que Sou" (Ex 3,14), isso significa eu vivo, eu estou aqui, eu estou com você. Além disso, esse nome enfatiza a superio-

---

5. SÃO JOÃO DAMASCENO. *Exposição da fé*. I, 9 [JUAN DAMASCENO. *Exposición de la fe*. Madri: Ciudad Nueva, 2003, p. 62].

6. BISPO ANTÔNIO (BLOOM) DE SUROJ. *Conversas sobre a fé e a Igreja*, p. 96 [em russo].

ridade da existência divina sobre a existência de todos os seres vivos. É uma existência autônoma, primária, eterna; é a plenitude de ser que está além da existência.

> *Aquele Que É* é em poder e supraessencialmente a Causa substancial de toda existência, é o Demiurgo do ser, da subsistência, da substância, da essência, da natureza, o Princípio e a Medida das durações perpétuas, o Ser de tudo o que de qualquer modo exista, o Devir de tudo aquilo que se torna, seja de qual maneira for. Do ser procedem duração, essência, existência, tempo, devir e o que se torna, o ser que pertence aos seres, e tudo o que existe, e tudo o que subsiste, seja de qual modo for. Para dizer a verdade, com efeito, Deus não é ser segundo esse ou aquele modo, mas de maneira absoluta e indefinível, porque contém em si, sintética e antecipadamente, a plenitude do ser"[7] [escreve o autor do tratado *Os nomes divinos*, Dionísio Pseudoareopagita].

Segundo a tradição antiga, os hebreus na era pós-exílica não pronunciavam o nome de *Yahweh*, tendo um temor sagrado perante essa palavra. Apenas o sacerdote supremo tinha autoridade de pronunciá-lo, uma vez por ano, quando entrava no Santo dos Santos para incensá-lo. Caso um homem qualquer ou mesmo um sacerdote dentro do templo quisesse dizer algo sobre Deus, ele substituía o nome "Aquele Que É" por outras palavras ou dizia simplesmente "céu". Havia também uma outra tradição: quando era necessário dizer "Deus", a pessoa se calava e punha a mão sobre o coração ou apontava para o céu, e assim todos sabiam que se tratava de Deus, sem, contudo, ter pronunciado o *Nome* sagrado. Em forma escrita, os hebreus se referiam a Deus através do tetragrama sagrado – YHWH. Eles se davam conta

7. DIONÍSIO PSEUDOAREOPAGITA. *Obra completa.* São Paulo: Paulus, 2004, p. 79 (817C) [Trad. Roque Aparecido Frangiotti].

de que não existia em idioma humano uma palavra, um nome ou um termo que poderia designar a essência de Deus.

> O ser divino não possui nome. Isso é demonstrado não apenas pela nossa razão, mas também pelas palavras dos mais sábios e mais antigos entre os hebreus. Esses, na verdade, que para homenagear Deus se serviam de letras particulares, não queriam que nenhuma coisa que é menos importante do que Deus e o próprio Deus seja escrita com as mesmas letras [...]. Como poderiam aceitar, então, que uma palavra fútil indicasse uma natureza que não se desvanece e que é diferente de todas as outras? Ninguém, de fato, nunca respirou o ar em sua totalidade, nem a mente pode conter, nem a voz pode exprimir o ser divino [...] [diz São Gregório Nazianzeno][8].

Evitando pronunciar o nome de Deus, os hebreus mostravam que é possível se unir a Deus nem tanto através das palavras e das definições, mas sobretudo pelo respeitoso e piedoso silêncio.

## Os nomes divinos

As Escrituras Sagradas contêm múltiplos nomes de Deus; cada um dos quais, sem ser capaz de descrevê-lo em sua essência, revela uma ou outra característica divina. O famoso tratado do século V, *Dos nomes divinos*, atribuído a Dionísio Pseudoareopagita, expõe pela primeira vez esse tema do ponto de vista cristão, embora ele tenha sido desenvolvido anteriormente por outros autores, inclusive por São Gregório Nazianzeno.

Certos nomes atribuídos a Deus ressaltam a sua preeminência sobre o mundo visível, o seu poder, a sua senhoria, a sua

---

8. SÃO GREGÓRIO NAZIANZENO. *Discurso 30*, 17 [GREGORIO DE NAZIANZE. *I cinque discorsi teologici*. Roma: Città Nuova, 2006, p. 140].

dignidade real. O nome Senhor (em grego, *Kyrios*) designa a suprema dominação de Deus sobre o povo escolhido e sobre todo o universo. Da mesma maneira são interpretados os nomes o Senhor Sabaot, isto é, o Senhor dos Exércitos (celestes), o Senhor das Forças, o Senhor dos Séculos, o Mestre Soberano, o Rei da Glória, o Rei dos Reis e o Senhor dos Senhores:

> "Tua é, Senhor, a magnificência, e o poder, e a honra, e a vitória, e a majestade, porque teu é tudo quanto há nos céus e na terra; teu é, Senhor, o reino, e Tu te exaltaste sobre todos como chefe. E riquezas e glória vêm de diante de ti, e Tu dominas sobre tudo, e na tua mão há força e poder; e na tua mão está o engrandecer e dar força a tudo" (1Cr 29,11-12). O nome Todo-poderoso (em grego, *Pantokrator*) significa que Deus *mantém tudo* em sua mão, sustenta o universo e a sua ordem: "Também a minha mão fundou a terra, e a minha destra mediu os céus a palmos" (Is 48,13); Deus "sustenta todas as coisas pela palavra do seu poder" (Hb 1,3).

Os nomes Santo, Santidade, Santificação, Bom, Bondade, evidenciam que Deus contém em si toda a plenitude do bem e da santidade. Ele lança esse bem para todas as suas criaturas, *santificando-as*. "Santificado seja teu nome", abordamos Deus na oração do "Pai-nosso". Em outras palavras, santificado seja teu nome não apenas nos céus, no mundo espiritual, mas também aqui, na terra – seja ele santificado dentro de nós, para nos tornarmos santos, como Tu. Deus também é chamado de Sabedoria, Verdade, Luz, Vida:

> [é chamado] de "Sabedoria", enquanto seja um conhecimento das coisas divinas e humanas [...]. De "Verdade", enquanto seja um ser uno e não múltiplo por sua natureza (de fato, a verdade é única, mas a mentira é múltipla). [...] De "Luz", porque é a ilumi-

> nação das almas, que se purificam no pensamento e na vida, pois se a ignorância e o pecado são tenebrosos, o conhecimento e a vida em Deus são a luz. De "Vida", pois é a luz, a conexão e a substância de toda a natureza dotada de razão [São Gregório Nazianzeno][9].

Ele é chamado nas Escrituras Sagradas de Salvação, Redenção, Libertação, Ressureição, porque é Ele (Cristo), exclusivamente, quem salva o ser humano do pecado e da morte eterna e cede a ele a ressureição para a nova vida.

Deus é chamado de Verdade e de Amor. O nome Verdade enfatiza a Justiça divina, pois Ele é o Juiz que castiga pelo mal e recompensa pelo bem. Ao menos, essa é a imagem que o Antigo Testamento tem de Deus. No entanto, as boas-novas do Novo Testamento revelam que Deus, sendo justo e direito, excede todas as nossas noções sobre a justiça.

> Não chame Deus de justo. [...] Enquanto Davi o chama de justo e direito, seu Filho nos revelou que Ele é sobretudo bom e bondoso. [...] Como podemos [...] chamar Deus de justo, se lemos no capítulo sobre o filho pródigo [...] que, com a primeira compunção do filho, seu pai veio a ele, e se lançou a seu pescoço e o concedeu pleno poder sobre toda a sua riqueza? [...] Onde está a justiça de Deus? No fato de que somos pecadores e Cristo se sacrificou por nós? [...] Onde está a retribuição de nossas obras? [escreve Santo Isaque de Nínive][10].

O conceito que sobre a justiça divina do Antigo Testamento complementa-se, no Novo Testamento, pela noção de seu amor,

---

9. Ibid., 20, p. 143-144.

10. SANTO ISAQUE DE NÍNIVE. *Discurso 60* [*Isaak tou Syrou eurethenta asketika.* Atenas, 1977, sel. 245].

excede toda a justiça. "Deus é amor", diz o santo Apóstolo João (1Jo 4,16). Essa é a definição de Deus mais sublime, mais verdadeira de tudo que possa ser dito sobre Ele. Segundo São Gregório Nazianzeno, esse nome, "mais do que todos os outros, é apreciado por Deus"[11].

Na Bíblia encontram-se também os nomes de Deus, emprestados da natureza e que não representam suas características, não são tentativas de definir suas qualidades, mas são uma espécie de símbolos e analogias que concedem a Ele um sentido facultativo. Deus é comparado com o sol, a estrela, o fogo, o vento, a água, o orvalho, a nuvem, a pedra, a rocha, o perfume. Cristo é referido como o Pastor, a Ovelha, o Cordeiro, o Caminho, a Porta, a imagem de Deus. Todas essas denominações são simples e concretas, elas são tomadas da realidade cotidiana, da vida do dia a dia. Entretanto, seu significado nos revela, como nas parábolas de Cristo, algo infinitamente grandioso e significante.

Muitos textos das Escrituras Sagradas referem-se a Deus como se fosse um ser humano, ou seja, que possui rosto, olhos, orelhas, braços, ombros, pernas, respiração. Diz-se que Deus se vira ou se afasta, lembra ou esquece, sente ira ou se acalma, se surpreende, se entristece, odeia, caminha, ouve. Esse antropomorfismo se baseia na experiência do *encontro pessoal com Deus enquanto um ser vivo.* É para expressar essa experiência que o ser humano recorreu às imagens e palavras mundanas. A linguagem bíblica quase não possui conceitos abstratos, tão importantes para a filosofia especulativa. Quando era preciso se referir a um período de tempo concreto, falava-se "hora", "dia", "ano" ou "século", e não "época" ou "período". Quando era preciso falar do mundo material ou espiritual, dizia-se "céu" ou "terra" e não "matéria" ou "realidade espiritual". Diferentemente da filosofia, a linguagem bíblica é eminentemente concreta jus-

11. SÃO GREGÓRIO NAZIANZENO. *Discurso 23.*

tamente porque o Deus da Bíblia é resultado de um encontro pessoal e não apenas de especulações intelectuais abstratas. As pessoas da Antiguidade sentiam a proximidade de Deus. Ele era seu rei, seu líder, e estava presente em seus cultos, suas celebrações, suas assembleias. E as palavras de Davi – "Faz resplandecer o teu rosto sobre o teu servo" (Sl 31,17) – expressam não simplesmente uma demanda para que Deus, antes ausente, se manifeste aqui e agora (porque Deus é presente sempre e em todos os lugares), mas, sobretudo, para que o homem, que antes não observava Deus, possa enxergá-lo, senti-lo, reconhecê-lo, encontrá-lo.

Na Bíblia, Deus é comumente chamado de Pai, e as pessoas, de seus filhos: "Mas Tu és nosso Pai, ainda que Abraão não nos conheça e Israel não nos reconheça, Tu, ó Senhor, és nosso Pai, nosso Redentor desde a Antiguidade é o teu nome" (Is 63,16). Nos últimos anos, no mundo protestante se discute cada vez mais a questão de que, já que Deus não possui gênero, Ele não deve ser chamado de "Pai". Alguns representantes de tal chamada teologia feminista insistem que Deus é Mãe na mesma medida. Assim, na oração do "Pai-nosso" eles pronunciam "Pai e Mãe nossos" (Our Father and Mother), e nas traduções da Bíblia trocam o pronome Ele por um "Ele-Ela" (He-She). Essas absurdas distorções da representação bíblica de Deus procedem da falta de entendimento que a separação entre gêneros é uma característica dos mundos humano e animal, mas não da existência divina. É uma forma específica de um pseudoantropomorfismo que não tem nada a ver com o antropomorfismo bíblico. Para nós, a única certeza é que Deus se revelou ao povo de Israel com o nome "Pai". Também é evidente que, quando Deus se encarnou, Ele não se tornou uma mulher, mas sim um homem – Jesus Cristo.

## Propriedades de Deus

É difícil falar das propriedades de Deus, pois a sua natureza se encontra além do alcance das palavras. Mesmo assim, apoiando-se nas ações de Deus no mundo das criaturas, o homem pode fazer deduções sobre as propriedades de Deus. Conforme São João Damasceno, Deus é sem princípio, infinito, eterno, imóvel, não criado, incontível, inalterável, simples, indivisível, incorpóreo, invisível, intangível, indescritível, ilimitado, incognoscível, incomensurável, inconcebível, bom, justo, criador de todas as coisas, todo-poderoso, onipotente, onividente, o provedor de tudo e o senhor de todos[12].

Ser sem princípio para Deus significa que não há acima dele um princípio superior ou uma causa de sua existência, pois Ele próprio é a causa de tudo. Ele não necessita nada de estranho e é livre de quaisquer constrangimento e influência exteriores. "Quem guiou o Espírito do Senhor? E que conselheiro o ensinou? Com quem tomou conselho, para que lhe desse entendimento e lhe mostrasse as veredas do juízo, e lhe ensinasse sabedoria e lhe fizesse notório o caminho da ciência?" (Is 40,13-14).

Ser infinito e eterno significa que Deus existe fora das categorias do espaço, que Ele é livre de qualquer limite ou insuficiência. Ele não pode ser nem mensurado nem comparado com algo. Deus é eterno, ou seja, Ele existe fora das categorias do tempo. Para Ele, não existe nem o presente, nem o passado, nem o futuro: "Eu sou o mesmo, eu o primeiro, eu também o último" (Is 48,12); "Eu sou o Alfa e o Ômega, o princípio e o fim, diz o Senhor, que é, e que era, e que há de vir" (Ap 1,8). Deus não tem nem o começo nem o fim temporal, Ele não foi criado: "Antes de mim nenhum deus se formou, e depois de mim nenhum haverá" (Is 43,10).

---

12. SÃO JOÃO DAMASCENO. *Exposição da fé*. I, 14 [JUAN DAMASCENO. *Exposición de la fe*. Madri: Ciudad Nueva, 2003, p. 76].

Deus tem permanência, infinidade e imutabilidade, ou seja, nele "não há mudança nem sombra de variação" (Tg 1,17). Ele é sempre fiel a si: "Deus não é homem, para que minta; nem filho do homem, para que se arrependa" (Nm 23,19). Em seu ser, em suas ações, em suas propriedades Ele permanece imutável.

Deus é simples e não composto, isto é, não se divide em partes e não é composto de partes. A trindade de pessoas no Deus, da qual tratar-se-á no capítulo seguinte, não é uma divisão da única natureza divina em elementos separados, a natureza de Deus permanece indivisível. A noção sobre a perfeição de Deus exclui a possibilidade de sua fragmentação em elementos, pois múltiplos seres parciais não poderiam reconstituir uma perfeição. Que significado dar a uma natureza simples?, pergunta São Gregório Nazianzeno. Respondendo a esta pergunta, ele acredita que, quando a razão tenta compreender Deus infinito, ele não encontra nem o começo nem o fim, porque o infinito se alastra para além do começo e do fim e não é contido neles. E quando a razão procura encontrar alguns critérios, alguns padrões para imaginar Deus, ela não os encontra. Pois a ausência de qualquer fronteira, divisão, segmentação é a simplicidade de Deus.

Deus é imaterial porque Ele não é uma matéria e não possui um corpo. Na sua origem, Ele é espiritual. "Deus é Espírito", disse Cristo à mulher de Samaria (Jo 4,24). "Ora, o Senhor é Espírito; e onde está o Espírito do Senhor aí há liberdade", repete o Apóstolo Paulo (2Cor 3,17). Deus é livre de toda a materialidade. Falando da onipresença divina, a Bíblia, mais uma vez, reflete a experiência subjetiva do ser humano em encontrar Deus *em toda parte*, não importa *onde* Ele esteja: "Para onde irei para estar longe do teu Espírito, ou para onde fugirei da tua face? Se subir ao céu, Tu aí estás; se fizer no inferno a minha cama, eis que Tu ali estás também. Se tomar as asas da alva, se habitar as extremidades do mar, até ali a tua mão me guiará e a tua destra me susterá" (Sl 139,7-10). Subjetivamente, a pessoa pode sentir

Deus em toda parte, mas também pode não o sentir em lugar algum. Contudo, o próprio Deus permanece fora da categoria "em algum lugar", fora da categoria espacial.

Deus é invisível, intangível, indescritível, inconcebível, incognoscível, inacessível. Não importam os nossos esforços em escrutar Deus, em especular sobre as suas propriedades e seus nomes, Ele permanece inacessível para a inteligência, porque Ele transcende qualquer pensamento humano. "Compreender Deus é difícil, mas falar sobre Ele é mesmo impossível", escreve Platão[13]. Dialogando com o filósofo grego, São Gregório Nazianzeno diz: "Falar sobre Deus é impossível, mas compreendê-lo é ainda mais impossível"[14]. São Basílio Magno diz: "Eu sei que Deus existe. Mas em que consiste o seu ser, eu considero estar além de qualquer compreensão. Como, então, salvar-me-ei? Pela fé. E a fé se contenta em saber que Deus é (e não o que Ele é). [...] A consciência da incompreensibilidade de Deus – eis o conhecimento sobre o seu ser"[15]. Deus é invisível: "Deus nunca foi visto por alguém" (Jo 1,18). Isto significa que nenhuma pessoa nunca conseguiu conceber Deus em sua essência, captá-lo com a visão, com a percepção, com a inteligência. O ser humano pode se unir com Deus, mas ele nunca conseguirá compreendê-lo, porque "compreender" significa, em alguma medida, extingui-lo.

## Catafatismo e apofatismo

Analisando os nomes divinos, nós chegamos à conclusão de que nenhum deles nos dá uma noção completa sobre Ele. Fa-

---

13. PLATÃO. *Timeo*, 28c. Apud SÃO GREGÓRIO NAZIANZENO. *Discurso 28*, 4 [GREGORIO DE NAZIANZE. *I cinque discorsi teologici*. Roma: Città Nuova, 2006, p. 56].

14. Ibid.

15. SÃO BASÍLIO MAGNO. *Epístola 226*.

lando sobre os atributos de Deus, nós também concluímos que o seu conjunto não é Deus. Deus é além de qualquer nome – se o chamarmos de "ser", Ele transcende o ser; se o chamarmos de verdade ou justiça, Ele, com o seu amor, é maior do que qualquer justiça; se o chamarmos de amor, Ele é maior do que qualquer amor. Deus também transcende qualquer característica que nós conseguimos atribuir a Ele, seja a onisciência, onipresença ou imutabilidade. Finalmente, nós chegamos à conclusão de que não há nada que possamos dizer certamente sobre Deus: tudo que dizemos sobre Ele é sempre parcial, incompleto e limitado. Daí vem a consequência lógica – não podemos dizer sobre Deus o que Ele *é*, mas podemos, sim, dizer o que Ele *não é*. Esse método especulativo é chamado de teologia apofática (negativa), por oposição à teologia catafática (positiva).

O apofatismo procede por negações, recusando tudo o que *não é* Deus. Conforme o teólogo russo Georgy Frolovsky, Deus

> está além de toda limitação, de toda definição e afirmação, e por isso está além de toda negação. [...] A negação apofática, o "não é", equivale a "além" ("fora", "exceto") e significa não uma limitação ou exclusão, mas uma superioridade. [...] A divindade transcende todos os nomes e todas as definições. [...] Deus não é nem a alma, nem a razão, nem a imaginação, nem a opinião, nem o pensamento, nem a vida. Ele não é nem a palavra nem a ideia. [...] Deus não é um "objeto" de conhecimento, Ele está além do conhecimento. [...] Por isso a via de conhecimento é a via da abstração e da negação, a via da simplificação e do silêncio. Nós conhecemos Deus apenas na paz do desconhecimento. E esse desconhecimento apofático – ou, melhor dizer, superconhecimento – não é a ausência do conhecimento, mas um conhecimento perfeito e por isso incompatível com qual-

> quer conhecimento parcial. Esse desconhecimento é a contemplação. [...] Deus não pode ser apreendido de longe, por meio da reflexão *sobre Ele*, porém por meio da união inefável *com Ele*[16].

Os Santos Padres da Igreja (Dionísio Pseudoareopagita, São Gregório de Nissa) comparam a elevação apofática do espírito para Deus à ascensão de Moisés no Monte Sinai ao encontro com Deus, que "pôs as trevas ao redor de si" (2Sm 22,12). As trevas divinas representam a ausência de qualquer elemento material ou sensível. Entrar nas trevas divinas significa ir para além dos limites da existência inteligível. Durante o encontro de Moisés com Deus, o povo de Israel devia permanecer ao pé da montanha, ou seja, dentro do conhecimento catafático, enquanto apenas o próprio Moisés era autorizado a adentrar às trevas, ou seja, recusar de tudo e encontrar Deus que está além de tudo, *lá onde não há nada*. De maneira catafática, dizemos sobre Deus que Ele é Luz, mas fazendo isso nós o comparamos, involuntariamente, à luz material. Quando se diz sobre Cristo transfigurado no Monte Tabor, que "o seu rosto resplandeceu como o sol e as suas vestes se tornaram brancas como a luz" (Mt 17,2), sugere-se que a noção catafática de "luz" é simbólica, pois se trata de um esplendor divino imaterial que transcende toda concepção humana sobre a luz. De maneira apofática, podemos chamar a luz divina, que transcende a concepção humana sobre a luz, de "superluz" ou "trevas". Deste modo, as trevas do Sinai ou a luz do Tabor são as mesmas.

A terminologia do apofatismo pode se expressar de várias maneiras: i) por meio do emprego dos termos que se iniciam com o prefixo negativo (não ser, in-existente, in-visível, in-tangível); ii) por meio do emprego das palavras que se iniciam com

---

16. FLOROVSKY, G. *Os Santos Padres bizantinos, séculos V-VIII*. Paris, 1937, p. 102-103 [em russo].

o prefixo "trans" ou "super" (transcendental, superbom, ou até mesmo "Super Deus", *hypertheos*, conforme Dionísio Pseudoareopagita); iii) por meio de conceitos que *a priori* são contrários ao esperado ("trevas divinas" ao invés da "luz divina", "desconhecimento" ao invés do "conhecimento"); iv) por meio do emprego de paroxismos, isto é, pares de palavras que exprimem conceitos contrários ("ver o invisível", "compreender o incompreensível", "trevas luminosas").

Normalmente, nós utilizamos as noções catafáticas quando falamos de Deus porque elas são mais fáceis para o nosso modo de pensar. Porém, o conhecimento catafático possui seus limites intransponíveis. A via da negação corresponde à ascensão espiritual ao abismo divino, no qual *"há Deus"*. As palavras se calam, a razão se acalma, o conhecimento e o entendimento humano acabam. A alma pode encontrar Deus no silêncio da oração, e não nas vias do conhecimento especulativo. Nisso, Deus se revela à alma enquanto *in*-tangível, *in*-acessível, *in*-visível, mas ao mesmo tempo vivo, próximo e íntimo – como Deus-Pessoa.

* * *

> [...] guia do universo, difícil de captar e capturar, porque sempre se distancia e se retira antes que alguém se aproxime. Embora muito distante, porém, Ele veio para estar muito próximo de nós. Que maravilha inefável! "Sou Deus de perto" (Jr 23,23), diz o Senhor, distante por essência (Como poderia aproximar o gerado ao que é não gerado?), mas está muito próximo [a nós] por seu poder, com o qual contém em seu seio tudo o que existe. [...] Verdadeiramente, o poder de Deus está sempre presente e nos alcança com sua força vigilante, benfeitora e educadora. Por isso Moisés, persuadido de que Deus nunca poderia

ser conhecido com a sabedoria humana, afirma: "Me faças saber o teu caminho" (Ex 33,13), e foi impelido a entrar "à escuridade" (Ex 20,21), onde estava a voz de Deus, ou seja, na meditação impenetrável e sem luz sobre o ser; pois Deus não se encontra na escuridade ou em qualquer lugar, mas acima de todo lugar, tempo e singularidade das coisas criadas. [...] Embora se diga que "o céu é o seu trono" (Is 66,1), mas não está contido como em um trono, mas apenas descansa contente com a sua criação (SÃO CLEMENTE DE ALEXANDRIA. *Stromata II*, 2, 5.3-5; 6.1, 6.3 [CLEMENTE DE ALEJANDRIA. *Stromata II*: Conocimiento religioso y continencia auténtica. Madri: Ciudad Nueva, 1998, p. 63-67]).

É trabalhoso descobrir o Pai e o Criador de tudo e, uma vez descoberto, é impossível torná-lo conhecido a todos. Pois de modo algum se pode expressá-lo como em outras ciências, disse Platão, o amigo da verdade. Assim, já ouviu muito bem falar que Moisés, o onisciente, quando subiu à montanha (mediante a sagrada contemplação até o cume do inteligível) ordenou obrigatoriamente a todo povo não subir com ele. E quando a Escritura diz: "Moisés chegou à escuridade onde Deus estava" (Ex 20,21), indica àqueles que são capazes de compreender que Deus é invisível e inefável [...] (SÃO CLEMENTE DE ALEXANDRIA. *Stromata V*, 12, 78.1-3 [CLEMENTE DE ALEJANDRIA. *Stromata IV-V*: Martirio cristiano e investigación sobre Dios. Madri: Ciudad Nueva, 1998, p. 455]).

[...] Se concorda em lhe atribuir e dela afirmar tudo o que se diz dos seres, porque ela é causa de todos eles, convém muito mais ainda dela negar todos estes atributos, porque ela transcende todo ser, sem crer por isso que as negações contradigam as afirmações, embora ela permaneça perfeitamente transcendente a toda privação, pois ela se situa além de toda posição, tanto negativa como afirmativa. [...] Não é sem motivo que o divino Moisés recebe, em primeiro lugar, a ordem de se purificar, e depois a de se separar dos impuros, e que depois da purificação ele ouve as trombetas de múltiplos sons, vê numerosos fogos dos quais os inumeráveis raios difundem um brilho vivo, e que, separado da multidão, atinge então, com a elite dos sacerdotes, o cume das ascensões divinas. Neste grau, contudo, ele ainda não está em relação com Deus, não contempla Deus, porque Deus não é visível, mas somente o lugar onde Deus reside, o que significa, penso, que na ordem visível e na ordem inteligível os objetos mais divinos e os mais sublimes são apenas as razões hipotéticas dos atributos que convêm verdadeiramente Àquele que é totalmente transcendente, razões que revelam a presença daquele que ultrapassa toda compreensão mental, acima dos cumes inteligíveis de seus lugares mais santos. É então somente que, ultrapassando o mundo em que se é visto e onde se vê, Moisés penetra na treva verdadeiramente mística do não cognoscível; é aí que faz calar todo saber positivo, que escapa inteiramente a toda compreensão e a toda visão, porque ele pertence inteiramente Àquele que está além de tudo, porque ele não pertence mais a si mesmo nem pertence a nada de estranho, unido pelo melhor de si mesmo Àquele que escapa a todo conhecimento, após ter renunciado a todo saber positivo e, graças a este próprio não conhecimento, conhecendo para além de toda inteligência (DIONÍSIO PSEUDOAREOPAGITA. A teologia mística. In: *Obra completa*. São Paulo: Paulus, 2004, p. 131-132, 1.3 [1000B, 1000D, 1001A] [Trad. Roque Aparecido Franglotti]).

Dizemos, pois, que a Causa universal, situada além de todo universo, não é nem matéria isenta de essência, de vida, de razão ou de inteligência, nem corpo; que ela não tem figura nem forma, nem qualidade ou quantidade ou massa; que ela não está em algum lugar, que escapa a toda compreensão dos sentidos; que não percebe nem é percebida; que não está sujeita nem à perturbação nem à desordem sob o choque das paixões materiais; que os acidentes sensíveis não a subjugam nem a reduzem à impotência; que não está de modo algum privada da luz; que ela própria não possui mutação, nem destruição, nem partilha, nem privação, nem derivação, nem nada, numa palavra, daquilo que pertence ao sensível. Elevando-nos mais alto, dizemos agora que esta Causa não é alma nem inteligência; que não possui imaginação, nem opinião, nem razão, nem inteligência, que não se pode exprimir nem conceber; que não tem número, nem ordem, nem grandeza, nem pequenez, nem igualdade, nem similitude, nem dissimilitude; que não permanece imóvel nem se move; que não permanece na calma nem possui potência; que não é potência nem luz; que não vive nem é vida; que não é essência, nem perpetuidade, nem tempo; que não se pode compreendê-la inteligivelmente; que não é ciência, nem verdade, nem realeza, nem sabedoria, nem uno, nem unidade, nem deidade, nem bem, nem espírito no sentido em que podemos entendê-lo; nem filiação, nem paternidade, nem nada daquilo que é acessível ao nosso conhecimento ou ao conhecimento de algum ser; que não é nada daquilo que pertence ao não ser [...]; porque toda afirmação permanece aquém da Causa única e perfeita de todas as coisas, pois toda negação permanece aquém da transcendência daquele que é simplesmente despojado de tudo e que se situa para além de tudo (DIONÍSIO PSEUDOAREOPAGITA. A teologia mística. In: *Obra completa*. São Paulo: Paulus, 2004, p. 135-136, 4.5 [1040D, 1045D, 1048A, 1048B] [Trad. Roque Aparecido Franglotti]).

Certamente, é óbvio que Deus existe. Por outro lado, sua essência e natureza permanecem perfeitamente incompreensíveis e incognoscíveis. [...] Mas tampouco isso é explicação de sua essência, como tampouco que Ele é ingênito, sem princípio, imutável, imortal [...]. De fato, essas coisas não explicam o que Deus é, mas o que Ele não é. Mas é necessário que, quem queria falar sobre a essência de algo, indique o que é e não somente o que não é. Sem dúvida, é impossível falar sobre Deus em sua essência. Por outro lado, é muito mais proveitoso que se faça um discurso a partir da abstração de todas as coisas, porque Ele não é nenhuma das coisas que existem, não como se não existisse, mas enquanto está além de todas as coisas que existem e além do próprio ser. [...] Assim, a divindade é infinita e incompreensível. E a única coisa compreensível sobre ela é a infinidade e incompreensibilidade. Por outro lado, quando afirmamos algo sobre Deus, isso mostra não a sua natureza, mas algo sobre a sua natureza. Se dizes que Deus é bom, justo, sábio, ou alguma outra coisa, não se trata da natureza de Deus, mas de algo acerca de sua natureza. Por outro lado, existem também algumas expressões afirmativas sobre Deus que têm força de uma negação por excelência. Como, por exemplo, ao afirmar que Deus é sombra, não entendemos que seja uma sombra, mas que não é luz, já que está acima da luz. Do mesmo modo, ao dizer que é luz, entendemos que não é sombra (SÃO JOÃO DAMASCENO. *Exposição da fé.* I, 4 [JUAN DAMASCENO. *Exposición de la fe.* Madri: Ciudad Nueva, 2003, p. 36-39]).

Segundo a Escritura, Deus dorme, vigia, tem ira, caminha, tem como trono os querubins; no entanto, quando já foi sujeito à paixão? [...] Nós, de fato, denominamos as coisas de Deus baseando-nos sobre as nossas, por quanto seja possível. Quando Deus se mantém longe de nós, e, por assim dizer, se desinteressa de nós, por motivos que só Ele conhece, aí chamamos isso de seu sono. O nosso sono, de fato, é uma coisa semelhante, que é abandono de todas as atividades e de todas as ações. Ao contrário, quando Ele nos beneficia de repente, mudando a sua decisão, significa despertar-se. [...] A sua punição nós interpretamos como excesso de ira, porque para nós a punição provém da ira. Fazer neste momento esta coisa e num outro momento uma outra significa caminhar [...]. Resumindo, diversos poderes e atividades de Deus estão sendo retratados por meio das diversas imagens corporais (SÃO GREGÓRIO NAZIANZENO. *Discurso 31*, 22 [GREGORIO DE NAZIANZE. *I cinqui discorsi teologici.* Roma: Città Nuova, 2006, p. 170-171]).

# 3

# A Trindade

## O mistério da Trindade

Os cristãos acreditam em um Deus Trindade – Pai, Filho e Espírito Santo. A Trindade não é três deuses, mas um Deus em três hipóstases, ou seja, em três entidades individuais independentes. Esse é o único caso quando 1 = 3 e 3 = 1. Aquilo que é um absurdo em matemática ou em lógica, é a pedra angular da fé. O cristão comunga o mistério da Trindade não por meio do conhecimento racional, mas através da penitência, isto é, a transformação e a renovação completa do espírito, do coração, dos sentimentos e de todo o nosso ser (em grego, a palavra "penitência" – *metanoia* – significa literalmente "transformação do espírito"). É impossível agregar-se à Trindade enquanto o espírito não é iluminado e transformado.

O ensinamento sobre a Trindade não é uma invenção dos teólogos, ele é uma verdade revelada por Deus. Foi durante o batismo de Jesus Cristo que Deus se revelou ao mundo com toda a clareza, como uma Unidade em três Pessoas: "E aconteceu que, como todo o povo se batizava, sendo batizado também Jesus, Ele orou e o céu se abriu. E o Espírito Santo desceu sobre Ele em forma corpórea, como uma pomba; e ouviu-se uma voz do céu, que dizia: Tu és meu filho amado, em ti me tenho comprazido" (Lc 3,21-22). A voz do Pai é ouvida dos céus, o Filho está nas águas do Jordão, o Espírito desce sobre o Filho. Jesus Cristo inúmeras vezes revelou a sua unidade com o Pai – que Ele tinha sido enviado ao mundo pelo Pai – e se denominou seu Filho (Jo 6–8). Ele também prometeu aos discípulos enviar um Espírito Consolador, que procede do Pai (Jo 14,16-17; 15,26). Enviando os discípulos à pregação, Ele diz: "Portanto ide, fazei discípulos de todas as nações, batizando-os em nome do Pai, e do Filho e do Espírito Santo" (Mt 28,19). Nas escrituras dos apóstolos também se faz uma menção a Deus Trindade: "Porque três são os que testificam no céu: o Pai, o Verbo, e o Espírito Santo; e estes três são um" (1Jo 5,7).

Deus se revelou às pessoas como Trindade apenas após a vinda de Cristo. Os hebreus antigos preservavam vigorosamente a fé em um Deus único, e por isso não eram capazes de compreender a ideia da divindade triúna, pois, certamente, isso seria, para eles, sinônimo de três deuses. Na época quando o politeísmo dominava o mundo, o mistério da Trindade era escondido dos homens, como se tivesse guardado no mais profundo cerne da verdade sobre a unidade da divindade.

Mesmo assim, no Antigo Testamento encontramos também certos indícios sobre a multiplicidade de Pessoas em Deus. O primeiro verso bíblico, "No princípio, criou Deus os céus e a terra" (Gn 1,1), contém, na versão hebraica, a palavra "Deus" no plural (*Eloghim*, literalmente "Deuses"), enquanto o verbo "criou" é empregado no singular. Antes de criar o homem, Deus diz, como se estivesse consultando alguém: "Façamos o homem à nossa imagem, conforme à nossa semelhança" (Gn 1,27). Quem poderia Ele consultar se não Ele próprio? Os anjos? Mas o homem é criado à "imagem de Deus" (Gn 1,27) e não à dos anjos. Os primeiros intérpretes cristãos afirmavam que tratava-se de uma consulta entre as Pessoas da Santíssima Trindade. Da mesma maneira, quando Adão comeu o fruto da árvore do conhecimento do bem e do mal, Deus fala consigo mesmo: "Eis que o homem é como um de nós, sabendo o bem e o mal" (Gn 3,22). E no momento da construção da torre de Babel Deus fala: "Eia, desçamos e confundamos ali a sua língua, para que não entenda um a língua do outro" (Gn 11,7).

Alguns episódios do Antigo Testamento são interpretados pela tradição cristã como símbolos da triplicidade divina. Deus se revela a Abraão nos carvalhais de Mambré: "E levantou os seus olhos e olhou, e eis três homens em pé junto a ele. E vendo-os, correu da porta da tenda ao seu encontro, e inclinou-se à terra. E disse: 'Meu Senhor, se agora tenho achado graça aos teus olhos, rogo-te que não passes de teu servo. [...] E trarei um bocado de pão para que fortaleças o vosso coração; depois passareis adiante, porquanto por isso chegastes até vosso servo. [...] E disseram-lhe: 'Onde está Sara, tua mulher?' E ele disse: 'Ei-la, aí está na tenda'. E um deles disse: 'Certamente tornarei a ti por este tempo da vida; e eis que Sara, tua mulher, terá um filho'" (Gn 18,2-3.5.9-10). Abraão encontra três homens, mas venera um só. Tu = Vós, passe = passareis, disse = disseram, 1 = 3... O Profeta Isaías descreve a sua visão de Deus rodeado por serafins apelando: "Santo, Santo, Santo, Senhor Deus do universo". O Senhor diz: "A quem enviarei, e quem há de ir por nós?" E o profeta responde: "Eis-me aqui, envia-me a mim" (Is 6,1-8). Novamente, há uma igualdade entre "Eu" e "Nós". Além dessa, há muitas outras profecias no Antigo Testamento que confirmam a igualdade do Filho Messias e do Deus Pai. Por exemplo, "O Senhor me disse: 'Tu és meu Filho, eu hoje te gerei'" (Sl 2,7), ou "Disse o Senhor ao meu Senhor: 'Assenta-te à minha direita'. [...] Como vindo do próprio seio da alva, será o orvalho da tua mocidade" (Sl 110,1-3).

Entretanto, os textos bíblicos citados apenas indicam o mistério da Trindade, mas não o evocam diretamente. Esse mistério permanece embaixo de um véu, que, conforme o Apóstolo Paulo, retira-se apenas por Cristo (2Cor 3,15-16).

## Conceitos da Trindade

Desde os primeiros dias da existência da Igreja, os cristãos acreditavam no Pai, no Filho e no Espírito Santo, baseando-se nas palavras de Cristo e nas revelações das Escrituras. Contudo, demorou alguns séculos para que o ensinamento sobre a Trindade fosse formulado por meio dos termos teológicos exatos. Era indispensável elaborar uma terminologia apropriada para, primeiro, desmentir novas heresias, e, segundo, para permitir que a Trindade seja discutida pelas pessoas formadas na tradição da filosofia antiga.

No século III, a Igreja se deparou com a heresia de Sabélio, que ensinava que Deus é uma substância única, e as três Pessoas são três manifestações de uma mesma Natureza, três "máscaras" que Deus emprega para se revelar às pessoas (o termo grego "face" – *prosopon* – significa não apenas pessoa, mas, sobretudo, "máscara", como aquela do ator). Uma mônada (unicidade) simples e indivisível, segundo Sabélio, agia em momentos diferentes sob três aparências diversas: no Antigo Testamento Deus se revelava como Pai; no Novo Testamento, como Filho; e na Igreja após Pentecostes, como o Espírito Santo. Deus, de acordo com Sabélio, é "Pai-Filho": fora das relações com o mundo, Ele é uma mônada silenciosa, enquanto na relação com o mundo Ele é Verbo-*Logos*. O ensinamento de Sabélio foi a expressão extrema do monaquismo, que se fundamentava na representação de Deus como uma mônada indivisível.

No começo do século IV, o presbítero de Alexandria, Ario, ensinava que o Pai é o verdadeiro Deus único, e que o Filho foi criado por Ele. O Filho foi criado do "nada", mas Ele é superior aos outros seres, porque foi criado antes dos tempos e dos séculos. O arianismo é uma forma de subordinacionismo, isto é, uma crença que o Filho era subordinado ao Pai e o Espírito Santo era subordinado ao Filho. O arianismo se propagou rapidamente e gerou grandes polêmicas em todo o Oriente cristão. O ensinamento de Ario foi a razão da convocação do Primeiro Concílio de Niceia, em 325, cuja missão era formular o ensinamento cristão sobre a Santíssima Trindade.

O Concílio de Niceia proclamava o Filho como "unigênito" (*homoousios*) ao Pai, isto é, da substância do Pai. Os teólogos empregavam também um outro termo – "hipóstase" (*hypostasis* – existência), que era inicialmente entendido como "essência", "*ousía*". Gradualmente, já na época posterior ao Concílio de Niceia, a palavra "hipóstase" passou a significar a existência pessoal, ou seja, uma vida pessoal e concreta, enquanto o termo *ousía* passou a designar uma propriedade ontológica geral. Na elaboração da terminologia definitiva sobre a Trindade, o papel decisivo é dos "grandes padres capadócios": São Basílio Magno, São Gregório de Nissa e São Gregório Nazianzeno. Foram eles que formularam o ensinamento sobre o Espírito Santo como sendo consubstancial e igual ao Pai e ao Filho.

Dessa maneira, o ensinamento ortodoxo sobre Deus Trindade é formulado nos seguintes termos: Deus é uno em sua essência, mas é uno em três hipóstases. A formulação "uma natureza, três Pessoas" indicava as origens e as expressões do mesmo Ser. A formulação "uma essência, três hipóstases", indicando a unidade ontológica da divindade, enfatizava igualmente a autonomia de cada uma das hipóstases. O Pai, o Filho e o Espírito Santo são três Pessoas independentes e completas. Cada uma delas não apenas possui a plenitude da existência, mas também é Deus verdadeiro. Uma hipóstase não é meramente um terço do Ser comum, mas contém em si toda a plenitude da essência divina. O Pai é Deus e não um terço de Deus, o Filho também é Deus e o Espírito Santo também o é. Mas também os Três juntos não são três deuses, mas um Deus. Nós professamos "Pai, Filho e Espírito Santo, a Trindade consubstancial e inseparável" (da Liturgia de São João Crisóstomo). Em outras palavras, as três hipóstases não dividem a essência única em três seres, e, ao mesmo tempo, a essência única não soma e não confunde três hipóstases em uma única.

## A plenitude da vida divina na Trindade

Para deixar o ensinamento sobre a Trindade mais acessível à compreensão humana, os Santos Padres da Igreja recorriam, às vezes, a analogias e comparações. Assim, por exemplo, a Trindade pode ser comparada ao sol. Quando dizemos "sol", nós nos referimos ao próprio corpo celeste, como também à luz solar e ao calor solar. A luz e o calor são "hipóstases" independentes, mas não existem isolados do sol. Mas também o sol não poderia existir sem a luz e o calor... Eis também uma outra analogia: a água, a nascente e a corrente. Uma não pode existir sem as outras. O homem tem o espírito, a alma e o verbo: o espírito não pode existir sem a alma e sem o verbo, mas também a alma e o verbo não podem existir sem o espírito. Deus contém o Pai, o Verbo e o Espírito, por isso os defensores da "consubstancialidade" no Concílio de Niceia diziam que, se Deus Pai teria existido, em algum momento, sem Deus Verbo, então Ele era *a*fásico e *in*consciente.

Contudo, esse tipo de analogias, certamente, também não são capazes de explicitar a essência das coisas: a luz solar, por exemplo, não é nem uma individualidade nem um ser independente. A maneira mais fácil de explicar a Trindade seria a do participante do Concílio de Niceia, Santo Espiridião, bispo de Trimitous. Diz a tradição que, quando foi questionado sobre como Deus pode ser Três e Um simultaneamente, ele, ao invés de responder, apanhou um tijolo e o apertou com as mãos. Nesse instante, da argila derretida nas mãos do bispo, uma chama se soltou para cima e uma corrente de água escoou para baixo. "Como neste tijolo há fogo e água, disse o santo, em Deus único há três Pessoas"[1].

---

1. *O eterno*. Paris, 1983, p. 61 [Coletânea da Literatura Espiritual, 342] [em russo].

Uma outra versão do mesmo relato (ou, provavelmente, do relato sobre um acontecimento semelhante) encontra-se nos atos do Concílio de Niceia. Um filósofo entrou em uma longa discussão com os participantes do Concílio, tentando provar logicamente que o Filho não pode ser consubstancial ao Pai. Quando todos, cansados de uma longa polêmica, já queriam sair da sala, um simples pastor ancião (identificado como Santo Espiridião) entrou e se declarou prestes a discutir com o filósofo e a refutar todos os seus argumentos. Ele se dirigiu ao filósofo e, lançando-lhe um olhar severo, disse: "Escuta, filósofo, há um único Deus, o criador dos céus e da terra, que criou tudo com a força do Filho e com o auxílio do Espírito Santo. Esse Filho de Deus se encarnou, viveu entre os homens, se sacrificou por nós e ressuscitou. Não te dês trabalho de buscar as provas de algo que é apreendido unicamente por meio da fé, mas apenas respondas: Crês no Filho de Deus?" Abalado por esse discurso, o filósofo chegou apenas a pronunciar: "Creio". O ancião disse: "Se crês, vem comigo à Igreja e lá eu te introduzo à verdadeira fé". O filósofo se levantou imediatamente e seguiu o ancião. Antes de deixar a sala, ele disse aos presentes: "Enquanto fui contestado por palavras, às palavras eu opunha palavras. Mas depois que uma força divina proveio desse ancião, as palavras se tornaram impotentes a opor-se a essa força, porque o homem não pode se contrapor a Deus"[2].

Deus Trindade não é um ser congelado, não é um descanso, uma imobilidade, uma inércia. "Eu Sou o Que Sou", diz Deus a Moisés (Ex 3,14). "O que sou" significa existente, vivo. Há em Deus a plenitude da vida, e a vida é movimento, fenômeno, revelação. Alguns nomes divinos, como vimos, possuem um caráter dinâmico: Deus é comparado ao fogo (Ex 24,17), à água (Jr 2,13), ao vento (Gn 1,2). Em Cântico dos Cânticos, a mulher procura o seu

---

2. *Atos dos concílios ecumênicos*. T. 1. Kazan, 1859, p. 101-103 [em russo].

amado, que escapa dela. Essa imagem é reinterpretada na tradição cristã (Orígenes, Gregório de Nissa) como a alma indo ao encalço de Deus, que constantemente foge dela. A alma procura Deus, mas mal o encontra, o perde novamente; tenta compreendê-lo, mas Ele permanece incompreensível; tenta contê-lo, mas não consegue. Ele se move em "alta velocidade" e sempre transcende as nossas forças e as nossas capacidades. Encontrar e alcançar Deus significa se tornar divino. Assim como, segundo as leis da física, algum corpo material se transformaria em luz se se movesse com a velocidade da luz, a alma humana também se enche de luz e se torna luminosa na medida em que se aproxima de Deus.

Nas Sagradas Escrituras diz-se que "Deus é amor" (1Jo 4,8.16). Mas não há amor sem o amado. Amor pressupõe a existência do outro. Uma mônada solitária e isolada só pode amar a si própria, mas o autoamor não é efetivamente amor. Uma unidade egocêntrica não é uma individualidade. Tanto o homem não consegue se tornar uma individualidade sem ter interação com outras individualidades quanto não poderia existir em Deus um ser individual sem amor por um outro ser individual. Deus Trindade é a plenitude do amor, dentro da qual cada uma das Pessoas-hipóstases é voltada às outras duas Pessoas-hipóstases. As Pessoas da Trindade se concebem como "Eu e Tu": "Tu, ó Pai, o és em mim, e eu em ti" (Jo 17,21). "Tudo quanto o Pai tem é meu; por isso vos disse que há de receber do que é meu e vo-lo há de anunciar" (Jo 16,15), diz Cristo sobre o Espírito Santo. "No princípio era o Verbo, e o Verbo estava com Deus" (Jo 1,1), assim começa o Evangelho segundo João. A tradução grega e eslava contém aqui a preposição "para": "e o Verbo estava para Deus" (*pros ton Theon*). Assim, enfatiza-se o caráter pessoal da relação entre o Filho (o Verbo) e o Pai: o Filho não apenas se origina *do* Pai, não apenas existe *com* o Pai, mas Ele também se direciona *ao* Pai. Dessa maneira, cada hipóstase na Trindade é direcionada às duas outras hipóstases.

O ícone da Santíssima Trindade, de autoria de Santo Andrey Rublev – assim como as outras imagens dessa tradição iconográfica –, retrata três anjos sentados ao redor de uma mesa com um cálice no meio. O cálice é o símbolo do sacrifício expiatório de Cristo. O tema do ícone é inspirado no episódio da vida de Abraão, já citado acima. Esse tema iconográfico é chamado de "hospitalidade de Abraão". Nela, as três Pessoas da Trindade estão direcionadas simultaneamente uma a outra e ao cálice. Essa imagem parece registrar aquele amor divino que reina dentro da Trindade e cuja manifestação suprema é o sacrifício expiatório do Filho. Como disse São Filareto de Moscou, um dos principais teólogos russos do século XIX, isso é "amor crucificante do Pai, amor crucificado do Filho, amor do Espírito Santo que triunfa por meio da potência da cruz"[3]. A imolação de Deus Filho na cruz também é um ato de amor do Pai e do Espírito Santo.

* * *

> Cremos em um só Deus, Pai todo-poderoso, criador de todas as coisas visíveis e invisíveis. E em um só Senhor, Jesus Cristo, o Filho de Deus, gerado unigênito do Pai, isto é, da substância do Pai, Deus de Deus, luz da luz, Deus verdadeiro de Deus verdadeiro, gerado, não criado, consubstancial ao Pai, por quem foram feitas todas as coisas que estão no céu e na terra. O qual, por nós homens e para nossa salvação, desceu, se encarnou e se fez homem. Padeceu e ressuscitou ao terceiro dia e subiu aos céus. Ele virá para julgar os vivos e os mortos. E no Espírito Santo. E quem quer que diga que houve um tempo em que o Filho de Deus não existia, ou que antes que fosse gerado Ele não existia, ou que Ele foi criado daquilo que não

3. FROLOVSKY, G. *Os caminhos da teologia russa*. Paris, 1937, p. 181 [em russo].

existia, ou que Ele é de uma substância ou essência diferente (do Pai), ou que Ele é uma criatura, ou sujeito à mudança ou transformação, todos os que falem assim são anatematizados pela Igreja Católica (Credo do Concílio de Niceia).

Se o Verbo não coexiste eternamente junto com o Pai, a Tríade não é eterna, mas era no princípio uma mônada, que apenas depois, em consequência de uma adição, tornou-se uma Tríade [...]. Agora, se o Filho não é gerado e não é consubstancial com o Pai, mas se originou do nada, então a Tríade também tinha subsistido do zero e havia tempo, no qual a Trindade não existia [...]. Não é assim! Não seja mais assim! A Trindade não é feita, mas é eterna. A única é a natureza divina da Trindade e a única é a glória da Santíssima Trindade [...]. A fé dos cristãos reconhece que a Santíssima Trindade é imutável e perfeita e sempre idêntica a si mesma, [...] e louva a ela, preservando a sua indivisibilidade e a sua unidade divinas (SANTO ATANÁSIO DE ALEXANDRIA. *Tratados contra os arianos*, 1. 17-18 [ATANASIO. *Trattati contro gli ariani*. Roma: Città Nuova, 2003, p. 63-65]).

É preciso considerar que há um único Deus e confessar as três hipóstases, isto é, três pessoas com suas propriedades distintas. É respeitada, então, a fé em Deus único quando o Filho e o Espírito têm a mesma origem. [...] Quando são preservadas as três hipóstases sem fusão e nem separação. [...] Quando são preservadas também as propriedades: as do Pai, como sem princípio e o princípio – o princípio enquanto uma Razão, uma Fonte, uma Luz eterna. As do Filho, não sem princípio, mas também o princípio de todas as coisas. Quando falo que Ele é um princípio, não introduza uma duração, não ponha um intermediador entre o Gerador e o Gerado. [...] O Pai é, assim, sem princípio, o seu ser não depende de algo nem fora nem dentro dele mesmo. Mas o Filho não é sem princípio, se tu admites o Pai como sua causa, pois o Pai enquanto a causa é o princípio do Filho. Contudo, se tu compreendes o princípio como dependente da duração, então Ele também é sem princípio, pois o Mestre dos tempos não tem início no tempo. [...] "Mas se Ele foi gerado, como Ele foi gerado?", indagas. Mais alguém quer enxergar melhor, mais ele fere a sua visão. Na medida em que o objeto contemplado é maior do que a área de visão, o homem perde a própria capacidade de ver, caso queira contemplar o objeto inteiro, e não apenas uma parte que possa ser vista sem prejudicar a visão. Escutas sobre a criação, não insistas em saber qual é o modo da criação. Escutas que o Espírito provém do Pai, não te interesses sobre a maneira com a qual isso acontece (SÃO GREGÓRIO NAZIANZENO. *Discurso 20* [SC 270]).

Esses dizem: se há Deus e Deus e Deus, como podem não ser três deuses? [...] Por nós, há um único Deus, porque é uma e única a natureza divina, e os seres que derivam dele retornam à unidade, mesmo que acreditemos em três seres. Dos três, não é possível que Um seja mais Deus que o Outro, nem que Um seja antes, e outro depois; a natureza divina não se separa em vontade nem se divide em poder [...]. Não, Deus [...] é indiviso em seres distintos uns dos outros, e é um único globo de luz, que percebe-se como três sóis coligados um ao outro. Dessa maneira, quando nós voltamos nossos olhos à natureza divina, à causa original e à essência real, aparece a unidade; quando, ao contrário, olhamos os seres nos quais se encontra a natureza divina, aqueles seres que provêm da causa original, pré-eternos e com grandeza igual, então são três aqueles que nós adoramos (SÃO GREGÓRIO NAZIANZENO. *Discurso 31*, 13-14 [GREGORIO DE NAZIANZE. *I cinqui discorsi teologici*. Roma: Città Nuova, 2006, p. 162-164]).

Essa natureza divina é a Unidade em três hipóstases,
única divindade e único reino,
Único poder, pois a Trindade é um único ser,
Pois meu Deus é uma única Trindade e não três seres,
E por isso, Um é Três em suas hipóstases,
Unidas em sua natureza,
Absolutamente iguais em seu poder, em sua essência,
Unidos em uma fusão que transcende a inteligência
E, reciprocamente, separados sem separação.
[...]
A Trindade é, então, Um, indivisível em todos os aspectos:
Em Um são os Três e nos Três é Um,
Ou, sobretudo, os Três como Um e Um como os Três.
Assim tu deves pensar, adorar e crer agora e para sempre!
Pois esse Um aparecendo, brilhando e resplandecendo,
Participando, se entregando, é todos os bens.
Por isso esse bem nós chamamos
Não por uma palavra, mas por muitas noções:
Luz, paz e alegria, vida, alimento e poção,
Vestimenta, moradia, tenda e casa divina,

Oriente, ressurreição, repouso e banho,
Fogo, água corrente, fonte da vida e riacho,
Pão e vinho, esse prazer misterioso dos fiéis,
Sol sem declínio e astro eternamente brilhante,
Candeeiro que brilha dentro da alma (SÃO SIMEÃO, O NOVO TEÓLOGO. *Hino 45*).

A Santa Igreja Católica e Apostólica ensina que simultaneamente coexistem o Pai e seu Filho Unigênito, engendrado dele desde toda a eternidade, [...] de modo incompreensível, como Deus único que conhece todo o universo. Da mesma maneira que o fogo e sua luz existem simultaneamente, e o fogo não é primário e depois dele a luz, mas ao mesmo tempo. E assim como a luz que provém do fogo sempre sai e sempre está nele e de nenhum modo se distancia dele, assim também o Filho que procede do Pai é engendrado e não se distancia dele completamente, mas sempre está nele. [...] Igualmente, cremos "em um Espírito Santo, Senhor e Doador de Vida, que procede do Pai" e descansa no Filho e "que, com o Pai e o Filho, é coadorado e coglorificado", por ser da mesma substância e coeterno. [...] Não dizemos que o Espírito procede do Filho, embora o chamemos de Espírito do Filho [...]. Confessamos que por intermédio do Filho o Espírito se manifestou e nos fez participantes dele [...]. Assim procedem do sol tanto os raios quanto a iluminação. Por um lado, por meio do raio nós nos tornamos participantes da iluminação; por outro, é ela que nos ilumina e é recebida por nós (SÃO JOÃO DAMASCENO. *Exposição da fé*. I, 8 [JUAN DAMASCENO. *Exposición de la fe*. Madri: Ciudad Nueva, 2003, p. 51, 54, 60]).

# 4

# A CRIAÇÃO

## Deus Criador

Um dos principais dogmas do cristianismo é o ensinamento sobre Deus Criador que criou o universo do *nada*, diferentemente do Demiurgo de Platão que cria o mundo a partir de uma matéria-prima. O Antigo Testamento afirma: "Olhe o céu e a terra, e observe tudo o que neles existe. Deus criou tudo isso do nada, e a humanidade teve a mesma origem" (2Mc 7,28). Todo ser recebeu o dom da vida a partir da livre-vontade do Criador: "Porque falou, e tudo se fez, mandou e logo tudo apareceu" (Sl 33,9).

Todas as três Pessoas de Deus participaram da criação, o que profeticamente havia sido anunciado no Antigo Testamento: "Pela palavra do Senhor foram feitos os céus e todo o exército deles pelo espírito da sua boca" (Sl 33,6). O Apóstolo João diz sobre o papel criador de Deus Verbo já no começo de seu Evangelho: "Todas as coisas foram feitas por Ele, e sem Ele nada do que foi feito se fez" (Jo 1,3). Sobre o Espírito a Bíblia diz: "E a terra era sem forma e vazia; e havia trevas sobre a face do abismo; e o Espírito de Deus se movia sobre a face das águas" (Gn 1,2). O Verbo e o Espírito, conforme a representação formulada por Santo Ireneu de Lião, são "duas mãos" do Pai[1]. Tra-

1. Apud WARE, K. *The Orthodox Way*. Londres: Oxford, 1979, apud, p. 44.

ta-se de um ato comum de criação dos Três, que possuem uma única vontade, mas cada um age independentemente. "O Pai é o princípio primário de todo o ser, diz São Basílio Magno. O Filho é o princípio da criação; o Espírito Santo, o princípio executivo. Por meio da vontade do Pai tudo existe, por meio da ação do Filho tudo torna-se a ser, por meio da presença do Espírito tudo é realizado"[2]. Em outras palavras, no ato da criação Deus Pai tem o papel do princípio geral e primário, Filho Verbo (*Logos*) tem o papel do Demiurgo-criador, e o Espírito Santo conclui tudo criado, ou seja, completa tudo até o estado de perfeição.

Não é por acaso que os Santos Padres da Igreja, falando sobre o papel do Filho, preferem chamá-lo de Verbo. É porque Ele manifesta o Pai, revela o Pai e, como qualquer palavra, Ele é endereçado a algo, no caso, a tudo que é criado. "Deus nunca foi visto por alguém. O Filho Unigênito, que está no seio do Pai, esse o fez conhecer" (Jo 1,18). O Filho revelou o Pai aos seres criados, e graças a Ele o amor do Pai se expandiu às criaturas e elas receberam a vida. Já nos escritos de Fílon de Alexandria, o *Logos* aparece como intermediário entre Deus e as criaturas, enquanto a tradição cristã anuncia explicitamente a força criadora do *Logos*. As palavras do livro de profecias de Isaías também podem ser interpretadas nesse sentido: "Assim será a palavra que sair da minha boca: ela não voltará para mim vazia, antes fará o que me apraz, e prosperará naquilo para que a enviei" (Is 55,11). Por outro lado, o *Logos* contém o propósito e a lei, segundo os quais tudo foi criado; Ele abrange a essência racional de todas as coisas, graças à qual tudo adquire uma finalidade, um sentido, uma harmonia e uma perfeição.

Mesmo assim, a existência das criaturas não possui a mesma natureza de Deus, ela não é uma emanação, isto é, uma ma-

---

2. PG 32, 136.

nifestação ou um escoamento da divindade. A essência divina não sofreu nenhuma fragmentação ou transformação ao longo do processo da criação do mundo; ela não se misturou com as criaturas e não se confundiu com elas. Deus é um artista, e a criatura é a sua obra, na qual podemos reconhecer a sua "pincelada", a sua "mão", contemplar indícios de sua inteligência artística. Contudo, o Artista não se dissolveu em sua obra; pelo contrário, permaneceu o mesmo que Ele era antes de tê-la criado.

Por qual razão Deus criou tudo? A teologia patrística responde: "Pela superabundância do amor e da bondade". "Se Deus é bom e é acima do bem, não se contentou com a contemplação de si mesmo, mas, pelo excesso de sua bondade, resolveu fazer nascer algo que pudesse participar e receber os dons de sua bondade. Do nada ao ser conduziu e produziu a totalidade dos seres, invisíveis e também visíveis", escreveu João Damasceno[3]. Em outras palavras, Deus quis que houvesse algo mais para participar de sua glória, para compartir o seu amor.

## Os anjos

"No princípio, criou Deus os céus e a terra" (Gn 1,1). Esse versículo nos indica que a criação de Deus se divide em um mundo invisível, espiritual, inteligível, e em um mundo material, visível. Como já havíamos dito, a linguagem bíblica não emprega conceitos abstratos, por isso a realidade espiritual muitas vezes é chamada de "céu". Na oração revelada por Cristo, Ele fala sobre o Reino dos Céus: "Pai nosso, que estás nos céus. [...] Seja feita a tua vontade, assim na terra como no céu" (Mt 6,9-10). Não se trata aqui do céu visível, material. O Reino de Deus é um Reino espiritual e não material, onde Deus vive como sen-

---

3. SÃO JOÃO DAMASCENO. *Exposição da fé*. II, 2 (16) [JUAN DAMASCENO. *Exposición de la fe*. Madri: Ciudad Nueva, 2003, p. 80].

do um espírito na sua essência. E quando se fala "criou os céus", trata-se do mundo espiritual com todos os seus habitantes, ou seja, os anjos.

Deus criou o mundo angelical antes do universo visível. Os anjos são espíritos auxiliares, incorpóreos, dotados de inteligência e de vontade livre. João Damasceno evoca a leveza, o ardor, com os quais os anjos desejam Deus e lhe servem; sua mobilidade, seu constante impulso para cima e sua liberdade de tudo que é material. Ele também chama os anjos de "luz secundária, que recebe sua iluminação da Luz primária e sem princípio"[4]. Vivendo em proximidade imediata de Deus, eles se alimentam de sua luz e a transferem para nós.

Há numerosas referências aos anjos na Bíblia, embora ela não dê descrições detalhadas sobre o seu mundo e sobre a história de sua criação, exceto a referência ao "céu". No momento da criação do mundo visível, os anjos já existiam: "Enquanto estrelas matutinas juntas cantavam e todos os anjos se regozijavam?" (Jó 38,7). Segundo Santo Isaque de Nínive, os anjos foram criados "no silêncio"[5], porque as primeiras palavras de Deus, "haja luz", referiam-se ao mundo visível. "Em silêncio" significa no mistério, anterior às palavras e aos tempos.

A principal atividade dos anjos é a constante glorificação de Deus. O Profeta Isaías descreve sua visão do Senhor rodeado por serafins que clamavam: "Santo, santo, santo é o Senhor dos Exércitos, toda a terra está cheia de sua glória" (Is 6,3). Os anjos são também mensageiros que Deus envia aos homens (em grego, *aggelos* significa "mensageiro"), eles participam viva e ativamente na vida dos homens. Assim, por exemplo, o arcanjo anunciou a Maria o nascimento de Jesus (Lc 1,26-28); o

---

4. Ibid.

5. SANTO ISAQUE DE NÍNIVE. *Discurso 67*: Isaak tou Syrou eurethenta asketika. Sel. 268.

anjo comunicou aos pastores sobre o nascimento do Messias (Lc 2,8-20); os anjos serviam Jesus no deserto (Mt 4,11); o anjo confortava Jesus no Getsêmani (Lc 22,43); o anjo anunciou às mulheres a ressurreição de Jesus (Mt 28,2-7). Cada pessoa tem seu anjo da guarda, que a acompanha, a auxilia e a protege (cf. Mt 18,10).

Nem todos os anjos são iguais em sua posição e em sua proximidade com Deus; há entre eles diversas hierarquias que se subordinam reciprocamente. No tratado "Da hierarquia celeste", Dionísio Pseudoareopagita apresenta três hierarquias de anjos, cada uma dividida em três ordens. A primeira e superior ordem inclui os Serafins, os Querubins e os Tronos; a segunda ordem compõe-se de Virtudes, Dominações e Potestades; a terceira contém Principados, Arcanjos e Anjos[6]. Os nomes de todas as nove ordens são extraídos das Sagradas Escrituras e possuem, segundo Santo Isaque de Nínive, os seguintes significados:

> [...] os Serafins significam ardentes e acesos (literalmente, "de fogo"), os Querubins, grandes em conhecimento e em sabedoria, e os Tronos, suporte de Deus e seu repouso. Assim, os nomes dessas ordens foram-lhes dados na base daquilo que eles fazem. [...] As Dominações, porque eles têm poder sobre todo o reino; os Principados, porque eles comandam o céu; as Potestades, porque eles são fortes e são terríveis de se ver; [...] os Arcanjos, porque eles vigiam; os Anjos, porque eles são enviados[7].

Além disso, o autor afirma que os Querubins têm muitos olhos e os Serafins têm seis asas. Entretanto, os olhos e as asas

---

6. LOUTH, A. *Denys the Areopagite*. Wilton, CT, 1989, p. 35-37.

7. SANTO ISAQUE DE NÍNIVE. *Discurso 67*. Op. cit.

precisam ser entendidos no sentido espiritual (da mesma maneira que "olhos", "rosto" e "mãos" de Deus), pois os anjos não possuem corpo material.

Na hierarquia celeste, as ordens superiores recebem sua iluminação pela luz divina, e sua capacidade de comungar dos mistérios divinos diretamente do próprio Criador, enquanto as ordens inferiores, por intermédio dos superiores.

> A transmissão se faz segundo a *economia* e o discernimento, de uma ordem à outra, da primeira à segunda, e segue assim até quando o mistério for distribuído entre todas as ordens. Mas alguns mistérios permanecem na primeira ordem e não passam para as outras. É porque elas não conseguem apreender sozinhas toda a grandeza do mistério. Há também mistérios que partem da primeira ordem e se revelam apenas para a segunda, na qual permanecem guardados em silêncio. [...] Mas há também outros que seguem até a terceira e a quarta ordens [escreve Santo Isaque de Nínive][8].

A hierarquia angelical, conforme Dionísio Pseudoareopagita, tem sua continuação na hierarquia da Igreja terrena (bispos, clérigos, diáconos), que comunga do mistério divino por intermédio da hierarquia celeste. No que se refere ao número de anjos, ele é evocado em termos gerais: "milhares de milhares" e "milhões de milhões" (Dn 7,10). De qualquer modo, eles são mais numerosos do que os homens. São Gregório de Nissa interpreta "uma ovelha" (Mt 18,12) como a humanidade inteira, e "noventa e nove", como o mundo angelical[9].

---

8. SANTO ISAQUE DE NÍNIVE. *Discurso 84*. Op. cit.

9. Cf. LOSSKY, V. *Teologia dogmática*, p. 250 [em russo].

### A origem do mal

No limiar da existência dos seres criados, antes mesmo da criação do mundo visível, mas após a criação dos anjos no mundo espiritual, houve uma catástrofe descomunal, que conhecemos apenas através de suas consequências. Uma parte dos anjos, revoltados contra Deus, evadiu-se dele e se tornou hostil a tudo que é bom e santo. No comando desse exército revoltado era Eósforo, ou Lúcifer, cujo próprio nome (literalmente, "o portador da luz") indica que na origem ele era bom, mas em seguida, conforme sua própria vontade, "se distanciou daquilo que é conforme à natureza para aquilo que é contrário a ela. Ensoberbeceu-se contra Deus, que o tinha criado, e levantou-se contra a sua vontade. Assim, pois, foi o primeiro quem se separou do bem e se voltou ao mal", escreve São João Damasceno[10]. Lúcifer, que também é conhecido como diabo ou satanás[11], pertencia a uma das ordens superiores da hierarquia celeste. Junto com ele, caíram também outros anjos, o que é relatado simbolicamente no Apocalipse: "E caiu do céu uma grande estrela, ardendo como uma tocha, [...] e foi ferida [...] a terça parte das estrelas, para que a terça parte deles se escurecesse" (Ap 8,10.12). Alguns comentadores compreendem sob essas palavras que a estrela da manhã carregou consigo um terço dos anjos.

O diabo e os demônios afundaram nas trevas pela sua livre-vontade. Toda criatura viva, anjo ou homem, obteve de Deus o dom do livre-arbítrio, ou seja, o direito de escolher entre o bem e o mal. O livre-arbítrio foi concedido às criaturas para que elas, conhecendo a bondade, possam comungar ontologicamente dela; para que essa bondade não permaneça apenas como um dom concedido do exterior, mas se torne seu próprio

10. SÃO JOÃO DAMASCENO. *Exposição da fé*. II, 4 (18) [JUAN DAMASCENO. *Exposición de la fe*. Madri: Ciudad Nueva, 2003, p. 84].

11. Em grego, *diabolos* significa literalmente "caluniador".

atributo. Se a bondade fosse imposta por Deus como uma necessidade ou uma obrigação, nenhum ser vivo poderia se tornar uma pessoa completamente livre. "Ninguém nunca se tornou bom por imposição", dizem os Santos Padres da Igreja[12]. Crescendo incessantemente no bem, os anjos conseguem alcançar a plenitude da perfeição, até a completa assimilação ao Deus Boníssimo. Contudo, uma parte deles fez escolha não a favor de Deus, predeterminando assim seu próprio destino, assim como o destino do universo, que se tornou, a partir dali, um palco de confronto dos dois princípios opostos (mas não iguais) – o do bem, divino, e o do mal, demoníaco.

O ensinamento sobre o afastamento voluntário do diabo constitui uma resposta à eterna questão de toda a filosofia sobre a origem do mal. O problema da origem do mal era de grande interesse para o pensamento teológico cristão. Isto porque ele lidava constantemente com as teorias dualistas implícitas e explícitas, que defendiam a ideia de que o mundo foi dividido inicialmente entre duas forças equivalentes – a do bem e a do mal – que reinam no mundo e o fragmentam. No final do século III, no Oriente, expandiu-se o maniqueísmo (chamado assim pelo nome de seu mentor, Manis/Maniqueu), que subsistiu, sob diversas denominações (paulicianismo, bogomilismo, catarismo), até a Idade Média tardia. Essa heresia mesclou os elementos da fé cristã com os aspectos das religiões dualistas orientais. Os maniqueístas ensinavam que o mundo material é dividido em dois reinos, que sempre coexistiram. De um lado, o reino da luz, repleto de numerosos entes bondosos (anjos); do outro lado, o reino das trevas, povoado pelos entes maus (demônios). O mundo espiritual é subordinado ao Deus da luz, enquanto o mundo material é inteiramente dominado pelo deus das trevas (satã). A matéria em si é pecadora e má por natureza, por isso o

12. *Hino 43*, 137 [SC 196, 66].

homem deve constantemente mortificar seu corpo para se livrar do princípio material e retornar ao reino imaterial essencialmente bom.

A teologia cristã interpreta a essência e a origem do mal de uma maneira diferente. O mal não é uma realidade independente, igualmente eterna e equivalente a Deus. O mal é o afastamento do bem, a oposição ao bem. Nesse sentido, ele nem pode ser chamado de "realidade", porque não possui existência própria. Da mesma forma que as trevas ou a sombra não são realidades independentes, mas mera ausência da luz, o mal é apenas ausência do bem. São Basílio Magno diz: "O mal não é um ser vivo dotado de alma, mas é um estado de alma hostil à virtude e que provém [...] do afastamento do bem. Por isso, não procura o mal no exterior, não imagina que haja uma natureza má por definição, mas que cada um reconheça a si mesmo como o responsável pelo próprio mal"[13]. Deus não criou nada mal: os anjos, as pessoas, o mundo material, tudo isso é bom e belo pela natureza. Entretanto, os seres dotados de razão (anjos e homens) possuem o livre-arbítrio, e assim eles podem direcionar a sua liberdade contra Deus e criar, com isso, o mal. Foi isso que ocorreu. A estrela da manhã, criada inicialmente como um ser bom, abusou de sua liberdade, desfigurou a sua natureza do bem e se afastou da Fonte da Bondade.

Não sendo nem essência nem existência, o mal, contudo, se transforma em um princípio destruidor, ele se encarna em uma realidade representada pelo diabo e os demônios. Em comparação com a existência divina, a atividade do mal é ilusória e imaginária, pois o diabo não possui força alguma lá onde Deus não autoriza sua ação. Em outros termos, ele só age dentro dos limites impostos a ele por Deus. Mas sendo mentiroso e caluniador, o diabo emprega a mentira como sua principal arma; ele engana

---

13. SÃO BASÍLIO MAGNO. *Homilia 2* de Hexaemeron, 4s.

sua vítima, iludindo-a de que possui uma força e uma autoridade poderosas, enquanto, na realidade, não as possui. Na versão grega da oração do "Pai-nosso" não se pede "livrai-nos do mal", ou seja, de qualquer mal em geral, mas se diz: "livrai-nos do maligno", ou seja, de uma pessoa concreta que encarna o mal em si[14]. Esse "maligno", que não era mal inicialmente na sua essência, é portador daquele *não* ser mortificante, daquela *não* existência que conduz ele próprio à morte, assim como a sua vítima.

Deus não tem absolutamente nenhuma relação com o mal, embora o mal esteja sob o seu controle, pois é justamente Deus que determina os limites da atuação do mal. Além disso, segundo os caminhos misteriosos de sua providência, Deus emprega o mal como uma arma para fins pedagógicos ou outros. Nós vimos isso naquelas passagens bíblicas, nas quais Deus envia o mal para os homens: por exemplo, Deus endureceu o coração do faraó (Ex 4,21; 7,3; 14,4); Deus assombrou Saul (1Sm 16,14; 19,9); Deus deu ao povo estatutos que não eram bons (Ez 20,25); Deus entregou homens à "imundícia", às "paixões infames" e ao "sentimento perverso" (Rm 1,24-32). Em todos esses exemplos não se trata de Deus como a fonte do mal, mas que Ele, tendo a absoluta autoridade sobre o bem e o mal, pode empregar o mal para alcançar o bem e livrar as pessoas do mal ainda maior.

Naturalmente, surge uma questão: Por que Deus permite a ação do mal e do diabo? Por que Ele tolera o mal? Santo Agostinho confessou que ele era incapaz de responder a essa pergunta: "Sou impotente a penetrar nas profundezas desse propósito divino, e reconheço que isso excede as minhas forças"[15]. Embora responda à questão sobre a origem do mal, a teologia não dá uma explicação definitiva de por que Deus permite a atuação

---

14. LOSSKY, V. *Estudo da teologia mística da Igreja Oriental* – Teologia dogmática, p. 250.

15. PL 34, 431.

do mal, mesmo não sendo o seu criador. Refletindo sobre isso, o raciocínio teológico paira diante de um mistério, não sendo capaz de penetrar na profundeza dos destinos divinos. Como diz Deus no livro de profecias de Isaías: "Porque os meus pensamentos não são os vossos pensamentos, nem os vossos caminhos os meus caminhos [...]. Porque, assim como os céus são mais altos do que a terra, assim são os meus caminhos mais altos do que os vossos caminhos, e os meus pensamentos mais altos do que os vossos pensamentos" (Is 55,8-9).

## O universo

O mundo visível, conforme a Bíblia, foi criado por Deus em seis dias (Gn 1). Como entender esses "dias"? É improvável que se trata aqui de seis dias ordinários, até porque o dia depende do Sol e o próprio Sol foi criado no quarto dia. Na linguagem bíblica, a palavra "dia", como já foi dito anteriormente, representava algum intervalo de tempo, por vezes bastante longo. Assim, por exemplo, quarenta anos da peregrinação dos judeus pelo deserto entre o Mar Vermelho e Canaã são chamados por Davi de "dia da tentação no deserto" (Sl 95,8). Em outro salmo ele diz: "Porque mil anos são aos teus olhos como o dia de ontem que passou" (Sl 90,4). O Apóstolo Pedro também diz que "um dia para o Senhor é como mil anos, e mil anos como um dia" (2Pd 3,8). Além disso, não é dito sobre o sétimo dia "e foi a tarde e a manhã", como sobre os outros dias, o que pode indicar que o sétimo dia ainda não terminou e está em andamento atualmente. "O oitavo dia", na tradição cristã, é, desde a Antiguidade, compreendido como o século futuro e o Reino dos Céus. Tudo isso sugere que os seis dias bíblicos são, na verdade, seis etapas sucessivas da criação, que se desenvolve progressivamente como um grandioso quadro de um grande artista.

As primeiras palavras da Bíblia são "no princípio". Deus cria o tempo, mas o "princípio" do tempo, como afirma São Basílio Magno, não é ainda o próprio tempo. O princípio é aquele primeiro e curto instante que une a vida criada à eternidade, porque, a partir do momento em que o tempo começa a passar, o universo será obrigado a obedecer às suas leis. Segundo essas leis, o passado *já não existe mais*, o futuro *ainda não existe*, e o presente é um instante fugaz que, malcomeçado, já acabou. E mesmo que o tempo surja *simultaneamente* com o universo, aquele curto instante, o "princípio" – quando o tempo ainda não existe, mas o universo já deveria começar a existir – é como se fosse uma garantia de que a criatura material já conheceu a eternidade, e um dia, após o término de sua história, reingressará à eternidade novamente. É porque a eternidade é a ausência do tempo, e além do tempo só há o nada ou um ser superior. O universo, chamado à vida pelo verbo criativo de Deus, não desaparecerá após o fim dos tempos, mas unir-se-á ao ser superior e tornar-se-á eterno. Platão escreve sobre a criação temporal do universo: "o Tempo nasceu com o céu, para que, nascidos simultaneamente, se dissolvam também ao mesmo tempo, se alguma vez se hão de desfazer"[16]. A Bíblia fala sobre o "princípio", que era *antes* do tempo e se acontecerá um fim para o tempo, o universo permanecerá. O tempo, sendo um símbolo da eternidade ("[o Tempo] foi feito no modelo da substância eterna", segundo Platão[17]), se transforma na eternidade, e o universo se transforma no reino do século futuro.

"No princípio, criou Deus os céus e a terra. E a terra era sem forma e vazia; e havia trevas sobre a face do abismo; e o Espírito de Deus se movia sobre a face das águas" (Gn 1,1-2). Conforme outras traduções antigas da Bíblia, a terra era algo "vazio e de

16. PLATON. *Timeo*. Buenos Aires: Aguilar, 1963, 38b, p. 106.

17. Ibid.

dimensão ínfima" (Teodócio), "algo ocioso e indefinível" (Símaco)[18], ou seja, uma matéria primária informe, da qual seria criado o mundo. "A terra" do primeiro dia, segundo São Filareto, metropolita de Moscou, era "um vazio espantoso"[19], uma matéria caótica, que continha o germe da futura beleza e harmonia. "As trevas" e "o abismo" ressaltam a ausência da organização da matéria, e "as águas", a sua plasticidade. Sobre o Espírito Santo se diz que Ele "se movia sobre a face das águas". Em outra passagem bíblica, esse verbo designa o voo do pássaro sobre o ninho com seus filhos: "Como a águia desperta o seu ninho, se move sobre os seus filhos, estende suas asas, toma-os, e os leva sobre as suas asas" (Dt 32,11). Ou seja, o Espírito Santo protegia e dava a vida à matéria, "se movendo" sobre ela e aspirando nela o "espírito da vida".

"E disse Deus: 'Haja luz'. E houve luz. E viu Deus que era boa a luz" (Gn 1,3-4). A luz do primeiro dia não é a luz do Sol e da Lua, que foram criados no quarto dia, mas é a luz da divindade, que se reflete sobre as criaturas. "Disse" e "viu" são palavras antropomórficas, que, contudo, têm um significado profundo. A expressão "disse" aponta para a ação do Verbo Divino, uma das hipóstases da Santíssima Trindade, e "viu" evidencia a consciência e a finalidade do processo criativo, a satisfação do Artista de saber que o universo criado por Ele é realmente belo.

É impossível não perceber a impressionante similitude entre a cosmologia bíblica e outras cosmologias antigas, por exemplo, a da Mesopotâmia ou da Grécia antiga. "O caos gerou as trevas e a escuridão da noite", escreve Hesíodo em sua obra *Teogonia*[20]. A palavra "caos" vem do verbo que significa "ficar impressiona-

18. DROZDOV, F. *Notas para a interpretação fundamental do Livro do Gênesis*. Vol. 1. Moscou, 1867, p. 6 [em russo].

19. Ibid.

20. Ibid.

do, boquiaberto", e corresponde perfeitamente ao "vazio espantoso" da matéria na Bíblia. Platão chama o universo de "Deus que devia nascer um dia", diferentemente de Deus "que é sempre"[21]. Ele fala sobre a racionalidade e a vivacidade do universo:

> Deus quis que todas as coisas fossem boas; Ele deixou à parte, na medida em que isso estava em suas mãos, toda imperfeição, e assim tornou toda essa massa visível, desprovida de todo repouso e quietude, submetida a um processo de mutação sem medida e sem ordem, e a levou da desordem à ordem, já que estimava que a ordem vale infinitamente mais do que a desordem. [...] Logo após ter posto a inteligência na alma, e a alma no corpo, modelou o cosmos, a fim de fazer dele uma obra que fosse, por sua natureza, a mais bela e a melhor. [...] O mundo é realmente um ser vivo, dotado de uma alma e de uma inteligência, e que foi feito assim pela providência de Deus[22].

Cosmos, segundo Platão, é uma imagem de Deus: "é cópia desse ser, e, portanto, é nada mais do que uma imagem do Ser"[23].

No segundo dia, Deus cria o "firmamento", o espaço dotado de solidez, estabilidade e firmeza. No terceiro dia, Ele cria a "porção seca" e o mar, e os separa uma do outro. No quarto dia, Ele cria o Sol, a Lua e outros luminares, e é a partir daí que começa o mecanismo do dia, isto é, a sucessão regular de dia e noite. No quinto dia, as águas produzem peixes e répteis, e os céus produzem as aves. Finalmente, no sexto dia, são criados animais e o homem.

Os pesquisadores apontam para o geocentrismo da narração bíblica. Depois de contar a criação do universo no primeiro

---

21. PLATON. *Timeo*. Buenos Aires: Aguilar. 1963, 34b, p. 99.

22. Ibid., 30a-c, p. 93-94.

23. Ibid., 29c, p. 92.

e no segundo dias, o autor do Livro do Gênesis se dirige à terra e a tudo que é criado sobre ela a partir do terceiro dia. Há nisso um simbolismo profundo.

> Isso não é um resquício de qualquer cosmologia primitiva [...] que não corresponderia a nossa concepção pós-copernicana sobre o universo. Aqui o geocentrismo não é físico, mas espiritual: a terra *penetrada pelas forças espirituais está ao centro*, porque ela é a carne do homem, porque o homem [...] é um ser no centro, um ser que une nele o sensível e o suprassensível, e porque, com a maior plenitude que os anjos, ele participa de toda a organização da terra e do céu. No centro do universo bate o coração do homem [escreve o teólogo russo Vladimir Lossky][24].

A imagem bíblica da criação do mundo nos apresenta Deus em toda sua autoridade criativa. Após ter criado o mundo espiritual e tê-lo povoado de anjos, Deus criou o universo material como uma imagem-reflexo de sua beleza que transcende a compreensão. No centro do universo, Deus situa o homem. Todos os seres, conforme o projeto do Criador, são chamados a louvá-lo:

> Louvai ao Senhor do alto dos céus, louvai-o nas alturas. Louvai-o, todos os seus anjos; louvai-o, todas as suas legiões celestes. Louvai-o, sol e lua; louvai-o, todas as estrelas luzentes. Louvai-o, céus dos céus e as águas que estão acima do firmamento. Louvem o nome do Senhor, pois Ele mandou, e foram criados. [...] Louvai ao Senhor, vós da terra, monstros marinhos e abismos todos; fogo e granizo, neve e vapor e ventos procelosos que lhe executam a palavra; montes e todos os outeiros, árvores frutíferas e todos os cedros; feras e gados, répteis e voláteis; reis da terra

24. LOSSKY, V. *Estudo da teologia mística da Igreja Oriental* – Teologia dogmática, p. 234-235.

> e todos os povos, [...] louvai-o no firmamento, obra do seu poder. [...] Todo ser que respira louve ao Senhor (Sl 148,1-150,6).

O universo criado por Deus é como um livro que revela a majestade do Criador àqueles que sabem ler. Os incrédulos, ao observar o mundo material, não enxergam nele o reflexo da Beleza superior imaterial. Para eles, não há no mundo nada misterioso, tudo é natural e ordinário. O livro do milagre de Deus se lê com os olhos da fé. Um dia, Abade Antônio, um eremita egípcio do século IV, recebeu a visita de um filósofo, que o interrogou: "*Abba*, como podes viver aqui, privado da consolação de ler?" Antônio, apontando com a mão para o céu, o deserto e as montanhas, respondeu: "Meu livro, caro filósofo, é a natureza dos seres criados, e quando eu quero, eu posso ler nela todas as obras de Deus"[25].

* * *

> Bendize, ó minha alma, ao Senhor! Senhor, Deus meu, como Tu és magnificente. Tu te vestes de glória e majestade. [...] Lançaste os fundamentos da terra, para que ela não vacile em tempo nenhum. Tomaste o abismo por vestuário e o cobriste; as águas ficaram acima das montanhas; à tua repreensão, fugiram; à voz do teu trovão, bateram em retirada. Tu fazes rebentar fontes no vale, cujas águas correm entre os montes; dão de beber a todos os animais do campo; os jumentos selvagens matam a sua sede. Junto delas têm as aves do céu o seu pouso e, por entre a ramagem, desferem o seu canto. Do alto de tua morada, regas os montes; a terra farta-se do fruto de tuas obras. Fazes crescer a relva para os animais e as

25. ABBA ANTÔNIO, apud WARE, K. *The Orthodox Way*, p. 54.

plantas, para o serviço do homem. Dispões as trevas, e vem a noite, na qual vagueiam os animais da selva. Os leõezinhos rugem pela presa e buscam de Deus o sustento; vindo o sol, eles se recolhem e se acomodam nos seus covis. Sai o homem para o seu trabalho e para o seu encargo até à tarde. Que variedade, Senhor, nas tuas obras! Todas com sabedoria as fizeste; cheia está a terra das tuas riquezas. Eis o mar vasto, imenso, no qual se movem seres sem conta, animais pequenos e grandes. Por ele transitam os navios e o monstro marinho que formaste para nele folgar. Todos esperam de ti que lhes dês de comer a seu tempo. Se lhes dás, eles o recolhem; se abres a mão, eles se fartam de bens. Cantarei ao Senhor enquanto eu viver; cantarei louvores ao meu Deus durante a minha vida. Bendize, ó minha alma, ao Senhor! Aleluia! (Sl 104).

O sol se punha no oeste. Um brilho dourado tomou uma parte do céu. Mesmo as pequenas nuvens roxas ficaram com bordas douradas. Sob os céus, a imensidão melancólica dos campos. Que abismo de tristeza sobre os campos russos [...]. Ela chama a alma para um país distante, muito distante da terra. As portas da igreja estão abertas. Vem de lá o som dos salmos vesperais: "Bendize, ó minha alma, ao Senhor! Senhor, Deus meu, como Tu és magnificente" [...]. Através das janelas da igreja vejo uma beleza e uma paz da noite descendo sobre os campos, a lavoura, o bosque. Somos chamados a contemplar outro amanhecer e outros crepúsculos, muito mais belos do que os terrestres; devemos ainda seguir para lá, onde encontraremos a verdadeira serenidade e a paz do coração (Lembranças de um pastor [In: *Nadejda*. Frankfurt a. Main, 1986, n. 13, p. 269-271]).

Eis que abriu-se aos nossos olhos uma vista admirável de uma serra, uma região de beleza pitoresca e sublime a todos os lados, até o horizonte, em todo alcance da visão. [...] O sol se declinava a oeste e seus raios douravam toda a paisagem: os topos das montanhas, e os abismos profundos com uma escuridão assombrosa, e aqui e ali pequenas clareiras entre as montanhas, cobertas de grama verde [...]. Em volta de nós, em toda a extensão, reinava uma calma absoluta e um silêncio mortal: era a ausência de toda agitação mundana. Aqui a natureza festejava seu remanso, longe de toda preocupação, e revelava o mistério do século que há de vir. [...] Esse era um templo não criado de Deus vivo, no qual cada coisa o glorificava e realizava o ofício divino [...], pregando o seu poder supremo, a força eterna e a divindade [...]. O livro da natureza abria para nós uma de suas páginas mais deslumbrantes, e nós vimos e lemos em todos os lugares [...] os vestígios divinos; e a perfeição invisível divina nos era revelada através da contemplação das criaturas (Rm 1,20). [...] O silêncio das montanhas e das planícies gerava um sentimento novo: um estado de silêncio e paz [...], de uma alegria espiritual silenciosa; isso era "uma voz mansa e delicada" (1Rs 19,12). Sentados em silêncio, nós contemplávamos, maravilhados, e nossos corações transbordavam de encanto sagrado; nós estávamos vivendo aqueles instantes da vida interior, quando o homem ressente a proximidade do mundo invisível, entra numa doce interação com ele e ouve a presença temível da divindade. Nesse momento, pleno dos sentimentos sagrados, o homem esquece tudo mundano. Seu coração, esquentado como uma cera perto das chamas, torna-se capaz de contemplar o mundo celeste. Ele fica repleto de um amor puríssimo a Deus, e o homem experimenta o prazer de enriquecimento interno; ele compreende através desse sentimento, que não é para a vaidade mundana, mas para comunhão com a eternidade, que são dados a ele seus curtos dias da existência terrena (MONGE HILARION [Eremita]. "Nas montanhas do Cáucaso", p. 4-6).

Glorificarmos o Artista Supremo, que criou o mundo com arte e sabedoria. Através da beleza do visível, elevarmos a nossa razão para aquele que supera a beleza de todos. E através da grandeza dessas sensações, trazermos nossos pensamentos àquele que é infinito, que é além de toda grandeza e que, pela sua força infinita, é maior que todo o conhecimento (SÃO BASÍLIO MAGNO. *Homilia I* de Hexaemeron).

Aquele que não consegue mais parar para admirar e extasiar-se em veneração é como se estivesse morto. Saber que existe uma Realidade secreta, que nos é revelada como uma Beleza suprema, ter certeza dela e senti-la, eis o núcleo de um sentimento religioso autêntico (ALBERT EINSTEIN, apud *Luz e vida*. Bruxelas, 1990, p. 95).

Examina, por favor, também a variedade e a abundância de frutas [...]. Examina, por favor, também a propriedade das raízes, e de sucos, e de flores, e de perfumes [...], e também a riqueza e o esplendor das pedras preciosas, porque a natureza tem desdobrado na tua frente cada coisa [...], para que tu possas conhecer Deus dos benefícios que recebes [...]. Sucessivamente, percorre, te peço, as amplitudes e as longitudes da terra, a mão comum de todos, e os seios do mar, interligados uns aos outros e, juntos, à terra; percorre os bosques, belos, e os rios e as fontes inesgotáveis e abundantes [...]. Diga, de que modo e de onde provém tudo isso? Como explicar esse grandioso tecido não trabalhado por alguém? Não há em que a nossa razão poderia apoiar-se, se não se tratasse da vontade divina. [...] Procure-o, homem, se és capaz de rastrear ou encontrá-lo! E quem foi aquele que separou os rios das planícies e das montanhas e lhes concedeu seu curso sem obstáculos? [...] Quem foi aquele que difundiu o ar em torno de nós, esta grande, abundante riqueza [...]. Pode ser possível que tu compreendas os movimentos circulares e as órbitas das estrelas, suas aproximações e seus distanciamentos, suas descidas e ascensões, certas partes das constelações e todos os elementos que aprendes com essa tua ciência maravilhosa. [...] Só para conhecer anjos e arcanjos, tronos, potestades, principados, dominações, esplendores, ascensões, virtudes espirituais ou espíritos, naturezas puras e incorruptas, impenetráveis para o mal ou dificilmente inclináveis ao maligno, que sempre louvam em coro a Causa Suprema. [...] Foram atribuídas uma ou outra parte da terra, ou foram designados para uma ou para outra parte do universo, de modo que só é conhecido por Aquele que deliberou e delimitou tudo isso. Eles cantam a magnificência divina, contemplando eternamente a eterna glória [...] (SÃO GREGÓRIO NAZIANZENO. *Discurso 28*, 26-31 [GREGORIO DE NAZIANZE. *I cinque discorsi teologici*. Roma: Città Nuova, 2006, p. 83-92]).

Deus é o criador e formador dos anjos. É Ele quem os conduziu do nada ao ser, e quem os criou a sua própria imagem em uma natureza incorpórea [...].

Um desses poderes angelicais foi criado por Deus como protetor responsável pela custódia da terra e do seu entorno. Não era malvado por natureza, mas bom, e nasceu do bem. [...] Foi o primeiro que se separou do bem e se voltou ao mal. O mal não é outra coisa, senão a carência do bem, como a sombra não é nada mais do que a carência da luz. E Ele é a luz intelectual, assim como o mal é a sombra intelectual (SÃO JOÃO DAMASCENO. *Exposição da fé, II*, 3 (17)-4 (18) [JUAN DAMASCENO. *Exposición de la fe*. Madri: Ciudad Nueva, 2003, p. 80, 84-85]).

Antes que o céu fosse criado, antes que a terra fosse produzida, existia Deus Criador, único e solitário, a Luz sem princípio, a Luz não gerada, a Luz absolutamente indizível. [...] Não havia nem ar, como hoje, nem escuridão, nem a luz, nem a água, nem éter, nem qualquer outra substância, mas havia apenas Deus, um Espírito luminoso, imaterial, mas todo-poderoso. Ele criou os anjos, os inícios, as dominações, os querubins e os serafins, os principados, os tronos e as ordens sem nome, que o servem com pavor e emoção. Depois deles, Ele criou o céu, como uma abóboda, o material e o visível [...] e também a terra, as águas e todos os precipícios. Assim, o céu foi criado como algo material e era diferente, em sua natureza, da Luz imaterial; por isso, sem a luz ele parecia uma grande casa escura. Mas o Senhor acendeu o sol e a lua, para que eles iluminassem, de uma forma sensível, as criaturas dotadas de sentidos. Contudo, Ele próprio é distinto de qualquer luz material, e, sendo mais claro que a luz e mais esplêndido que o brilho, é inacessível a todas as criaturas. Pois, assim como não se vê as estrelas com a luz do sol, o brilho do Senhor das criaturas seria insuportável para os seres vivos (SÃO SIMEÃO, O NOVO TEÓLOGO. *Hino 38*, 24-74 [SC 174, 468-472]).

# 5

# O HOMEM

## A criação do homem

O homem é a coroação da criação, o ápice do processo criativo das três Pessoas da Santíssima Trindade. Antes de criar o homem, elas se consultam: "Façamos o homem à nossa imagem, conforme à nossa semelhança" (Gn 1,26). "O conselho eterno" das três era necessário não apenas porque o homem é criado na condição de um ser superior, dotado de razão e de vontade, que reina em todo o mundo visível, mas também porque ele, sendo absolutamente livre e independente de Deus, quebrará o fundamento, se afastará da glória do paraíso e demandará o sacrifício do Filho de Deus para que seja aberto para ele o caminho inverso, ao encontro de Deus. Concebendo o homem, Deus vê o seu futuro destino, porque nada pode se esconder ao olhar de Deus, pois Ele vê o futuro como vê o presente.

Mas, já que Deus previu a transgressão de Adão, não significaria isso que Adão é inocente, porque tudo aconteceu conforme a vontade do Criador? Respondendo a essa pergunta, São João Damasceno estabelece uma diferença entre a "previdência" e a "predestinação": "Devemos saber que Deus prevê tudo, mas não predestina tudo. Sem dúvida, prevê o que depende de nós, mas não o predestina. De fato, não quer que ocorra o mal, nem tampouco quer obrigar à virtude"[1]. Dessa maneira, a previdência divina não é uma fatalidade que predetermina o destino do homem. Não era predeterminado que Adão iria pecar; pelo contrário, isso dependia apenas de seu livre-arbítrio. Deus sabe antecipadamente quando nós transgredimos; mas, contudo, essa previdência divina não nos livra da responsabilidade do pecado cometido. Além disso, a sua misericórdia é tanta que Ele prontamente se oferece para o sacrifício para redimir a humanidade das consequências do pecado.

Deus criou o homem do "pó da terra", isto é, da matéria. Assim, o homem é a carne da carne da terra, da qual ele foi modelado com as mãos divinas. Deus também "soprou em suas narinas o fôlego da vida, e o homem foi feito alma vivente" (Gn 2,7). Saído do "lodo" da terra, o homem recebe um princípio divino, como garantia de sua comunhão com a vida divina: "Criado Adão à sua imagem e conforme a sua semelhança, Deus soprou nele a graça, o conhecimento e a luz do Santíssimo Espírito" (Anastácio Sinaíta)[2]. O "fôlego da vida" pode ser entendido como o Espírito Santo – o "fôlego", assim como o "espírito", são definidos, na versão grega da Bíblia, por meio do termo *pneuma*. Pelo próprio ato da criação o homem participa da divindade, e por isso diverge completamente das outras criaturas: ele não apenas ocupa o lugar mais alto na hierarquia dos animais, mas é quase um "semideus" no mundo animal. Os Santos Padres da Igreja denominam o homem como um "intermediário" entre os mundos visível e invisível, um "misto" de ambos. Eles também seguem os filósofos da Antiguidade chamando-o de "microcosmo", isto é, um universo reduzido, que reúne em si a totalidade do mundo criado[3].

---

1. SÃO JOÃO DAMASCENO. *Exposição da fé*. II, 30 (44) [JUAN DAMASCENO. *Exposición de la fe*. Madri: Ciudad Nueva, 2003, p. 148].

2. PG 89, 236C.

3. Cf. BISHOP KALLISTOS WARE. *The Orthodox Way*, p. 62-64.

O homem, segundo São Basílio Magno, "recebeu o poder de dominar à semelhança dos anjos" e "pela sua vida se assemelhava aos arcanjos"[4]. Contudo, colocado no coração do universo criado, reunindo em si os princípios espiritual e corporal, ele, em alguma medida, ocupava lugar superior aos anjos. São Gregório Nazianzeno o nomeia "um deus criado", querendo enfatizar a grandeza do homem[5]. Ao criar o homem à sua imagem e à sua semelhança, Deus cria um ser destinado a *se tornar um deus.* O homem é potencialmente um *theanthropos*, um Deus-Homem.

## Imagem e semelhança

"E criou Deus o homem à sua imagem; à imagem de Deus o criou; macho e fêmea os criou" (Gn 1,27). Uma mônada solitária e egocêntrica não é capaz de amar, portanto Deus cria não uma unidade, mas um par, para que haja um amor entre os homens. Mesmo assim, o amor de um par não constitui ainda o amor pleno, pois o par é composto por dois princípios opostos, uma tese e uma antítese, que terminarão em uma síntese. A síntese de um par humano se realiza com o nascimento de um filho. Em uma família plenamente realizada, o esposo, a esposa e o filho representam a imagem do amor divino triúno. Por isso Deus fala: "frutificai e multiplicai-vos" (Gn 1,28). É importante também relevar um paralelo entre a alternância entre o singular e o plural na narração bíblica sobre Deus ("Façamos o homem à nossa imagem" – "criou Deus o homem à sua imagem") e a mesma alternância na narração sobre o homem ("à imagem de Deus o criou" – "macho e fêmea os criou"). Isso permite destacar a unidade geral do gênero humano, apesar das diferentes hipóstases de cada ser humano concreto. "Deus é simultanea-

---

4. PG 31, 344C.

5. PG 37, 690.

mente uma natureza e três hipóstases; o homem é simultaneamente uma natureza e uma multiplicidade de hipóstases; Deus é consubstancial e tri-hipostático; o homem é consubstancial e multi-hipostático", escreve Christos Yannaras[6].

O tema da imagem e da semelhança divina é um dos temas centrais para a antropologia cristã; todos os primeiros autores cristãos tinham consagrado a ele suas reflexões mais ou menos extensas. Platão já dizia que Deus "fabricou" os seres vivos "reproduzindo a natureza do modelo"[7]. Fílon de Alexandria chamava o homem de "criado à imagem do modelo ideal"[8]. O termo grego *eikon*, a imagem, significa "retrato", "imagem", algo criado conforme o modelo (*prototypos* – protótipo, modelo) e parecido com ele, mesmo que não idêntico a ele na sua essência.

Os Santos Padres reconheciam na essência racional e espiritual do homem, sendo um "ser dotado de inteligência", os traços da imagem divina. "Nossa inteligência [...] é familiar a Deus. Ela é a imagem da inteligência de Deus", diz Orígenes[9]. "Somos criados à imagem do Criador, somos dotados da razão e da palavra que completam a perfeição da nossa essência", escreve São Basílio Magno[10]. O corpo humano é feito à imagem divina? São Basílio estima que não. Deus é Espírito e a imagem de Deus deve ser espiritual[11]. Entretanto, conforme Fótio, patriarca de Constantinopla do século IX, o corpo é sim um reflexo divino, como toda criatura: "O corpo humano, assim

---

6. YANNARAS, C. *A fé da Igreja* – Introdução à teologia ortodoxa. Moscou, 1992, p. 102 [em russo].

7. PLATÃO. *Timeo*, 39e.

8. *De opificio mundi* 69, apud ARCEBISPO CIPRIANO (KERN). *Antropologia de São Gregório Palamas*. Paris, 1950, p. 105.

9. PG 11, 128.

10. PG 31, 221C.

11. PG 30, 13.

como a alma, são obras artísticas de sua vontade beneficente e plena de amor"[12].

A imagem divina é presente no livre-arbítrio do homem e na sua capacidade de escolha. Deus criou o homem totalmente livre, em seu amor Ele não quer impeli-lo nem ao bem nem ao mal. Por sua vez, Ele espera do homem um amor recíproco e não apenas uma mera subordinação. É só sendo livre que o homem pode se assemelhar a Deus através de seu amor a Ele.

Os traços da imagem divina são percebidos também na imortalidade do homem e na sua posição dominante na natureza, assim como na sua aspiração constante pelo bem. Taciano chama o homem de "imagem da imortalidade divina"[13]. São Macário do Egito fala que Deus criou a alma "à imagem da virtude do Espírito, depositando nela as leis da virtude, da razão, do conhecimento, da sabedoria, da fé, do amor e outras virtudes do Espírito"[14].

Finalmente, as capacidades criativas do homem são imagem da capacidade criativa do próprio Criador. Deus é "trabalhador": "Meu Pai continua trabalhando até hoje, e eu também estou trabalhando" (Jo 5,17). O homem também é destinado a "lavrar" o paraíso (Gn 2,15), ou seja, trabalhar nele, cultivá-lo. O homem não pode criar *ex nihilo* ("do nada"), mas ele pode criar do material criado pelo Criador, e esse material para ele é a terra, na qual ele é o dono e o senhor. O universo precisa de benfeitorias do homem na medida menor do que o homem precisa dela para aplicar suas potencialidades criativas para se identificar com Deus.

Alguns Padres da Igreja fazem diferença entre a "imagem" e a "semelhança", ressaltando que a "imagem" é aquilo que é ini-

12. PG 102, 180A-B.

13. PG 6, 820B.

14. *Bibliotheke ton hellenon pateron*. Atenas, 41, sel. 341.

cialmente investido no homem pelo Criador, enquanto a "semelhança" é aquilo que precisa ser atingido ao longo da vida virtuosa. "Por uma parte é evidente que é a *imagem* por ser intelectual e livre. Por outra parte, é *semelhança*, na medida do possível, pela semelhança da virtude", escreve São João Damasceno[15]. O homem deve desenvolver todas as suas capacidades "cultivando" o mundo, por meio das obras que ele cria, da virtude, do amor, para, assim, se assimilar a Deus, pois "o fim da vida virtuosa é a semelhança a Deus", como dizia São Gregório de Nissa[16].

## A alma e o corpo

Todas as religiões antigas compartilhavam a ideia de que o homem possui simultaneamente a essência material e a espiritual, embora a correlação dessas duas era percebida de maneiras diferentes. Nas religiões dualistas, a matéria é percebida como má e hostil ao homem. Os maniqueístas, por exemplo, consideravam que o mundo material foi criado por satã. Na filosofia antiga grega, o corpo era percebido como um cárcere, no qual está presa a alma, ou como um túmulo, no qual ela está enterrada. Assim, Platão deriva o termo *soma* (corpo) do *sema* (túmulo, sepultura): "Decerto, alguns dizem que ele é o *túmulo (sēâ ma)* da alma, como se agora ela estivesse enterrada nele. [...] o deram como punição da alma, e é para *pô-la a salvo (sṓzētai)* que possui este envoltório, à imagem de uma prisão; e ele é para a alma, tal como ele próprio designa, um *'cárcere' (sōâ ma)*"[17].

Os sistemas filosóficos da Índia antiga falam da transmigração das almas de um corpo ao outro, inclusive do homem para

---

15. SÃO JOÃO DAMASCENO. *A exposição da fé*. II, 12 (26) [JUAN DAMASCENO. *Exposición de la fe*. Madri: Ciudad Nueva, 2003, p. 116].

16. SÃO GREGÓRIO DE NISSA. *Comentários sobre a bem-aventurança*, 1,4.

17. SOUZA, p. 102.

o animal e ao inverso: "Assim como o homem se despoja de uma roupa gasta e veste roupa nova, assim também a alma incorporada se despoja de corpos gastos e veste corpos novos", lemos no Bhagavad Gita[18]. O ensinamento sobre a metempsicose (reencarnação) foi refutado por toda a antiga tradição cristã como não compatível nem com a revelação divina nem com o senso comum, pois o homem dotado da razão e do livre-arbítrio nunca poderia se transformar num animal irracional, já que a existência dotada da razão não pode nunca desaparecer por completo. Além disso, a ideia de que o homem, na sua vida terrena, sofre o castigo dos pecados cometidos nas vidas anteriores contradiz claramente a noção da misericórdia divina. Para que serve o castigo se o homem não sabe por quais atos ele está pagando, já que ele não se lembra de suas existências anteriores?

Com fundamento na Bíblia, os Santos Padres ensinam que o corpo e a alma não são elementos opostos, que se uniram no homem por um tempo determinado. Para eles, o corpo e a alma são dados ao homem simultaneamente e para sempre durante o próprio ato da criação; a alma é "desposada" ao corpo e é inseparável dele. Apenas a unidade do corpo e da alma pode ser vista como uma pessoa-hipóstase, pois, separadamente, nem um nem outra não constituem uma pessoa. "Pois o que é o homem se não um ser vivo dotado de corpo e alma?, escreve São Justino, teólogo romano do século II. Assim, a alma por ela própria constitui o homem? Não. [...] E o corpo pode ser chamado de homem? Não. [...] Apenas um ser constituído da união dos dois pode ser chamado de homem"[19]. A união inseparável de corpo e alma é chamada por São Gregório de Nissa de "amizade", "amor" que perpetuam até mesmo após a morte: "Após a separação com o corpo, permanecem na alma algumas marcas dessa

18. *Bhagavad Gita*, 2:22.

19. PG 6, 1585B.

união; o rico e o Lázaro se reconheceram facilmente no paraíso. A alma guarda uma marca do corpo e durante a restauração de todas as coisas ela assumirá esse corpo"[20]. Essa concepção é bem distante do dualismo de Platão e das religiões orientais.

Falando do corpo e da matéria em geral, os Padres da Igreja enfatizavam a sua origem divina: "Eu confesso que a matéria é uma criação de Deus e que ela é admirável [...], diz São João Damasceno. Eu não venero a matéria, mas venero o criador da matéria que por minha causa se tornou matéria, existiu como matéria e através da matéria concebeu a minha salvação"[21]. Profundamente errada é a afirmação de que o cristianismo prega o desprezo ao corpo. Essa atitude foi, sim, uma característica de alguns hereges (gnósticos, montanistas, maniqueístas), cujos ensinamentos eram sujeitos às grandes críticas por parte dos grandes teólogos cristãos. São João Crisóstomo assim escreveu sobre eles: "Muitos hereges afirmam que o corpo não é criado por Deus. Vejamos, ele não merece ter sido criado por Deus, eles dizem, evocando a sujeira, o suor, as lágrimas, o esforço, a exaustão e todas as outras imperfeições corporais [...]. Mas não falas para mim sobre esse homem caído, condenado, humilhado. Se quisesses saber qual é o corpo que Deus tinha nos oferecido no princípio, vamos para o paraíso contemplar o primeiro homem criado"[22].

Cada vez que as obras cristãs ascéticas tratam da hostilidade entre a carne e o espírito (começando pelo Apóstolo Paulo: "a carne cobiça contra o espírito, e o espírito contra a carne" (Gl 5,17)), referem-se à carne pecadora como uma representação das paixões e vícios, mas não ao corpo em geral. E quando se

---

20. PG 44, 225B-229C.

21. SÃO JOÃO DAMASCENO. *Defesa das imagens sacras* – Segundo discurso, 14 [PG 94, 1297C-1300B] [GIOVANNI DAMASCENO. *Difesa delle immagini sacre*: discorsi apologetici contro coloro che calunniano le sante immagini. Roma: Cità Nuova, 1997, p. 106.

22. PG 49, 121.

trata de "mortificar" a carne, refere-se à mortificação das paixões corporais e não ao desprezo ao corpo como tal. O ideal cristão não consiste em desprezar o corpo, mas em purificá-lo e livrá-lo das consequências do pecado original, retorná-lo à pureza original e torná-lo digno de seu modelo divino.

O princípio espiritual do homem é chamado normalmente de "alma" (*psyche*). Na Bíblia, esse termo por vezes designa qualquer ser vivo em geral (Gn 2,9), ou então um princípio vital ou uma fonte de vida encarnada (Gn 9,4) ou o sangue do ser vivo (Lv 17,11), e, frequentemente, a vida do próprio homem (Gn 19,17). Os salmos de Davi muitas vezes falam da alma como um princípio interno imaterial do ser humano: "A minha alma tem sede de ti; a minha carne te deseja muito" (Sl 63,1).

É nesse último significado que a palavra "alma" entrou no uso da patrística. A definição da alma foi dada por Santo Atanásio de Alexandria: "A alma é uma substância dotada de razão, incorporal, impassível, imortal"[23]. São Gregório de Nissa completou essa definição: "A alma é uma substância nascida, uma substância viva, dotada de razão, que comunica aos órgãos e sentidos do corpo uma força vital"[24]. Em ambas as definições, a alma é chamada de essência (*ousía*), ou seja, ela não é apenas uma função, uma capacidade, um sentido, uma manifestação do corpo, mas possui sua existência autônoma.

Além da alma, o homem possui um princípio espiritual superior, chamado de "espírito" ou "razão". O termo "espírito" (em hebraico, *ruah*; em grego, *pneuma*) é de origem bíblica e significa "fôlego", ou às vezes "vento" (cf. Sl 148,8). O termo "razão" (em grego, *nous*) deriva da filosofia grega antiga e não é encontrado no Antigo Testamento. Mas o Apóstolo Paulo o emprega com frequência, assim como os Padres da Igreja, nas obras dos quais

---

23. PG 28, 608A.

24. *Gregoriou Nyssis erga*. T. 1, sel. 228.

é justamente esse termo (e não o "espírito") que constitui o principal conceito antropológico. Por sua natureza, a razão é muito diferente de tudo que o homem possui. Ele é capaz de compreender o sentido das coisas, penetrar a sua essência. "A razão vê tudo, ouve tudo", dizia Menandro[25]. Santo Antônio o Grande diz: "A razão vê tudo, mesmo aquilo que está no céu (i. é, no mundo espiritual), e nada pode escurecê-la senão o pecado"[26]. É justamente por meio da razão que o homem pode estar em contato com Deus, orar a Ele; por meio da razão ele ouve a "resposta" de Deus à sua oração. São Gregório Palamas chama a razão de "partícula da divindade"[27], enfatizando a sua origem não terrestre.

Geralmente, a tradição bíblica cristã possui uma visão elevada do homem. Aquela opinião de que o cristianismo menospreza o homem é profundamente equivocada. O que é o homem na visão de um ateísta? É apenas um primata com capacidades mais complexas. O que é o homem na visão de um budista? É uma das encarnações da alma, que, antes de se encarnar no corpo humano, podia ter existido no corpo de um cão ou de um porco, e após a morte do homem pode novamente se encarnar num animal. O conceito da pessoa como uma união do corpo e da alma é ausente nessa filosofia, o homem aqui é apenas um estágio intermediário na peregrinação da alma de corpo a corpo.

É apenas o cristianismo que oferece uma visão elevada do homem. No cristianismo, o homem é uma pessoa, uma individualidade, criada à imagem de Deus, ou seja, um ícone do Criador (em grego, *eikon* significa "imagem"). Em sua dignidade, o homem não é inferior aos anjos. Conforme o Profeta Davi: "O que é o homem mortal para que te lembres dele? E o Filho do Homem, para que o visites? Contudo, pouco menor o fizeste

---

25. Ibid., sel. 230.

26. *Filokalia* 1, 19.

27. PG 150, 144.

do que os anjos, e de glória e de honra o coroaste. Fazes com que ele tenha domínio sobre as obras das tuas mãos; tudo puseste debaixo de seus pés" (Sl 8,4-6).

## A vida dos primeiros homens antes da queda

O cristianismo opõe à representação materialista sobre os primeiros estágios do desenvolvimento humano, quando homens se assemelhavam aos animais, levando uma vida animal, sem noções de Deus e de moralidade, um ensinamento sobre a glória dos primeiros homens no paraíso, sua queda e seu exílio. É preciso ressaltar que a mitologia de muitos povos contém narração sobre a felicidade inicial dos homens seguida de uma queda, de modo que muitas dessas narrações tenham elementos muito parecidos. Será que a narração bíblica é um desses mitos? Será que podemos considerá-la uma verdadeira história da humanidade, ou devemos entendê-la como uma alegoria?

Antes de responder essas perguntas, vamos definir o que é mito. A palavra grega *mythos* designa, em geral, história, narração, parábola, sagas sobre deuses e heróis, ou seja, sobre o passado pré-histórico da humanidade. Como mostrou A. Lossev, o mito não é uma invenção, uma ficção fantástica, uma alegoria, mas "a própria vida", "a própria existência, a própria realidade", uma história verdadeira, mas expressada em palavras e símbolos. Com isso, o mito é um milagre e nisso ele se difere de uma simples narração histórica, baseada na análise racional dos fatos e acontecimentos. A linguagem do mito é uma linguagem simbólica; transformando-se em um mito, uma história verdadeira, veste-se de palavras e imagens com significados simbólicos[28]. Na medida em que um povo se distancia da verdadeira fé – da

28. LOSSEV, A. *A dialética do mito*: filosofia, mitologia, cultura. Moscou, 1991, p. 23-27 [em russo].

fé em um Deus único –, a realidade real se transforma cada vez mais em seus mitos e acumula traços fantásticos, míticos, no sentido negativo da palavra. Contudo, uma parcela da verdade ainda fica preservada em qualquer mitologia. Isso pode explicar a semelhança entre mitologias diferentes.

A narração bíblica se diferencia de todos os outros mitos antigos, pois ela provém do povo eleito por Deus, o único que preservou a fé verdadeira. Isso permitiu que distorções não penetrassem nela e que ela guardasse a sua pureza original. Além disso, a Igreja recebe tudo que está escrito na Bíblia como uma verdade revelada por Deus através de seus eleitos – pregadores, apóstolos, profetas. Nesse sentido, a narração bíblica é uma história verdadeira e não mera alegoria ou parábola. Entretanto, como qualquer história antiga, ela é escrita com uma linguagem simbólica, na qual cada palavra, cada imagem necessita de uma interpretação. Nós entendemos que "a terra e o céu" é um símbolo de algo que transcende o nosso céu astronômico e o nosso globo terrestre. E a "serpente" que "era mais astuta que todas as alimárias do campo" não é uma serpente comum, mas é uma força má que entrou nela. Na Bíblia, tudo é verdade, até a última letra. Poderíamos definir a narração bíblica como uma *narração simbólica sobre os acontecimentos reais*.

Assim, após ter criado o homem, Deus o introduz ao paraíso, um jardim que Ele "plantou no Éden, da banda do Oriente" (Gn 2,8). O paraíso foi oferecido ao homem que vivia em plena harmonia com a natureza: ele entendia a língua dos animais, e eles eram submissos a ele, todos os elementos eram sujeitos a ele como a um rei. "O Senhor estabeleceu o homem como um príncipe de seu tempo e mestre do mundo visível. O fogo não o podia devorar, as águas o engolir, nem as bestas o ferir", diz São Macário do Egito[29]. Adão tinha o rosto "iluminado de glória",

29. *Bibliotheke ton hellenon pateron*. Atenas, 42, 202.

ele era amigo de Deus, vivia em sua pureza, era mestre de seus pensamentos e vivia glorioso[30]. Adão era a moradia do Verbo, do Espírito de Deus. "O Verbo que morava nele substituía para ele tudo: a sabedoria, a sensação, a herança, a doutrina", conforme São Macário do Egito[31].

Deus trouxe todas as bestas ao homem "para este ver como lhes chamaria; e tudo o que Adão chamou a toda a alma vivente, isso foi o seu nome" (Gn 2,19). E Adão dá nome a todos os animais e aves, ou seja, ele descobre o sentido, o *logos* oculto de cada ser vivo. Pois o que é um nome? É mais do que mero símbolo ou designação convencional de um ou outro animal. "O nome, enquanto uma tensão máxima do ser dotado de intelecto, é um fundamento, uma força, um objetivo, uma criação e uma realização [...] de toda a existência [...]. O nome é um elemento que permite uma interação racional entre os seres vivos, iluminada pelo sentido e harmonia do espírito; ele é a revelação do mistério das faces e o conhecimento das energias vitais da existência. [...] O nome carrega em si cada ser vivo" (A. Lossev)[32]. Deixando ao homem o direito de chamar todas as criaturas, Deus o introduz, de alguma maneira, ao coração de seu processo criativo, o convoca a uma criação *conjunta*, a uma *co*-operação: "Adão precisava enxergar a estrutura inefável que cada animal possuía. Todos eles se aproximavam de Adão, assumindo, com isso, a sua posição de inferioridade. [...] Deus disse a Adão: seja o criador dos nomes, já que não possuis o poder de criar as criaturas. [...] Nós compartilhamos com ti a glória da sabedoria criativa [...]. Dá nomes àqueles que eu dei a vida" (São Basílio de Selêucida)[33].

---

30. Ibid.

31. Ibid., 41, 208.

32. LOSSEV, A. *A filosofia do nome*. Moscou, 1990, p. 166.

33. PG 85, 40C-41A.

Deus introduz o homem no mundo como um sacerdote de toda a criação visível. O único, entre os seres vivos, capaz de louvar a Deus em palavras e glorificá-lo. O universo inteiro é concedido a ele como uma dádiva, pela qual ele deve oferecer "o sacrifício de louvor" e conceder a Deus, "que é seu, daquilo que é seu". Nessa oferenda eucarística incessante do homem está o sentido e a justificativa de sua existência e, ao mesmo tempo, o seu bem-estar supremo. O céu, a terra, o mar, os campos e as montanhas, as aves e os animais, toda criatura delega ao homem seu serviço sacerdotal, para que Deus seja louvado pela sua boca.

Deus autoriza o homem a comer de todas as árvores do paraíso, inclusive da árvore da vida que concedia a imortalidade. Contudo, ele proíbe comer da árvore do conhecimento do bem e do mal, porque "conhecer o mal" significa se unir ao mal e recusar a beatitude e a imortalidade. A Lei de Deus é dada, conforme as palavras de São João Damasceno, "como uma prova e teste da obediência e desobediência do homem"[34]. Ou seja, o homem tem o direito de escolher entre o bem e o mal, mesmo que Deus o sugira a escolha certa, advertindo-o sobre as consequências do pecado. Escolhendo o mal, o homem recusa a vida e morre; escolhendo o bem, ele se eleva à perfeição e alcança o objetivo supremo de sua existência.

O objetivo da vida do homem, conforme o ensinamento dos Padres da Igreja Oriental, é a "deificação" (*theosis*). A deificação e a semelhança a Deus é a mesma coisa: "Nossa salvação, porém, não é possível a não ser por nossa deificação. E deificarmo-nos é nos assemelhar a Deus e nos unir a Ele o quanto pudermos"[35]. O Apóstolo Paulo chama essa união com Deus de "adoção" (Rm

---

34. SÃO JOÃO DAMASCENO. *A exposição da fé*. II, 11 (25) [JUAN DAMASCENO. *Exposición de la fe*. Madri: Ciudad Nueva, 2003, p. 109-115].

35. DIONÍSIO PSEUDOAREOPAGITA. *Obra completa*. São Paulo: Paulus, 2004, p. 205, cap. 1; 3 [373 D, 376 A] [Trad. Roque Aparecido Franglotti].

8,15), o Apóstolo Pedro, de "participantes da natureza divina" (2Pd 1,4); Orígenes, de "transformação em Deus"[36]. A união com Deus, sendo o objetivo final da existência humana, não é uma fusão com a essência divina e uma diluição em divindade (como no ensinamento dos neoplatônicos); nem é uma imersão no nirvana, como ensinam os budistas, mas é sobretudo a vida com Deus e em Deus, na qual a individualidade humana não se extingue, permanece em sua integralidade e se comunga da plenitude do amor divino.

## A queda

"A serpente era mais astuta do que todas as alimárias do campo que o Senhor Deus tinha feito" (Gn 3,1), assim se inicia a narração bíblica sobre a queda dos primeiros homens. Esse é justamente aquele "grande dragão, a antiga serpente, chamada o diabo, e satanás, que engana todo o mundo", do qual fala o Apocalipse do Apóstolo João Evangelista (Ap 12,9); aquele que era "portador da luz" (lúcifer), mas que recusou o amor divino e se tornou o inimigo de todo o bem. São João Crisóstomo não acha adequado identificar totalmente o diabo com a serpente; para ele, o diabo utilizou a serpente como um meio[37]. O diabo ilude o homem com a "esperança da deificação", conforme a expressão de São João Damasceno[38]. O homem não reconheceu o engano, pois o desejo da deificação era-lhe concedido pelo Criador. Mas a deificação é impossível *sem* Deus, e é a marca do maior orgulho desejar se tornar igual a Deus *em detrimento* de Deus.

A narração bíblica nos ajuda a entender toda a história trágica da humanidade, assim como seu estado atual, pois mostra

36. PG 11/1, 41.

37. *Bíblia interpretada*. T.1. São Petersburgo, 1904, p. 24 [em russo].

38. PG 96, 98B.

o que nós éramos e em que nós nos transformamos. Ela nos revela que o mal entrou no mundo não pela vontade de Deus, mas pelo erro do homem, que preferiu a fraude diabólica à lei divina. A humanidade reitera o erro de Adão, de geração em geração, deixando-se seduzir pelos valores enganosos e esquecendo dos verdadeiros – da fé em Deus e da fidelidade a Ele.

O pecado dos primeiros homens foi possível graças à liberdade de escolha que eles possuíam. A liberdade é um dom supremo, que faz do homem a imagem do Criador. Porém, a liberdade contém a possibilidade de recusar a Deus. Segundo a afirmação do Arcebispo Sofrony, Deus se arriscou quando criou o homem livre: "Criar algo sempre é um empreendimento arriscado. A criação por Deus do homem à sua imagem e à sua semelhança compreendia um certo risco. [...] Conceder ao homem uma liberdade quase divina lhe abria a possibilidade de se opor de alguma maneira a sua predestinação. O homem possui a liberdade suficiente a se determinar negativamente em relação a Deus, até o ponto de se pôr em conflito com Ele"[39]. Deus, em virtude de seu amor pelo homem, não queria interferir em sua liberdade para forçá-lo a evitar o pecado. Mas o diabo tampouco podia obrigar o homem a cometer o mal. O único responsável pela queda é o próprio homem, que abusou de sua liberdade para cometer o pecado.

Em que consiste o pecado do primeiro homem? Em desobediência, segundo Santo Agostinho: "É impossível que a vontade própria não caia sobre o homem como uma ruína e um peso imenso, se, por orgulho, antepõe-na à vontade do superior. Isso o experimentou o homem menosprezando o preceito de Deus e, com esta experiência, aprendeu a diferença entre o bem e o mal, ou seja, o bem da obediência e o mal da desobediência [...]"[40].

---

39. ARCHIMANDRITE SOPHRONY. *His Life is Mine*. Nova York, 1977, p. 32.

40. SANTO AGOSTINHO (Bispo de Hipona). *Comentário ao Gênesis*. São Paulo: Paulus, 2005, livro VIII, cap. XIV, 31, p. 295 [Trad. Agustinho Belmonte].

A maioria dos autores cristãos da Antiguidade acreditava que Adão caiu pelo orgulho: "O orgulho reside originalmente lá, onde depois acontece o pecado. O castigo do orgulhoso é a queda, o tentador é o demônio. [...] Dessa única paixão um certo (diabo) caiu do céu"[41]. São Simeão, o Novo Teólogo, também fala sobre isso: "Eósforo, e, em seguida, Adão, um anjo e outro, homem, separaram-se de suas naturezas e, repletos de orgulho diante de seu criador, desejaram, eles mesmos, tornar-se deuses"[42]. Orgulho é um muro entre o homem e Deus. A raiz do orgulho é o egocentrismo, amor-próprio, narcisismo. Antes da queda, o único objeto do amor do homem era Deus; mas depois, além de Deus, surgiu um objeto cativante: a árvore parecia "boa para se comer, agradável aos olhos e desejável para dar entendimento" (Gn 3,6). De repente, todos os valores se invertem, o próprio "eu" passa a ser mais importante e o objeto do amor ocupa um lugar secundário. Não resta mais lugar para Deus, Ele é esquecido, expulso de minha vida.

O fruto proibido não fez o homem mais feliz. Pelo contrário, num piscar de olhos, o homem sentiu que estava nu, ou seja, ele ficou envergonhado e tentou se esconder de Deus. A compreensão da própria nudez significa que o homem perdeu aquelas vestimentas divinas luminosas que o protegiam do "conhecimento do mal". Um sentimento agudo de vergonha pela infâmia cometida – eis o primeiro sentimento humano após ter cometido o pecado. O segundo sentimento é o desejo de se esconder de Deus, o que significa que o homem perdeu a noção sobre a onipresença divina e buscou um lugar onde *não havia* Deus.

Porém, a queda não era o rompimento definitivo com Deus: o homem ainda poderia se arrepender e assim recuperar a sua dignidade perdida. Deus se lança a "resgatar" o homem caído;

---

41. SÃO JOÃO CLÍMACO. *A escada do céu*, 14, 32.

42. SÃO SIMEÃO, O NOVO TEÓLOGO. *Discurso teológico*, 1, 357-359 [SC 122].

Ele anda entre as árvores do paraíso e procura por ele, indagando "onde estás?" (Gn 3,9). Nessa caminhada humilde de Deus pelo paraíso nós vislumbramos a humildade de Cristo, que será revelada no Novo Testamento, a humildade com a qual Deus sai para buscar uma ovelha perdida. Embora Ele não tenha necessidade de andar procurando e chamando "onde estás?", porque Ele poderia anunciar do alto do céu e fazer tremer a terra, Ele ainda não deseja parecer um juiz de Adão. Ele ainda quer se manter igual a Adão e aguarda seu arrependimento. A chamada de Deus contém um apelo ao arrependimento, conforme tinha sugerido Orígenes: "Deus não diz a Adão "onde estás?" porque Ele realmente queria saber onde ele estava, mas para evocar nele os melhores sentimentos. Ele recorda assim ao homem que um dia ele se encontrava na santidade, mas quebrou a lei e se tornou nu, dizendo: "Onde estás? Veja em que condição tu vivias e em que condição estás agora, após ter recusado o encanto do paraíso"[43]. Se Adão tivesse dito "eu pequei", ele, sem dúvida, teria sido perdoado, afirma São Simeão, o Novo Teólogo[44]. Contudo, ao invés do arrependimento, Adão tenta se justificar, acusando a sua esposa: "A mulher que me deste por companheira, ela me deu da árvore e eu comi" (Gn 3,12). Tu me deste a mulher, Tu és culpado... E a mulher, por sua vez, acusa a serpente...

As consequências do pecado eram catastróficas para o primeiro homem. Ele não foi apenas privado da beatitude e do encanto do paraíso, mas toda a natureza humana foi modificada e alterada. Após ter pecado, ele abandonou o seu estado natural e entrou num estado antinatural (Abade Doroteu[45]). Todas as partes de seu corpo material e espiritual foram feridas; o espírito, ao invés de procurar Deus, ficou submisso às forças físicas e

---

43. *Bibliotheke ton hellenon pateron*. Atenas, 27, 67.

44. SÃO SIMEÃO, O NOVO TEÓLOGO. *Catequese 5*, 175-182 [SC 122].

45. *Homilia 1*, 1. [SC 92, 148].

às paixões; a alma ficou presa nos instintos corporais; o corpo, por sua vez, perdeu a sua leveza e se tornou uma carne pesada e plena de pecado. Após a queda, o homem se tornou "surdo, cego, nu, insensível em relação aos bens dos quais foi privado, e, além disso, se tornou mortal, perecível e insensível". "No lugar do conhecimento divino e imperecível ele adquiriu um conhecimento carnal, os olhos de sua alma eram cegos [...], então, ele olhava através dos olhos da carne" (São Simeão, o Novo Teólogo)[46]. As doenças, os sofrimentos e as aflições entraram na vida do homem. Ele se tornou mortal porque perdeu a oportunidade de comer da árvore da vida.

Não apenas o homem, mas o mundo inteiro ao redor dele teria se transformado em consequência da queda. A harmonia original entre a natureza e o homem se rompeu e os elementos se tornaram hostis a ele. Tempestades, terremotos, inundações podem agora prejudicá-lo. A terra não conseguirá mais lavrar os alimentos sozinha; ela precisará ser trabalhada "com dor" e produzirá apenas "espinhos e cardos". Os animais também se tornarão inimigos do homem: a serpente "lhe ferirá o calcanhar" e outros predadores lhe caçarão (Gn 3,14-19). Todas as criaturas ficarão "sujeitas à vaidade" e aguardarão junto com o homem a libertação "da servidão da corrupção", porque se submeteram à corrupção não por vontade própria, mas por causa do homem (Rm 8,19-21).

Uma vez fora do paraíso, cercados do mundo hostil, Adão e Eva, humilhados e desamparados, começaram a chorar: "Eles choravam, pranteavam, se batiam, lamentando o endurecimento de seus corações, e faziam isso não um, dois ou dez dias, mas toda a sua vida. Pois como poderiam eles não chorar, lembrando desse Mestre tão humilde, da ternura do paraíso, da beleza inefável das flores, da vida sem preocupações, dos

---

46. SÃO SIMEÃO, O NOVO TEÓLOGO. *Tratado ético*, 13, 63-67 [SC 129, 404].

anjos descendo e subindo até eles?" (São Simeão, o Novo Teólogo)[47]. A expulsão de Adão é lembrada pela Igreja na véspera da Quaresma e a Liturgia contém as seguintes palavras: "Adão foi expulso do paraíso por causa do alimento, por isso ele estava sentado em frente e chorava, clamando com uma voz cheia de remorso: Que infelicidade a minha! Como eu sofri, indecente! Transgredi um mandamento do Senhor e fui privado de todos os bens! Ó paraíso sagrado, plantado para mim [...], não poderei mais gozar de tua doçura e não verei mais o Senhor meu Deus, o meu criador, pois voltarei à terra, da qual fui gerado"[48].

## A proliferação do pecado

O pecado se proliferou rapidamente entre os homens após a queda de Adão e Eva. Enquanto eles praticaram o orgulho e a desobediência, o seu filho Caim comete o fratricídio. Os descendentes de Caim esqueceram rapidamente de Deus e se dedicaram à organização de sua vida sobre a terra. O próprio Caim "edificou uma cidade", um de seus descendentes diretos "foi o pai dos que habitam em tendas e tem gado", outro "foi o pai de todos os que tocam harpa e órgão", outro foi "mestre de toda obra de cobre e de ferro" (Gn 4,17-22). Assim, a urbanização, a pecuária, a música e, em linguagem contemporânea, "o desenvolvimento dos meios de produção" eram desenvolvidos pelos descendentes de Caim como uma substituição da felicidade paradisíaca.

As consequências da queda de Adão se expandiram por toda a humanidade. O Apóstolo Paulo explica: "Pelo que, como por um homem entrou o pecado no mundo, e pelo pecado a

---

47. SÃO SIMEÃO, O NOVO TEÓLOGO. *Catequese 5*, 282-310 [SC 96, 400].

48. *Triodion katanyktikon*, sel. 69.

morte, assim também a morte passou a todos os homens, por isso que todos pecaram" (Rm 5,12). Esse texto de Paulo pode ser entendido de várias maneiras: as palavras gregas *"ef' ho pantes hemarton"* podem ser traduzidas como "por isso que todos pecaram" e também como "no qual todos pecaram" (ou seja, por meio de Adão todos os homens pecaram).

Na primeira tradução, deve tratar-se de responsabilidade de cada homem por seus pecados individuais e não pelo crime de Adão. Nesse caso, Adão é apenas um *protótipo* de todos os pecadores futuros, cada um deles, repetindo o pecado de Adão, responsabiliza-se apenas por seus pecados individuais. "Quando sucumbimos à fascinação dos maus pensamentos, devemos incriminar nós mesmos e não o pecado original", diz São Marcos o Eremita[49]. Conforme essa interpretação, o pecado de Adão não é a razão da nossa natureza pecadora, porque nós não participamos no seu pecado e, consequentemente, a sua culpa não pode ser incrementada para nós.

Porém, se entendermos a frase em questão como "no qual todos pecaram", podemos falar que o pecado de Adão foi transferido para todas as gerações seguintes. Contagioso, o pecado se estendeu à totalidade da natureza humana. A disposição para o pecado se torna hereditária e o castigo pelo pecado se universaliza. Segundo São Cirilo de Alexandria[50], a natureza humana "adoeceu com o pecado" e por isso nós todos somos responsáveis pelo pecado de Adão, já que somos todos da mesma natureza. São Macário do Egito fala do "fermento do pecado"[51] e da "corrupção secreta e das trevas espessas das quais surgem as paixões"[52] que adentraram a natureza humana

49. *A filocalia 1*, 117.

50. PG 74, 785A.

51. *Bibliotheke ton hellenon pateron.* Atenas, 41, 265.

52. Ibid., 42, 205.

em detrimento de sua pureza original. O pecado se enraizou tão profundamente na natureza humana que nenhum dos descendentes de Adão é livre de uma predisposição ao pecado hereditário.

Os homens da Antiguidade possuíam um sentimento nato de culpa perante Deus: "Eis que em iniquidade fui formado e em pecado me concebeu minha mãe" (Sl 51(50),7). Eles acreditavam que Deus "visita a iniquidade dos pais nos filhos, até a terceira e quarta gerações" (Ex 20,5). Mas não se trata aqui de filhos inocentes, mas daqueles cujo pecado tem origem no pecado de seus ancestrais.

Do ponto de vista racional, o castigo da humanidade pelo pecado de Adão é uma injustiça. Muitos teólogos dos últimos séculos que lutavam pela criação de uma "religião nos limites da simples razão" (expressão de Immanuel Kant) rejeitavam esse ensinamento como contraditório às deduções da razão. Mas nenhum dogma pode ser apreendido pela razão, e a religião nos limites da razão não é uma religião, mas sim um racionalismo puro, enquanto que a religião é *mais-que*-racional e *mais-que*-lógica. O ensinamento sobre a responsabilidade de toda a humanidade pelo pecado de Adão se revela na luz da revelação divina e é concebido através do dogma da redenção do homem pelo Novo Adão, Cristo: "Pois assim como por uma só ofensa veio o juízo sobre todos os homens para condenação, assim também por um só ato de justiça veio a graça sobre todos os homens para a justificação da vida. Porque, como pela desobediência de um só homem, muitos foram feitos pecadores, assim, pela obediência de um, muitos serão feitos justos. [...] Para que, assim como o pecado reinou na morte, também a graça reinasse pela justiça para a vida eterna, por Jesus Cristo nosso Senhor" (Rm 5,18.19.21).

## A espera do Messias

Os tempos do Antigo Testamento eram a época da espera do Messias-Redentor. Pela instigação do diabo, o Adão primitivo quebrou a lei e se afastou de Deus, mas o projeto divino sobre o homem não foi modificado. O homem continuava predestinado à deificação, mas, após a queda, ele não conseguiria atingi-la por conta própria: ele precisava de um redentor, mediador entre ele e Deus. Deus insinua isso misteriosamente ao diabo no momento da expulsão de Adão e Eva do paraíso: "E porei inimizade entre ti e a mulher e entre a tua semente e a semente dela; este te ferirá a cabeça, e tu lhe ferirás o calcanhar" (Gn 3,15). Na tradução grega, nós lemos "ele te ferirá a cabeça". O pronome masculino "ele" não condiz com a palavra neutra "semente" (*sperma*, em grego), que normalmente significa "a posteridade". Porém, nesse caso específico, conforme interpretações dos teólogos cristãos, ele aponta para uma pessoa específica – "semente" pode também designar "filho", "descendente" – que ferirá o diabo na cabeça. A promessa feita por Deus a Abraão é interpretada de uma forma parecida: "E em tua semente serão benditas todas as nações da terra" (Gn 22,18). Jacó, no leito da morte, abençoando seus filhos, fala diretamente sobre o Reconciliador, que se originará da tribo de Judá: "O cetro não se arredará de Judá, [...] até que venha Siló; e a ele se congregarão os povos" (Gn 49,10). O segundo salmo inteiro fala profeticamente sobre o Messias, que nele é chamado de Filho de Deus e Cristo (Ungido): "Os reis da terra se levantam, e os príncipes juntos se mancomunam contra o Senhor e contra o seu ungido [...]. O Senhor me disse: 'Tu és meu Filho, eu hoje te gerei'" (Sl 2,2.7).

O Livro do Profeta Isaías contém particularmente muitas profecias sobre o Messias. O profeta trata de nascimento do Messias de uma virgem: "Eis que uma virgem conceberá, e dará à luz um filho, e será o seu nome Emanuel" (Is 7,14). Isaías anuncia o nascimento de um Menino (Is 9,7), a descida sobre Ele do Espírito Santo (Is 11,1-10; 42,1-7; 61,1). Fascinantes são as profecias de Isaías sobre os sofrimentos do Messias:

> Como pasmaram muitos à vista dele, pois o seu parecer estava tão desfigurado, mais do que o de outro qualquer, e a sua figura mais do que a dos outros filhos dos homens. Assim borrifará muitas nações, e os reis fecharão as suas bocas por causa dele; porque aquilo que não lhes foi anunciado verão, e aquilo que eles não ouviram entenderão. Quem deu crédito à nossa pregação? E a quem se manifestou o braço do Senhor? Porque foi subindo como renovo perante Ele, e como raiz de uma terra seca; não tinha parecer nem formosura. [...] Verdadeiramente, Ele tomou sobre si as nossas enfermidades, e as nossas dores levou sobre si. [...] Mas Ele foi ferido pelas nossas transgressões, e moído pelas nossas iniquidades [...] e pelas suas pisaduras fomos sarados. [...] Todos nós andamos desgarrados como ovelhas; cada um se desviava pelo seu caminho, mas o Senhor fez cair sobre Ele a iniquidade de nós todos. Ele foi oprimido, mas não abriu a sua boca. [...] E puseram a sua sepultura com os ímpios, e com o rico na sua morte; porquanto nunca fez injustiça, nem houve engano na sua boca (Is 52,14-15; 53,1-2.4-7.9).

O Profeta Isaías fala sobre Cristo com tanta força e com tanto realismo, como se o tivesse visto pessoalmente. Os profetas eram testemunhas de Cristo antes mesmo de sua vinda, pois o Espírito Santo abria para eles o futuro, do qual eles falam como se fosse do presente. O Apóstolo Pedro escreve que o Espírito Santo habitava os profetas: "Sobre a salvação inquiriram e trataram diligentemente os profetas, indagando que tempo ou que ocasião de tempo o Espírito de Cristo, que estava neles, indicava, anteriormente testificando os *sofrimentos* que a Cristo haviam de vir e a glória que se lhes havia de seguir" (1Pd 1,10-11). Com o seu olhar espiritual, os profetas enxergavam aquilo que seria revelado no Novo Testamento e preparavam o povo de Israel para a vinda do Messias. O último dos profetas, João Batista, foi também o primeiro dos apóstolos, pois ele profetizava sobre Cristo e também o testemunhava na época de sua vinda. João Batista se encontra na fronteira de duas épocas, encerrando uma e iniciando a outra, pois em sua pessoa aconteceu o encontro do Antigo Testamento com o Novo.

Ao longo dos anos que precediam o nascimento de Cristo, a espera pela vinda do Messias era geral. "Eu sei que o Messias (que se chama Cristo) vem; quando Ele vier, nos anunciará tudo" (Jo 4,25), diz no Evangelho uma simples mulher de Samaria. Não apenas o povo de Israel, mas também no mundo politeísta muitos almejavam um "século dourado". O poeta romano Virgílio (século I a.C.), na quarta égloga de seu poema *Eneida*, anunciou um Menino misterioso, cujo nascimento marcava o início de uma nova era de salvação. "Em sua visão do futuro, Virgílio inconscientemente começou a falar a língua de Isaías e se tornou um verdadeiro profeta do mundo antigo", escreve um pesquisador russo contemporâneo[53]. A humanidade estava aflita, tomada de pressentimento da vinda do Salvador ao mundo.

* * *

> Belo é o mundo, criado por Deus em sua grandeza. Contudo, nada é mais admirável que o homem, o verdadeiro homem, filho de Deus (Bispo Sofronio (Sakhharov), apud HIEROMONGE SOFRONIO. *Starets Silvano*, p. 25).

---

53. SVETLOV, E. *No limiar do Novo Testamento*. Bruxelas, 1983, p. 507 [em russo].

É preciso também deter nossa atenção sobre este fato de que, uma vez colocados os fundamentos de um semelhante cosmo e das partes que o constituem em sua totalidade, a potência divina improvisa por assim dizer a criação, que começa a existir logo que ordenada. Para a criação do homem, ao contrário, uma deliberação precede e, segundo a descrição da Escritura, um plano é primeiramente estabelecido pelo Criador para determinar o ser que virá ao mundo, a sua natureza, de qual arquétipo teria trazido a imagem, para qual fim teria sido criado, que coisa se teria tornado através da própria atividade e de quem teria se tornado dominador. A Escritura examina tudo cuidadosamente por antecipação, para mostrar que o homem obterá uma dignidade anterior ao seu nascimento, visto que obteve a hegemonia sobre os seres antes de chegar [ele mesmo] à existência. De fato, diz Moisés: "Façamos o homem à nossa imagem e semelhança; que ele comande aos peixes do mar, às feras da terra, aos pássaros do céu, a todos os animais e a toda a terra" (Gn 1,26). Que coisa admirável! O sol é criado e nenhuma deliberação precede! E assim acontece para o céu. Entretanto, nada os iguala na criação. [...] Na criação do homem, o criador do universo avança com circunspecção [...], torna semelhante a sua forma à beleza de um arquétipo (GREGÓRIO DE NISSA. *A criação do homem*. São Paulo: Paulus, 2011, p. 57-58 [Trad. Bento Silva Santos]).

Conforme a visão que os ortodoxos têm do mundo, Deus estabeleceu dois níveis de criaturas: primeiro, o nível "noético", espiritual ou intelectual; depois, o material ou corporal. No nível "noético", Deus criou os anjos, que não possuem o corpo material. No segundo nível, Ele criou o mundo físico: as galáxias, as estrelas e os planetas, assim como diferentes tipos de vida: mineral, vegetal e animal. O homem é o único ser que existe nesses dois níveis. Por meio de seu espírito e intelecto, ele participa do mundo noético e é "companhia para os anjos"; graças ao seu corpo e à sua alma, ele se move, sente, pensa, come e bebe [...]. Assim, a nossa natureza humana é mais complexa do que a dos anjos e dotada de possibilidades muito mais ricas. [...] Visto dessa perspectiva, o homem não é inferior aos anjos, mas superior a eles. [...] O homem está no coração da criação divina. Fazendo parte tanto do mundo noético quanto do mundo material, ele é a imagem e um espelho de toda a criação. *Imago mundi*. Um "Pequeno universo". Um microcosmo. Todas as coisas criadas se encontram nele [...]. Santo Ireneu disse: "A glória de Deus é o homem vivo". A pessoa humana forma o centro da obra divina (Metropolita Kallistos de Diokleia, apud BISHOP KALLISTOS WARE. *The Orthodox Way*, p. 62-63]).

No princípio, quando Deus criou o homem, Ele o pôs no paraíso, conforme as Escrituras, e lhe concedeu todas as virtudes e lhe deu preceito de não comer da árvore que estava no meio do jardim. E o homem vivia no júbilo do paraíso, na oração e na contemplação, cheio de glória e dignidade, com todas as suas capacidades e faculdades, no estado natural no qual ele foi criado. Pois Deus criou o homem à sua imagem, isto é, imortal, livre e repleto de virtudes. Mas quando ele transgrediu o preceito e comeu da árvore proibida, foi cassado do paraíso. Ele perdeu o seu estado natural e entrou no estado contra a sua natureza, ou seja, do pecado, do amor-próprio, da dependência dos prazeres da vida, e das outras paixões, que o dominavam, que o deixaram escravo após a sua transgressão. Desde então, o mal aumentou e a morte reinou. Não louvavam a Deus em lugar algum, mas o ignoravam [...]. Deus bom deu aos homens a lei para salvar, converter, corrigir o mal. Contudo, o mal não foi corrigido. Deus enviou os profetas, mas eles não tiveram sucesso. Pois o mal venceu, conforme Isaías: "Desde a planta do pé até à cabeça não há nele coisa sã, senão feridas, e inchaços, e chagas podres, não espremidas, nem ligadas, nem nenhuma delas amolecida com óleo" (Is 1,6). Em outras palavras, o mal não é parcial ou localizado, mas difundido entre todos os corpos, ele envolve a alma por inteiro e encerra todas as suas faculdades [...]. Deus único poderia curar um tal mal [...] (ABADE DOROTEU DE GAZA. *Homilia 1* [SC 92, 146-148]).

Adão foi criado puro por Deus para lhe servir, e outras criaturas foram feitas para obedecer a ele. Ele foi criado como senhor e rei de todas as criaturas. Mas quando a palavra da maldade o abordou, ele a acolheu, primeiro, apenas através do ouvido; depois, ela o penetrou no coração e conquistou toda a sua substância. Assim, quando ele foi captado, toda a criatura que lhe servia também se tornou submissa. Pois é por ele que a morte veio a reinar sobre toda a alma e é pela sua desobediência que a morte alterou a imagem de Adão até o ponto de homens começarem a louvar os demônios. É assim que os frutos terrestres, criados bons pelo Senhor, são oferecidos aos demônios: são postos em seus altares o pão, o vinho, o óleo e os animais. Até mesmo os filhos e as filhas (dos pagãos) eram sacrificados aos demônios (SÃO MACÁRIO DO EGITO. *Discurso 11*, 5).

Quando Adão caiu e morreu para Deus, o Criador chorou por ele, e os anjos, todos os poderes, o céu, a terra e todas as criaturas lamentavam a morte e a sua queda. Pois eles viam que aquele que foi colocado como seu rei se tornou um escravo dos poderes escusos. Assim, ele envolveu a sua alma pela força sombria, pois se tornou súdito do príncipe das trevas. Era ele aquele homem espancado pelos salteadores e deixado meio-morto, enquanto caminhava de Jerusalém para Jericó (Lc 10,30). E o Lázaro, ressuscitado pelo Senhor, aquele Lázaro que cheirava mal, tanto que ninguém podia se aproximar do seu túmulo, também era a imagem de Adão que deixou a sua alma receber o mau cheiro, se encher de escuridão. Mas tu, quando ouves falar de Adão, do espancado pelos salteadores, de Lázaro, não deixa seu intelecto vaguear pelas montanhas, mas aprisiona-se dentro de sua alma, pois tu também possuis as mesmas feridas, o mesmo mau cheiro e a mesma escuridão. Todos nós somos filhos dessa raça tenebrosa. [...] Essa é uma úlcera incurável com a qual fomos feridos, e apenas o Senhor pode curá-la. Eis por que Ele veio pessoalmente, pois ninguém dos antigos, nem a lei, nem os profetas, eram capazes de trazer a cura (SÃO MACÁRIO DO EGITO. *Discurso 30*, 7-8).

As escrituras do Antigo Testamento não são as únicas que são repletas de profecias sobre a vinda daquele que libertaria do pecado e de suas consequências: a morte e o inferno. A espera da vinda de Deus, o Vencedor do inferno, chamado para sofrer, para morrer e ressuscitar, aparecia para esclarecer a consciência pagã. [...] A humanidade almejava uma divindade humana. [...] A profecia sobre um deus que sofre e que desce ao inferno para resgatar Prometeu, orgulhoso e enfurecido, é uma das imagens mais extraordinárias de Ésquilo. Hermes fala a Prometeu: "Saiba que seus sofrimentos terminarão quando um deus aceitar a descer contigo às sombras do reino de Hades, no abismo tenebroso de Tártaro (ILYIN, V. *O túmulo lacrado* – A Páscoa incorrupta. Paris, 1926, p. 16 [em russo]).

Adão conhecia no paraíso a doçura do amor divino, e por isso, quando foi cassado do paraíso e perdeu o amor de Deus, ele sofreu e lamentou profundamente. [...] Ele não lamentou tanto a beleza do paraíso quanto a perda do amor de Deus, que atrai incessantemente a alma para Deus. Assim, cada alma que conheceu Deus através do Espírito Santo, mas que, em seguida, perdeu a sua graça, passa pelos tormentos de Adão. [...] Ele chorou profundamente e a terra para ele não era cara. Ele suspirava por Deus e falava: "Minha alma está aflita pelo Senhor e eu o busco com lágrimas. Como posso não o procurar? Não posso esquecê-lo nem por um instante, e a minha alma está aflita por Ele [...]". Grande foi o lamento de Adão quando ele foi expulso do paraíso; mas quando ele viu o seu filho Abel assassinado pelo próprio irmão Caim, o seu sofrimento dobrou, e ele lamentava e pranteava, pensando: "De mim sairão e se multiplicarão os povos, e todos sofrerão e viverão em inimizade e caçarão uns aos outros". Essa dor era imensa como o mar, e o único que poderia compreendê-la é aquele cuja alma tinha conhecido o Senhor [...]. Adão tinha perdido o paraíso e o procurava, chorando: "Meu paraíso, meu paraíso, meu maravilhoso paraíso". Mas o Senhor, pelo seu amor na cruz, ofereceu-lhe um outro paraíso, melhor do que o precedente, um paraíso sobre os céus, onde brilha a luz da Santíssima Trindade. Que daremos a Deus por seu amor por nós? (São Silvano do Monte Athos, apud HIEROMONGE SOFRONIO. *Starets Silvano*, p. 185-187).

# 6

# Cristo

## O Novo Adão

No centro da boa-nova do Novo Testamento há o mistério da encarnação do Filho de Deus.

O primeiro Adão não conseguiu realizar o seu objetivo de atingir a deificação e de levar o mundo visível a Deus, através do aperfeiçoamento espiritual e moral. Após a sua transgressão e a perda da alegria do paraíso, o caminho à divinização ficou interditado para ele. Mas tudo que o primeiro homem não foi capaz de realizar, foi completado pelo Deus encarnado, o Verbo em carne, o Senhor Jesus Cristo. Ele próprio fez o caminho do homem, que esse último devia ter percorrido para alcançar a Deus. Enquanto para o homem esse caminho foi uma elevação, para Deus ele foi um rebaixamento na humildade, um empobrecimento e um esvaziamento.

O Apóstolo Paulo chamou Cristo de "segundo Adão", em oposição ao primeiro Adão: "O primeiro homem, da terra, é terreno; o segundo homem, o Senhor, é do céu" (1Cor 15,47). Os Santos Padres desenvolveram essa oposição, ressaltando que Adão foi o arquétipo de Cristo em contraste: "Adão é a imagem de Cristo, escreve São João Crisóstomo. Da mesma maneira que o primeiro foi a razão da morte para seus descendentes – mesmo que não fossem eles que comeram da árvore –, o segundo (Cristo) se tornou a fonte da justificação através do sacrifício na cruz para aqueles que, nascidos dele, não fizeram, contudo, o bem"[1]. São Gregório Nazianzeno ressalta em detalhes a oposição entre os sofrimentos de Cristo e a queda de Adão: "Para cada dívida nossa é concedido um dom particular. [...] Para a árvore – a árvore da cruz; para a mão estendida sem moderação – os braços corajosamente abertos; para a mão ousada – os braços pregados (à cruz); para a mão que expulsou Adão – os braços que mantêm as extremidades da terra. Para a queda – a ascensão (à cruz); por ter provado o fruto proibido – a bílis; para a morte – a morte; para o retorno à terra – o enterro"[2].

Não foram muitos os que aceitaram e acreditaram no segundo Adão, quando Ele veio à terra. Jesus encarnado, sofrido e ressuscitado se tornou um "escândalo para os judeus" e "loucura para os gregos" (1Cor 1,23). Aos olhos de um judeu ortodoxo, Jesus efetivamente era uma figura escandalosa (*skandalon* – tentação), pois Ele pretendia ser Deus e se proclamou igual a Ele (Jo 5,18), o que foi considerado como blasfêmia. Quando Caifás, vendo que os falsos testemunhos não eram suficientes para acusar Cristo, lhe perguntou: "És tu o Cristo, Filho de Deus Bendito?", evitando falar "Filho de Deus", para não pronunciar em vão o nome de Deus, Jesus respondeu: "Eu o sou". O sumo sacerdote então rasgou as suas vestimentas, como se ele tivesse ouvido uma intolerável blasfêmia (Mt 14,61-64). Não sabemos com certeza como era esse "Eu o sou" de Cristo em aramaico, mas seria provável que Ele se chamou por aquele nome sagrado de Deus, *Yahweh* (que vem do *ehieh*, "Eu Sou"), que ninguém podia pronunciar, salvo o sacerdote supremo uma vez por ano quando ele entrava no Santo dos Santos?

---

1. *Ioannis Chrysostomi Opera omnia*. T. 9. 2. ed. Paris, 1834-1839. 520C.

2. PG 35, 433C-436A.

Para os gregos, o cristianismo era uma loucura porque o pensamento grego procurava em tudo explicações lógicas e racionais e era impotente conceber a ideia sobre um Deus que *sofre* e que *morre*. Ao longo de muitos séculos, a sabedoria grega edificou um templo ao "deus desconhecido" (At 17,23), e foi incapaz de entender como um Deus desconhecido, invisível, incompreensível, todo-poderoso, onipotente, onipresente, podia se tornar um mortal fraco e sujeito ao sofrimento. Deus nascido de uma mulher, Deus envolvido em cueiro, Deus embalado para adormecer, Deus amamentado, tudo isso parecia um absurdo para os helenos.

## O Cristo do Evangelho: Deus e homem

Jesus Cristo do Evangelho é descrito como uma pessoa real, dotada de todas as propriedades de um ser humano. Ele nasce e cresce, come e bebe, se cansa e dorme, fica aflito e alegre. Muitos que ficaram fascinados com o realismo evangélico tentaram reconstruir uma imagem de "Cristo histórico", em oposição ao "Cristo da fé" ou "Cristo dos crentes", rejeitando tudo que é milagroso ou místico e deixando apenas aquilo que "não contradiz o senso comum". Assim, no livro de Ernest Renan *A vida de Jesus*, todos os milagres de Cristo são chamados de "ilusionismo". Ele "pensava que realizava" milagres, mas, na realidade, os milagres não aconteciam[3]. Em seus comentários do Evangelho, Leon Tolstói interpreta de uma maneira sacrílega a concepção virginal, a transfiguração, a ressurreição e a ascensão de Cristo, assim como todas as curas e todos os milagres:

> Um enfermo esperava um milagre por 20 anos. Jesus olhou para ele e disse: "Em vão tu aguardas o milagre do anjo, *os milagres não existem*. Acorda! Arrume o

---

3. ERNEST, R. *A vida de Jesus*. Moscou, 1990, p. 188-189.

> teu leito e vive como Deus quer". O homem levanta e vai [...]. Eu conheço uma mulher acamada por 20 anos, que se levantava apenas após receber uma injeção de morfina; 20 anos depois, o doutor confessou que injetava apenas água e a mulher então arrumou o seu leito e se foi[4].

Assim, Tolstói não apenas ironiza os milagres de Cristo, mas também nega a realidade dos sofrimentos humanos, pois a razão do sofrimento é um mero autoengano. Com essa abordagem, a cura e a redenção se mostram desnecessárias, pois o homem precisa apenas convencer a si mesmo que ele é são. O assim chamado "Cristo histórico", ou seja, liberado de tudo que evoca a "mística e os milagres", se transforma, no melhor dos casos, como nos escritos de Renan, em um Cristo da fantasia humana, uma imagem exagerada que não tem nada a ver com o Cristo real. No pior dos casos, como para Tolstói, tudo acaba com uma paródia do Evangelho.

O Cristo real e vivo nos é revelado quando nós aceitamos o Evangelho literalmente, enquanto uma revelação da verdade divina. O Evangelho não é um livro, apreendido pela razão humana; ele transcende a razão e a natureza humana, é repleto de milagres do começo ao fim. Ele próprio é um milagre e um mistério. Efetivamente, os primeiros capítulos de cada evangelho testemunham a divindade de Cristo, a existência dos anjos e do diabo, e colocam a razão humana perante uma escolha: fazer um ato de fé e se submeter à revelação sobre Deus, que transcende a razão, ou fechar o livro porque ele contradiz ao "bom-senso". Assim, no primeiro capítulo segundo Mateus, nós lemos sobre o nascimento de Cristo de uma virgem, sem participação de um esposo; no primeiro capítulo segundo Marcos, sobre a tentação de Cristo no deserto e seu encontro com o diabo; no segundo

---

4. TOLSTOY, L. *Antologia*. T. 24. Moscou, 1957, p. 311 [em russo]

capítulo de Lucas, sobre a aparição do arcanjo e a anunciação; no segundo capítulo de João, sobre a aparição do Verbo divino como verdadeiro Deus encarnado.

O Cristo do Evangelho nos é revelado, desde as primeiras páginas, como simultaneamente Deus e homem, pois todas as suas ações e suas palavras, embora fossem humanas, são marcadas por um sinal de divindade. Jesus nasce como qualquer outra criança. Porém, Ele nasce de uma virgem e do Espírito Santo, e não de um homem e de uma mulher. Ele é levado para o templo, como todos os outros primogênitos, mas é recebido por um profeta e uma profetisa, e é reconhecido como Messias. Ele cresce em forças e em espírito, permanecendo na casa dos pais, mas com 12 anos ele é encontrado no templo entre os mestres e pronunciando palavras misteriosas sobre o seu Pai. Ele vai para o Jordão para receber o Batismo, como todos os outros, mas no momento do Batismo a voz do Pai aparece e o Espírito Santo desce na forma de uma pomba. Cansado após ter caminhado, Ele senta perto de uma fonte e pede de beber à mulher de Samaria, mas não come e não bebe, quando os discípulos oferecem comida a Ele. Ele dorme no barco, mas, após ter acordado, acalma a tempestade com a palavra. Ele sobe o Monte Tabor e reza a Deus, como um homem qualquer, mas durante a oração se transfigura e revela aos discípulos a luz de sua divindade. Ele vem para o túmulo de Lázaro e chora a morte de seu amigo, mas com as palavras "Lázaro, sai para fora", o ressuscita. Ele teme os sofrimentos e reza ao Pai, para que Ele, se possível, o livre deles, mas se entrega à vontade do Pai e se mostra pronto a morrer pela humanidade. Ele, enfim, aceita as injúrias, as humilhações e a crucificação, morre na cruz como um criminoso, mas no terceiro dia ressuscita do túmulo e aparece aos discípulos.

O Evangelho afirma incontestavelmente a natureza divino-humana de Cristo. Contudo, mesmo sendo um livro inspirado por Deus, o Evangelho foi escrito por autores humanos, e cada um deles relata os acontecimentos da maneira que os presenciou ou ouviu sobre eles dos testemunhos oculares. O conceito "inspirado por Deus" significa uma criação conjunta dos homens com o Espírito Santo, uma colaboração, uma *synergia*. Existem notórias divergências nos detalhes entre os quatro evangelistas, mas isso indica não uma contradição entre eles, mas a sua unidade. Pois se seus relatos fossem perfeitamente idênticos, isso significaria que seus autores se consultaram e copiavam um do outro. Os evangelhos são relatos dos testemunhos oculares, nos quais cada fato é digno de fé, mas é narrado do ponto de vista de cada autor concreto.

## O Cristo da fé: duas naturezas

A Sagrada Escritura é a principal fonte do nosso conhecimento sobre Deus e sobre Cristo, mas ela pode ser interpretada de maneiras diferentes. Por exemplo, todas as heresias se apoiavam nos textos bíblicos e traziam citações diretas. Por isso, é necessário um critério único para uma interpretação certa da Bíblia; na tradição cristã, esse critério é estabelecido pela Sagrada Tradição, da qual a própria Escritura faz parte. A Sagrada Tradição inclui toda a experiência milenar da vida no seio da Igreja, que é descrita, fora das Escrituras, pelos atos e definições da fé dos concílios ecumênicos, pelas obras dos Santos Padres, pela prática litúrgica.

A Sagrada Tradição não é mero complemento às Escrituras, ela atesta a presença viva e constante de Cristo na Igreja. Todo o ímpeto do Novo Testamento se origina do fato de que seus autores eram "testemunhas": "O que era desde o princípio, o que ouvimos, o que vimos com os nossos olhos, o que temos contemplado, e as nossas mãos tocaram na Palavra da vida. Porque a vida foi manifesta, e nós a vimos, e testificamos dela, e vos anunciamos a vida eterna que estava com o Pai, e nos foi manifestada" (1Jo 1,1-2). Mas Cristo continua a habitar a Igreja, e a experiência vivida do contato com Ele, da vida nele, produz um novo testamento que é inscrito na Tradição. Enquanto o Evangelho revelava Cristo como Deus e homem, a Tradição eclesiástica devia formular o dogma sobre a união da divindade e da humanidade em Cristo. A elaboração desse dogma mobilizou a época dos debates cristológicos dos séculos IV-VII.

Na segunda metade do século IV, Apolinário de Laodiceia ensinava que o eterno Deus *Logos* recebeu o corpo e a alma humanos, mas não recebeu a razão. Ao invés da razão, Cristo possuía a divindade, que se uniu à humanidade e formou com ela uma única natureza. Essa é a origem da famosa frase de Apolinário, posteriormente atribuída por erro a Santo Atanásio: "única hipóstase do Verbo de Deus encarnado". Conforme o ensinamento de Apolinário, Cristo não é plenamente consubstancial a nós, pois Ele não possui a razão humana. Ele é um "homem celeste", que apenas recebeu uma cobertura humana, mas não se tornou um homem terreno completo. Alguns sucessores de Apolinário diziam que o Verbo recebeu unicamente o corpo humano, mas a sua alma e o seu espírito eram divinos. Outros avançavam mais nesse sentido e afirmavam que o seu corpo também foi trazido do céu, e que Ele passou através da Virgem como se fosse através de "um túnel"[5].

Os adversários de Apolinário, Diodoro de Tarso e Teodoro de Mopsuéstia, representantes de uma outra corrente da cristologia, ensinavam que em Cristo existiam duas naturezas distintas. Segundo eles, Deus Verbo se estabeleceu no homem Jesus, que Ele escolheu e ungiu, com o qual Ele "entrou em contato" e "coabitou". A união da humanidade com a divindade, conforme

---

5. BOLOTOV, V. *Palestras sobre a história da Igreja primitiva*. T. 4, 1918, p. 136-148 [em russo]. Cf. tb. POSNOV, M. *História da Igreja cristã*. Bruxelas, 1964, p. 372-374 [em russo]. • MEYENDORFF, J. *Christ in Eastern Thought*. Nova York, 1975, p. 15.

Diodoro e Teodoro, não era absoluta, mas era relativa, pois o Verbo habitava Jesus como se fosse um templo. A vida terrena de Jesus, conforme Teodoro, é a vida do homem em contato com o Verbo. "Deus previu na eternidade a vida altamente moral de Jesus e, para realizar o seu projeto, o escolheu como um órgão e um templo da divindade". No momento de seu nascimento, esse contato era incompleto, mas na medida do aprimoramento espiritual e moral de Jesus, o contato se tornava mais próximo. A divinização completa da natureza de Cristo se deu já após o seu ato de redenção[6].

No século V, o discípulo de Teodoro, Nestório, arcebispo de Constantinopla, seguindo o seu mestre, separou as duas naturezas de Cristo, distinguindo o Senhor na "forma de servo", o templo "daquele que o habita" e Deus todo-poderoso do "homem que o adora". Nestório insistia em chamar a Virgem Maria de Maria Christotokos (Mãe de Cristo) e não Maria Theotokos (Mãe de Deus), pois "Maria não deu à luz a divindade". O descontentamento do povo com a recusa do termo "Theotokos" e a crítica severa do nestorianismo promovida por São Cirilo de Alexandria levaram à convocação do Terceiro Concílio Ecumênico na cidade de Éfeso, em 431, no qual foi formulado (mesmo que não por completo) o ensinamento da Igreja sobre Deus-homem.

O Concílio de Éfeso abordava Cristo usando a terminologia de São Cirilo, que ensinava sobre a "união" de duas naturezas em Cristo e refutava o conceito do "contato". Na encarnação, Deus assumiu a natureza humana, permanecendo Aquele que era; sendo Deus perfeito e íntegro, Ele se tornou um homem completo. Diferentemente de Teodoro e Nestório, São Cirilo enfatizava constantemente que Cristo era uma pessoa íntegra

---

6. BOLOTOV, V. *Palestras*... Op. cit., p. 152-156. Cf. tb. PELIKAN, J. *The Christian Tradition* – Vol. 1: The Emergence of the Catholic Tradition (100-600). Chicago/Londres: University of Chicago Press, 1971, p. 231-232.

e completa, uma hipóstase. Dessa maneira, a recusa do termo Mãe de Deus significava a recusa do mistério da encarnação de Deus, pois Deus Verbo e o homem Jesus são idênticos.

> Aprendemos da Sagrada Escritura e dos Padres da Igreja que há unicamente um Filho, o Cristo e o Senhor, enquanto o Verbo nascido de Deus Pai, de maneira inusitada e exclusivamente divina, e enquanto nascido da Virgem Maria em carne. Uma vez que ela deu à luz Deus encarnado e humanizado, chamamo-la de Mãe de Deus. O Filho é único, e único é o Senhor Jesus Cristo, tanto antes quanto depois da encarnação. Não há dois filhos, um Verbo de Deus Pai e um outro – da Santa Virgem. Mas acreditamos que o mesmo eterno e encarnado nasceu de uma virgem [escreve São Cirilo, Patriarca de Alexandria][7].

Insistindo na unidade da pessoa de Cristo, São Cirilo apelou à frase ambígua de Apolinário, "uma natureza do Verbo de Deus encarnado", acreditando que ela pertencia à autoria de Santo Atanásio. Diferentemente dos capadócios, que o antecederam no tempo, São Cirilo empregava o termo "natureza" (*ousía*) como sinônimo do termo "hipóstase" (*hypostasis*), o que rapidamente favoreceu o nascimento de novas heresias.

À nova leva de debates cristológicos de meados do século V são associados os nomes de Dióscoro, sucessor de Cirilo na cátedra de Alexandria, e do Arquimandrita Eutiques de Constantinopla. Eles falavam da completa "fusão" da divindade e da humanidade na "única hipóstase do Verbo de Deus encarnado", a fórmula de Apolinário-Cirilo que se tornou seu lema. "Deus morreu na cruz", assim afirmavam os seguidores de Dióscoro, que rejeitavam a possibilidade de evocar certas ações de Cristo como sendo humanas[8].

---

7. SÃO CIRILO DE ALEXANDRIA. *Primeira epístola*.

8. BOLOTOV, V. *Palestras*... Op. cit. T. 4, p. 243 [em russo].

Após longas tentativas de adversários a persuadir Eutiques a admitir o dogma sobre a dualidade da natureza de Cristo, ele proclamou: "Confesso que Cristo consistia de duas naturezas antes da união, após a união confesso uma só natureza"[9].

O IV Concílio Ecumênico, realizado em 451 na cidade de Calcedônia, repudiou o monofisismo e condenou a fórmula de Apolinário "única hipóstase encarnada", substituindo-a pela fórmula "única hipóstase do Verbo de Deus em dualidade divina e humana"[10]. Antes do Concílio, o bispo de Roma, Leão I, assim expressou a doutrina ortodoxa:

> É igualmente perigoso reconhecer em Cristo apenas Deus sem o homem, ou apenas o homem sem Deus. [...] Assim, é nato na totalidade e na perfeição da natureza de um verdadeiro homem o verdadeiro Deus, inteiramente Ele mesmo e inteiramente um de nós [...]. Aquele que é o verdadeiro Deus é o verdadeiro homem. Não há um mínimo traço de falsidade nessa união, pois subsistem conjuntamente a humanidade do homem e a grandeza da divindade. [...] Um brilha por seus milagres, o outro se expõe a uma humilhação. [...] O cueiro humilde indica um recém-nascido, e o coro dos anjos proclama a grandeza do Todo-poderoso. [...] Ter fome e sede, se cansar e dormir são, evidentemente, propriedades humanas, mas saciar cinco mil pessoas com cinco pães, dar à mulher de Samaria a água viva, caminhar sobre as águas do mar, acalmar a tempestade, repreender os ventos são, sem dúvida alguma, capacidades de Deus[11].

---

9. Ibid., p. 253.

10. MEYENDORFF, J. *Christ in Eastern Thought*. Op. cit., p. 26-27.

11. Papa Leão Magno, apud PELIKAN, J. *The Christian Tradition*. Op. cit., p. 258s.

Dessa maneira, cada natureza guarda a plenitude de suas características, e Cristo não se divide em duas pessoas, permanecendo a única hipóstase de Deus Verbo.

Na decisão dogmática do Concílio é indicado que Cristo é consubstancial a Deus Pai segundo a divindade e consubstancial a nós segundo a humanidade, bem como a unidade de duas naturezas nele é "sem confusão, sem mudanças, sem divisão, sem separação"[12]. Essas expressões tão afirmativas demonstram qual alto grau de precisão e de penetração alcançou o pensamento teológico da Igreja Oriental no século V. E também revelam a prudência, com a qual os Santos Padres da Igreja se muniam dos termos e das fórmulas para "expressar o inexpressível". Todos os quatro termos são rigorosamente apofáticos, pois expressam algo através da negação. Eles ressaltam, assim, que a união de duas naturezas em Cristo é um mistério, que excede a inteligência, e não há palavras capazes de exprimi-la. É dito com precisão apenas como essas naturezas *não* são unidas, para prevenir as heresias que as misturam, as confundem ou as dividem. Contudo, a maneira com qual se dá essa união permanece inacessível para a razão humana.

## Duas vontades de Cristo

No século VI, certos teólogos afirmavam que era preciso confessar em Cristo duas naturezas, não apenas independentes, mas que possuem uma "forma de agir divina e humana", uma energia. Daí a denominação dessa heresia – o monoenergismo. No começo do século VII, apareceu mais uma corrente que confessava em Cristo uma só vontade, o tal chamado monotelismo. As duas heresias rejeitavam a independência de duas naturezas de Cristo e ensinavam que a sua natureza humana fora comple-

---

12. BOLOTOV, V. *Palestras*... Op. cit., p. 292-293.

tamente absorvida pela divina. O monotelismo era pregado por três patriarcas: Honório de Roma, Sérgio de Constantinopla e Kir de Alexandria. Eles esperavam, por meio de um compromisso, reconciliar os ortodoxos com os monofisitas.

Grandes adversários do monotelismo eram, em meados do século VII, o monge de Constantinopla, Máximo o Confessor, e o Papa Martinho I, sucessor de Honório na cátedra de Roma. São Máximo o Confessor ensinava sobre duas energias e duas vontades em Cristo: "Cristo, sendo Deus por natureza, possuía uma vontade de essência divina que Ele compartilhava com o Pai. Sendo homem por natureza, Ele possuía também uma vontade de essência humana, que em nada se opunha à vontade do Pai"[13]. A vontade humana de Cristo, mesmo estando em harmonia com a vontade divina, possuía a independência completa. Isso é particularmente visível na oração do Salvador no Getsêmani: "Meu Pai, se é possível, afasta de mim este cálice; todavia, não seja como eu quero, mas como Tu queres" (Mt 26,39). Essa oração não seria possível se a vontade humana de Cristo fosse completamente absorvida pela divina.

Por confessar o Cristo do Evangelho, São Máximo foi cruelmente punido, sua língua foi arrancada e a mão direita cortada. Ele faleceu no exílio, assim como o Papa Martinho I. Porém, o VI Concílio Ecumênico, realizado em 680-681 em Constantinopla, reabilitou plenamente o ensinamento de Máximo. "Confessamos [...] nele [em Cristo] duas vontades naturais e duas atividades naturais, sem divisão, sem comutação, sem separação, sem confusão. E duas vontades, não contrárias [...] sendo que a sua vontade humana é subordinada a sua vontade divina e onipotente"[14]. Como qualquer ser humano, Cristo era dotado do

---

13. PG 91, 77D-80A. Cf. tb. MEYENDORFF, J. *Christ in Eastern Thought*. Op. cit., p. 147.

14. BOLOTOV, V. *Palestras*... Op. cit., p. 498-499.

livre-arbítrio, mas essa liberdade não significava a possibilidade de escolher entre o bem e o mal. A vontade humana de Cristo escolhia livremente apenas o bem, e não há conflito algum entre ela e a vontade divina.

Assim a experiência teológica da Igreja desvendava o mistério da pessoa divina e humana de Cristo, o Novo Adão e o Salvador do mundo.

## A redenção

No Novo Testamento, Cristo é chamado de "redenção" pelos pecados dos homens (Mt 20,28; 1Cor 1,30). "Redenção" é a tradução da palavra grega *lytrosis*, que significa "alforria", "fiança", ou seja, uma quantia de dinheiro que concede a um escravo a liberdade e a um condenado à morte, a vida. Em sua queda, o homem se tornou escravo do pecado (Jo 8,24 e outros), e apenas uma fiança poderia libertá-lo.

Os primeiros autores cristãos se perguntavam: A quem Cristo pagou essa fiança pelos homens? Alguns supunham que o resgate foi pago ao diabo, que mantinha homens na escravidão. Orígenes, por exemplo, afirmava que o Filho de Deus entregou seu espírito nas mãos do Pai e a alma ao diabo, como se fosse uma fiança pelos homens. "A quem deu o Redentor a sua alma para resgatar a multidão? Não a Deus [...], mas ao diabo [...]. Para nos resgatar, foi dada a alma e não o espírito do Filho de Deus, pois Ele já o tinha entregue ao Pai, dizendo: "Pai, nas tuas mãos entrego o meu espírito". E tampouco o corpo, pois nós não encontramos nada sobre isso nas Escrituras"[15]. São Gregório Nazianzeno reprovava Orígenes por essa interpretação da redenção: "Se o nobre e glorioso sangue de Deus, o sacerdote supremo e a vítima, foi dado como uma fiança ao diabo, isso é

15. PG 13, 1397-1399.

humilhante! O malandro recebe de Deus não apenas a fiança, mas ainda o próprio Deus!"[16]

São Gregório de Nissa trata a redenção como um "engano" e um "acordo com o diabo". Cristo, para resgatar os homens, oferece a ele a sua própria carne, "escondendo" nela a divindade; o diabo se joga nela como peixe na isca, mas acaba engolindo, junto com a isca, o anzol, isto é, a divindade, e perece[17]. Respondendo à pergunta se esse "engano" não é uma amoralidade que não conforme à divindade, São Gregório diz que Deus tem o pleno direito de enganar o diabo, o grande malandro:

> [O diabo] utilizou-se do engano para corromper a natureza, mas [Deus] justo, bom e sábio, ao contrário, serve-se do engano para salvar aquele que havia sido enganado, beneficiando com isso não apenas a criatura perdida, mas também aquele que procurava a nossa ruína [o diabo]. [...] Nem mesmo o inimigo, portanto, poderia duvidar que se tratava de um processo justo e saudável se viesse a entender o benefício que dele derivava[18].

Alguns outros Santos Padres da Igreja também afirmam que o diabo "se enganou", mas não vão tão longe, quanto São Gregório, para afirmar que foi Deus que o enganou. Assim, na homilia de Páscoa atribuída a São João Crisóstomo, diz-se que o inferno foi "consternado" pela Ressurreição de Cristo e que ele foi "arruinado" e "humilhado" porque não reconheceu sob a aparência de homem o Deus invisível:

> "'O inferno ficou consternado quando te encontrou' (Is 14,9). O inferno ficou cheio de amargor porque foi arruinado; humilhado, porque foi entregue à

16. SÃO GREGÓRIO NAZIANZENO. *Discurso 45*.

17. Ibid. Sel. 478-482.

18. SÃO GREGÓRIO DE NISSA. *A grande catequese*, XXVI, 5, 7.

morte; esmagado, porque foi aniquilado. Apoderou-se de um corpo e viu-se diante de Deus; agarrou-se à terra e encontrou o céu; apropriou-se do que via e foi derrotado por causa do Invisível"[19]. Em uma das orações de genuflexão, lida durante o ofício de Pentecostes, é dito que Cristo "com a isca da Divina Sabedoria atraiu o dragão"[20].

Conforme uma outra interpretação, a fiança foi paga não ao diabo, já que ele não possui autoridade sobre os homens, mas a Deus Pai. No século XI, o teólogo Anselmo de Cantuária escreveu que, após a queda do homem, a Justiça de Deus ficou irritada e exigia uma compensação (*satisfactio*, em latim). Porém, sendo os sacrifícios humanos insuficientes, o Filho de Deus se ofereceu como uma fiança. A morte de Cristo satisfez a ira divina e o homem restaurou a sua graça, a qual, para merecê-la, ele precisa demonstrar fé e boas obras[21]. Mas, novamente, já que o homem não possui os méritos suficientes, ele pode adquiri-los através de Cristo ou dos santos, que fizeram na sua vida as boas obras em quantidade maior do que era preciso para a sua salvação e têm, assim, um excedente que podem compartilhar. Essa teoria, nascida no âmbito da teologia escolástica latina, possui um caráter jurídico e reflete a visão medieval sobre a honra ofendida que exige satisfação. Conforme essa interpretação, a morte de Cristo não destrói o pecado, mas apenas tira a responsabilidade por ele do ser humano.

A Igreja Oriental reagiu ao ensinamento ocidental sobre a expiação como satisfação, durante o Concílio de Constantinopla, em 1157. Nele, os participantes rejeitaram a heresia do

---

19. SÃO JOÃO CRISÓSTOMO. *Homilia de Páscoa.*

20. Terceira oração de genuflexão da véspera de Pentecostes [Disponível em http://fatheralexander.org/booklets/portuguese/pentecost_prayers_p.htm].

21. PL 158, 382-430.

"filósofo latinófilo" Soterichus Panteugenus, e chegaram no acordo que Cristo ofereceu o sacrifício expiatório a toda a Santíssima Trindade e não apenas ao Pai: "Cristo se ofereceu voluntariamente à expiação, se ofereceu enquanto Homem, e Ele próprio recebeu o sacrifício enquanto Deus juntamente com o Pai e o Espírito. [...] O Verbo Homem-Deus [...] ofereceu um sacrifício salvador ao Pai, a Ele próprio enquanto Deus, e ao Espírito, que chamaram o homem da inexistência ao ser, e que ele ofendeu pela transgressão, e com os quais a reconciliação foi feita por meio dos sofrimentos de Cristo"[22]. A ideia que Cristo simultaneamente oferece e recebe o sacrifício está presente na oração litúrgica das liturgias de São João Crisóstomo e de São Basílio Magno: "Tu és o que oferece e é oferecido e recebe". Em um dos sermões de São Cirilo de Jerusalém podemos ler: "Vejo o Menino recebendo as oferendas na terra, e o vejo também nos céus recebendo os sacrifícios universais. [...] Ele é os dons santificados e Ele é o arcebispo; Ele é o altar e Ele é o propiciatório; Ele é quem oferece e Ele é o oferecido como um sacrifício pelo mundo. Ele é fogo e Ele é o holocausto; Ele é árvore da vida e do conhecimento; Ele é espada do Espírito e Ele é o pastor, Ele é sacerdote; Ele é a lei e Ele é quem age segundo a lei"[23].

Inúmeros autores antigos evitavam empregar a própria noção de "fiança", pois compreendiam a expiação como a reconciliação da humanidade com Deus e como uma adoção por Ele. Eles entendiam a expiação como a manifestação do amor divino. Essa abordagem é presente nas palavras do Apóstolo João: "Porque Deus amou o mundo de tal maneira que deu o seu Filho Unigênito, para que todo aquele que nele crê não pereça, mas tenha a vida eterna" (Jo 3,16). Não é a ira do Deus Pai, mas

22. Cf. HIEROMONGE PAULO TCHEREMUKHIN. O Concílio de Constantinopla de 1157 e São Nicolau, bispo de Methone. N 1. Moscou, 1960, p. 93 [em russo].

23. SÃO CIRILO DE JERUSALÉM. PG 33, 1192B.

é o seu amor que é a razão da imolação do Filho sobre a cruz. Segundo Simeão, o Novo Teólogo, Cristo oferece a humanidade resgatada por Ele como sacrifício a Deus, e assim a libera definitivamente do diabo[24]. Devido ao fato de que o ser humano é sujeito ao diabo desde o seu nascimento e por toda a vida, o Senhor passou por todas as idades humanas para que em cada etapa de desenvolvimento humano o diabo seja vencido. Cristo

> encarnou e nasceu [...]. Ele abendiçoou a concepção e o nascimento, e, pouco a pouco, ao longo de seu crescimento, abendiçoou todas as idades [...]. Ele se tornou servo, assumindo a forma de um servo, e elevou-nos, servos, novamente à dignidade dos mestres e nos transformou em mestres daquele que outrora foi o nosso tirano. [...] Ele se tornou uma maldição, morto na cruz, [...] e pela sua morte suprimiu a morte. Ele ressuscitou e aniquilou o poder e a ação do inimigo, que através do pecado e da morte possuía poder sobre nós[25].

O Cristo encarnado, querendo parecer conosco em tudo, passa não apenas por todas as idades, mas também por todos os tipos de sofrimento; inclusive, pelo abandono por Deus, que é o maior sofrimento da alma humana. A exclamação do Salvador na cruz, "Deus meu, Deus meu, por que me desamparaste?" (Mt 27,46), é o cúmulo dos sofrimentos no Gólgota. Mas o grande mistério desse momento reside no fato de que a divindade de Cristo não se separou por um instante de sua humanidade, pois Deus nunca o abandonou, mesmo que Ele enquanto homem *sente o abandono de Deus*. E mesmo quando o corpo de Cristo morto estava no túmulo e a sua alma desceu ao inferno, a divindade não se separou da humanidade: "Ó Cristo, estavas de

---

24. SÃO SIMEÃO, O NOVO TEÓLOGO. *Hino 24*, 129-132 [SC 174, p. 236].

25. SÃO SIMEÃO, O NOVO TEÓLOGO. *A Catequese V*, 413-432 [SC 96, 410-412].

corpo no sepulcro e com a alma nos infernos, e, como Deus, no paraíso com o ladrão, e no trono, com o Pai e o Espírito Santo, ocupando todo lugar, Tu que és onipresente" (hino da Páscoa). Cristo está simultaneamente no inferno e no paraíso, na terra e no céu, com homens e com o Pai e o Espírito. Ele preenche tudo consigo, sem ser "circunscrito", ou seja, limitado por algo.

Em Cristo é realizada a união de Deus com o homem.

> Vês a profundeza dos sacramentos? Conheces a grandeza imensurável da glória superabundante? Cristo será unido conosco pela glória da mesma maneira que Ele é unido com o Pai pela natureza. [...] A mesma glória que o Pai deu ao Filho, nos é dada pela glória do Filho. [...] Sendo um dia aparentado conosco pela carne e nos deixando participar de sua divindade, Ele nos aparentou a Ele. [...] A nossa união com Ele é da mesma natureza que a união do esposo com a esposa, que a mulher com o seu marido [escreve São Simeão, o Novo Teólogo][26].

O homem é renovado e recriado em Cristo. O ato redentor de Cristo não foi feito para uma massa humana abstrata, mas para cada pessoa concreta. Ainda segundo São Simeão, "Deus enviou seu Filho único para a terra, para ti e para a tua salvação, pois em sua onisciência Ele te predestinou a ser seu irmão e seu co-herdeiro"[27].

Toda a história do ser humano, inclusive a sua queda e a sua expulsão do Éden, encontra em Cristo a sua justificação, seu encerramento e seu sentido absoluto. O Reino dos Céus, que Cristo oferece àquele que tem fé nele, é muito mais que o

---

26. SÃO SIMEÃO, O NOVO TEÓLOGO. *Tratado ético*, 1, 6, 57-121 [SC 122, 228-232].

27. SÃO SIMEÃO, O NOVO TEÓLOGO. *Tratado ético*, 2, 1, 160-163 [SC 122, 322].

paraíso original; é uma "herança incorruptível, incontaminável, e que não pode murchar" (1Pd 1,4), é o "terceiro céu", sobre o qual o Apóstolo Pedro não pôde dizer algo, pois as "palavras inefáveis" que lá foram ouvidas transcendem tudo que o homem pode exprimir (2Cor 12,2-4). A encarnação de Cristo e o seu ato redentor significam mais para a humanidade do que a própria criação do homem. A nossa história, por assim dizer, começa do zero a partir da encarnação, pois o homem se vê face a face com Deus, tão próximo (ou mais próximo ainda) quanto nos primeiros minutos da existência humana. Cristo introduz o homem a um "novo paraíso", a Igreja, na qual Ele reina e o homem reina com Ele.

Sobre quem se estende o efeito do sacrifício expiatório de Cristo? A Palavra do Evangelho responde: sobre todos que têm fé em Cristo ("quem crer e for batizado será salvo" (Mc 16,16). A fé em Cristo nos transforma em filhos de Deus, nascidos de Deus (Jo 1,12-13). Por meio da fé, do Batismo e da vida na Igreja, nós nos tornamos co-herdeiros do Reino de Deus, nós nos libertamos de todas as consequências da queda, nós ressuscitamos junto com Cristo e comungamos da vida eterna.

É em Cristo que nós alcançamos o objetivo da existência humana, que é a união com Deus, a deificação. "O Filho de Deus se torna o Filho do homem, para que o filho do homem se torne o filho de Deus", diz Santo Ireneu de Lião[28]. Santo Atanásio Magno expressou essa ideia com mais clareza: "Deus se tornou homem, para que nos tornássemos Deus"[29]. São Máximo o Confessor escreve: "A razão firme e certa para esperar a deificação da natureza humana vem da encarnação de Deus, que transforma o homem em Deus na medida em que o próprio Deus se torna homem. Pois é evidente que Aquele que se tornou

---

28. PG 7, 873.

29. PG 25, 192B.

homem sem pecado pode deificar também a natureza (humana) sem a fundir com a divindade; elevá-la até si na medida em que Ele próprio se diminuiu por causa do homem". São Máximo chama Deus de "Aquele que deseja a salvação e *almeja a deificação*" dos homens[30]. É por seu amor infinito que Cristo subiu ao Gólgota e se submeteu à imolação na cruz, que reconciliou e reuniu o homem com Deus.

* * *

> Se alguém disser que a Virgem tenha servido apenas de lugar de passagem a Cristo, que Ele não foi gerado nela como Deus e como homem [...], se alguém disser que na Virgem o homem se formou e depois cedeu lugar para Deus [...], se alguém crer em dois filhos, um de Deus e do Pai e o outro, da Mãe, e não em Um, único e o Mesmo, Filho [...], se alguém disser que a divindade em Cristo, como a inspiração no profeta, aparecia como o efeito da graça e não era consubstancial a Ele por sua essência [...], se alguém não adorar o Crucificado, que seja ele anatematizado e considerado um deicida (SÃO GREGÓRIO NAZIANZENO. *Epístola 101*).

> O que pode ser mais humilhante para Deus do que o papel de servo? O que pode ser mais humilde para um rei de tudo do que entrar voluntariamente em contato com a nossa natureza fraca? O Rei dos Reis e o Senhor dos Senhores se transforma em servo; o Juiz de todos se transforma em subalterno das autoridades; o Senhor das criaturas [...] não dispõe de um lugar na estalagem, mas é posto numa manje-

30. PG 91, 1209B.

doura; puro e inocente não despreza as fraquezas da natureza humana, mas, passando por todas as etapas de nossa indecência, experimenta, finalmente, a própria morte. Observem a grandeza de sua autoaniquilação; a Vida engole a morte; o Juiz é conduzido ao pretor; o Senhor de toda a vida é condenado pela decisão de um juiz; o Rei de todas as forças supremas é entregue às mãos dos executores (São Gregório de Nissa, apud *Atos dos Concílios Ecumênicos*. T. 3, p. 183 [em russo]).

Assim, confessamos que o nosso Senhor Jesus Cristo, unigênito Filho de Deus, é Deus completo e homem completo, [composto] de alma racional e do corpo, que Ele é nascido antes de todos os tempos do Pai segundo a divindade, e nos últimos tempos, por nós e pela nossa salvação, da Virgem Maria segundo a humanidade; que Ele é consubstancial ao Pai segundo a divindade e consubstancial a nós segundo a humanidade, pois nele se realiza a união das duas naturezas. Por isso confessamos um Cristo, um Filho e um Senhor. Devido a essa união sem confusão, nós confessamos a Santíssima Virgem como a Mãe de Deus, pois Deus Verbo se encarnou e se tornou homem, e na própria concepção uniu consigo o templo, que recebeu dela. [...] Deus Verbo desceu dos céus à terra e, se transformando em um servo, se esgotou e foi chamado de Filho do homem, permanecendo aquele que era, isto é, Deus (São Cirilo de Alexandria, apud *Atos dos concílios ecumênicos*. T. 3, p. 95 [em russo]).

Todos nós, com voz uníssona, ensinamos a fé num só e mesmo Filho, Nosso Senhor Jesus Cristo, sendo o mesmo perfeito na divindade e o mesmo perfeito na humanidade, o mesmo verdadeiramente Deus e verdadeiramente homem, com alma racional e com corpo, da mesma substância do Pai quanto à divindade e quanto à humanidade da mesma substância que nós, em tudo semelhante a nós, menos no pecado; o mesmo que desde a eternidade é procedente do Pai por geração quanto à divindade, e o mesmo que, quanto à humanidade nos últimos tempos, foi gerado pela Virgem Maria, Mãe de Deus, por nós e nossa salvação; sendo um só e mesmo Cristo, Filho, Senhor, Unigênito, que nós reconhecemos com o existente em duas naturezas, sem confusão, sem mutação e sem divisão, sendo que a diversidade das naturezas nunca foi eliminada pela união; ao contrário, a propriedade de cada uma das naturezas ficou intacta, e ambas se encontram em uma só pessoa e uma só hipóstase. O Filho não foi dividido ou separado em duas pessoas, mas é um só e o mesmo, a quem chamamos de Filho, Unigênito, Deus, Verbo, Senhor, Jesus Cristo, como desde o início a respeito dele falaram os profetas e o próprio Jesus Cristo nos ensinou e como nos foi transmitido pelo Símbolo dos Padres (Dogma do Concílio de Calcedônia. In: LEBEDEV, A. *Os concílios ecumênicos dos séculos IV e V*. São Petersburgo, 1904, p. 289 [em russo]).

Nós afirmamos e confessamos a presença em Nosso Salvador e Senhor Jesus Cristo de duas naturezas. [...] Confessamos também que cada uma de suas naturezas possui suas propriedades naturais: o divino possui as propriedades divinas, e o humano, as humanas, exceto apenas o pecado. [...] Ensinando duas naturezas, duas vontades naturais e duas atividades naturais em um único Senhor Jesus Cristo, nós não ensinamos que elas são contrárias ou hostis umas às outras [...], não ensinamos que elas são divididas como se fossem duas pessoas ou hipóstases (Papa Agatão, apud *Atos dos concílios ecumênicos*. T. 6, p. 35-36 [em russo]).

Volitivo é aquele que está inclinado por natureza a querer. Por exemplo, é volitiva a natureza divina, assim como a humana. [...] Sem dúvida, [Cristo] assumiu a potência volitiva que existe naturalmente em nós. Pois da mesma maneira que Ele adquiriu a nossa natureza, Ele adquiriu a nossa vontade segundo as leis naturais. [...] Afirma o Evangelho: "Deram-lhe de beber vinho misturado com fel, mas Ele, provando-o, não quis beber" (Mt 27,34; Jo 19,28-29). Pois bem, se como Deus Ele teve sede e, ao ter provado o vinho, não quis beber, então é passível como Deus. De fato, são paixões tanto a sede quanto o gosto. No entanto, se Ele quis não como Deus, mas como homem, sem dúvida teve sede. Dessa maneira, era volitivo também como homem. [...] Afirmamos que Nosso Senhor Jesus Cristo possui duas atividades. [...] De um lado, a atividade de sua divindade se manifestou pela sua força de fazer milagres; de outro lado, a atividade de sua humanidade se manifestou pela prática de seu ofício e pelo fato de querer e dizer: "Quero, sê limpo!" (Mt 8,3). Além disso, restam evidentes tanto a ação da humanidade na fração dos pães, na escuta do leproso, e no "quero", como também a ação da divindade na multiplicação dos pães e na purificação do leproso (SÃO JOÃO DAMASCENO. *A exposição da fé*. III, 14 (58), 15 (59) [JUAN DAMASCENO. *Exposición de la fe*. Madri: Ciudad Nueva, 2003, p. 191, 194, 200]).

A carne do Senhor se enriqueceu com as atividades divinas pela união sem confusão com o Verbo (i. é, hipostática), sem, contudo, ter perdido suas propriedades naturais. Realizava os prodígios divinos não por sua própria atividade, mas em virtude do Verbo unido a ela. Da mesma maneira, o Verbo manifestava sua própria atividade através dela. Sem dúvida, o ferro incandescente não possui a atividade de queimar por sua condição natural, mas sim por meio de sua união com o fogo. Assim, esta carne era mortal por si mesma, mas doadora de vida por sua união hipostática com o Verbo. Dizemos o semelhante sobre a divinização da vontade: não foi este movimento natural que se transformou, mas, já que estava unido à vontade divina todo-poderosa, veio a se tornar a vontade de Deus encarnado (SÃO JOÃO DAMASCENO. *A exposição da fé*. III. 17 (61) [JUAN DAMASCENO. *Exposición de la fe*. Madri: Ciudad Nueva, 2003, p. 212-213]).

Este é Deus de Deus, o Filho sem princípio do Pai sem princípio, o Filho sem corpo do Pai sem corpo, o incompreensível do incompreensível, o eterno do eterno, o inacessível do inacessível, o infinito do infinito, o imortal do imortal, o invisível do invisível, o Verbo de Deus e Deus que trouxe à vida todas as coisas no céu e na terra [...]. Sendo assim, contendo o Pai, e tendo o Pai contido nele, inseparável dele, Ele desceu à terra e se encarnou do Espírito Santo e da Virgem Maria, e se tornou homem, igual a nós em tudo, menos no pecado, para recuperar e renovar aquele primeiro homem e, através dele, todos que dele nasceram e nascem, semelhantes ao seu ancestral (SÃO SIMEÃO, O NOVO TEÓLOGO. *Tratado ético*, 13, 76-89 [SC 129, 406]).

Vinde, alegremo-nos com o Senhor, revelando o mistério verdadeiro: os muros da cidade são destruídos, a arma de fogo está impotente, e o querubim se afasta da árvore da vida, e eu comungo do alimento do paraíso, tendo sido expulso dele por causa da transgressão. Pois a imagem inalterável do Pai, a imagem da sua essência, se incorpora em imagem de servo, procedendo da Mãe, que não conheceu o matrimônio, mas permanecendo inalterável, pois permaneceu Aquilo que era – Deus verdadeiro – e se tornou aquilo que não era – se tornou um homem pela sua filantropia. Clamemos a Ele: Deus nascido da Virgem, tem piedade de nós! (Da liturgia da Festa da Natividade de Cristo).

# 7

# A Igreja

## O Reino de Cristo

"Não há cristianismo sem a Igreja", escreveu, no começo do século XX, o Arcebispo Hilarion (Troitsky), um dos numerosos novos mártires russos[1]. A Igreja é o Reino de Cristo, adquirido a preço de seu sangue, o Reino ao qual Ele introduz aqueles que Ele elegeu como seus filhos e aqueles que o elegeram como seu Salvador.

Consideramos como princípio da Igreja na terra a conversa de Jesus Cristo com seus discípulos em Cesareia de Filipe, quando Pedro, em nome dos outros apóstolos, confessou que Ele era o Filho de Deus, e recebeu a seguinte resposta do Salvador: "Bem-aventurado és tu, Simão Barjonas, porque não foi a carne e o sangue que te revelou, mas meu Pai, que está nos céus. Pois também eu te digo que tu és Pedro, e sobre esta pedra edificarei a minha Igreja, e as portas do inferno não prevalecerão contra ela" (Mt 16,17-18). Em outras palavras, a confissão de Pedro se tornou a pedra, posta no fundamento da Igreja de Cristo.

Entretanto, rigorosamente, a pedra angular da Igreja é o próprio Cristo. O Apóstolo Pedro chama Jesus de pedra angular da Igreja:

---

1. ARCEBISPO HILARION (TROITSKY). *Não há cristianismo sem Igreja*. Montreal, 1986, p. 3 [em russo].

> E, chegando-vos para Ele – pedra viva, reprovada, na verdade, pelos homens, mas para com Deus eleita *e* precisa –, vós também, como pedras vivas, sois edificados casa espiritual e sacerdócio santo, para oferecer sacrifícios espirituais agradáveis a Deus por Jesus Cristo. Pelo que também na Escritura se contém: Eis que ponho em Sião a pedra principal de esquina, eleita e preciosa, e quem nela crer não será confundido (1Pd 2,4-6).

Assim, a fé em Cristo é a pedra fundamental do edifício espiritual, cujo nome é a Igreja. O mesmo é dito pelo Apóstolo Paulo:

> Assim já não sois estrangeiros nem forasteiros, mas concidadãos dos santos, e da família de Deus. Edificados sobre o fundamento dos apóstolos e dos profetas, de que Jesus Cristo é a principal pedra de esquina. No qual todo o edifício, bem-ajustado, cresce para o templo santo do Senhor. No qual também vós juntamente sois edificados para morada de Deus em Espírito (Ef 2,19-22).

Na Epístola aos Coríntios, o Apóstolo Paulo chama a comunidade dos coríntios de "edifício", ele mesmo sendo "arquiteto", e o Cristo de "fundamento": "Porque ninguém pode pôr outro fundamento além do que já está posto, o qual é Jesus Cristo" (1Cor 3,11).

A palavra grega *ekklesia*, que significa "igreja", "assembleia", se origina do verbo *ekkaleo*, "chamar". A Igreja cristã é a assembleia daqueles que foram chamados por Cristo, que creem nele e que vivem dele. Contudo, a Igreja não é mera comunidade, uma fraternidade de pessoas, unidas pela fé em Cristo, não é mera soma de indivíduos. Reunidos, os membros da Igreja se tornam um organismo, um corpo único: "A humanidade, reunida ao seu princípio divino em Cristo, é a Igreja, o corpo vivo do Verbo divino encarnado [...] na pessoa divina e humana de Jesus Cristo. Esse corpo de Cristo se apresenta primeiro como um germe, sendo uma comunidade pequena de primeiros cristãos, mas ele cresce pouco a pouco e se desenvolve para abraçar, finalmente, toda a humanidade e toda a natureza num único organismo universal", escreve o filósofo e teólogo russo Vladimir Soloviev[2].

Foi o Apóstolo Paulo quem denominou a Igreja de corpo de Cristo: "Pois todos nós fomos batizados em um Espírito formando um corpo, quer judeus, quer gregos, quer servos, quer livres, e todos temos bebido de um Espírito. [...] Ora, vós sois o corpo de Cristo, e seus membros em particular" (1Cor 12,13.27). É por meio dos sacramentos, principalmente através da Comunhão do Corpo e do Sangue de Cristo no pão e vinho eucarísticos, que nós nos unimos a Ele e formamos com Ele um único corpo: "Porque nós, sendo muitos, somos um só pão e um só corpo, porque todos participamos do mesmo pão" (1Cor 10,17). A Igreja é o corpo eucarístico de Cristo, pois a Eucaristia nos une com Ele e um com o outro. E na medida em que ficamos mais próximos de Deus, mais próximos ficamos uns dos outros; mais completo é nosso amor por Cristo, mais forte é o nosso amor pelo próximo. Unindo-nos a Deus pela vida nos sacramentos, nós nos reunimos um com o outro, superamos o nosso isolamento e a nossa alienação habituais e tornamo-nos membros de um organismo indivisível, interligados pela união do amor.

O protótipo da Igreja no Antigo Testamento foi o povo de Israel, eleito por Deus e separado dos outros povos. As principais marcas do pertencimento ao Israel do Antigo Testamento eram a nacionalidade e a circuncisão, e ao Israel do Novo Testamento, isto é, à Igreja, são a fé em Cristo e o Batismo. O velho Israel era um exército com Deus como seu comandante, o novo Israel é um rebanho com Cristo como o Pastor (1Pd 5,2).

---

2. SOLOVIEV, V. *Fundamentos espirituais da vida*. Paris, 1926, p. 129 [em russo].

O velho Israel peregrinava no deserto aguardando a terra prometida, o novo Israel peregrina na terra prometida aguardando na esperança do Reino dos Céus, que se revelará por completo apenas após o fim dos séculos, ou seja, na vida futura, mas que, contudo, se inicia para os homens já na Igreja na terra.

## O céu na terra

"A Igreja é um céu na terra, no qual Deus celeste vive e se move", escreve São Germano, patriarca de Constantinopla[3]. Deus está presente na Igreja de maneira real e palpável. Acreditamos que Cristo, ascendendo ao céu após a sua ressurreição, não deixou os seus discípulos, mas permaneceu entre eles de uma maneira misteriosa. "Subiste glorioso, ó Cristo Nosso Deus, sem, porém, nos abandonar, mas permanecendo junto de nós", canta-se na Liturgia da Festa da Ascensão. Ele prometeu: "Estou convosco todos os dias, até a consumação dos séculos" (Mt 28,20). Essa promessa se realiza na Igreja que Ele ergueu como um lugar de encontro e de interação entre Ele e os homens. Junto com Cristo, estão presentes na Igreja a Mãe de Deus, a assembleia dos anjos e dos santos, que participam da celebração em pé de igualdade com os homens. O corpo único e indivisível de Cristo é composto pela Igreja do céu, com os anjos e falecidos, e pela Igreja da terra, com os homens vivos.

Temos relatos de pessoas que, ao visitar pela primeira vez a Liturgia ortodoxa ou até mesmo a igreja vazia, tiveram um sentimento de uma presença invisível. O Arcebispo Kalistos (Ware) assim narra o seu primeiro contato com a ortodoxia:

> Por que eu, um inglês, faço parte da Igreja Ortodoxa? Tudo começou numa tarde de domingo, quando eu

3. ST. GERMANUS OF CONSTANTINOPLE. *On the Divine Liturgy*. Nova York, 1984, p. 56.

ainda era um menino. Sem ter um destino preciso, eu entrei, por acaso, numa igreja ortodoxa russa em Londres. [...] Lá dentro estava escuro. A primeira coisa que eu reparei era o amplo espaço do chão encerado e a total ausência de qualquer banco, havia apenas algumas cadeiras. A igreja me parecia vazia. Mas logo em seguida eu ouvi um pequeno coral, que, entretanto, estava fora do alcance da visão. Consegui enxergar também alguns sacerdotes, na maioria idosos, que estavam atrás de uma parede com muitos ícones. De repente, a primeira impressão do vazio, da ausência, se transformou em impressão de uma plenitude plena e infinita. Eu sentia agora não a ausência, mas a presença de uma multidão de sacerdotes invisíveis. Percebi que essa pequena assembleia era parte de algo muito maior, de algo que não começou com a missa e não terminará com o seu fim. Eu não compreendia uma palavra da celebração, porque ela estava sendo conduzida no idioma eslavo. Mas eu tinha certeza que, como dizem as orações da Liturgia dos Dons Pré-santificados, "Hoje, as forças celestiais invisivelmente celebram juntamente conosco". Muitos anos depois, eu estava lendo a história da conversão do príncipe São Vladimir, contida nas *Crônicas de Nestor*, e cheguei à passagem que narra as impressões dos embaixadores russos ao participar da Liturgia em Constantinopla: "Não sabíamos se estávamos nos céus ou na terra, eles diziam. Não podemos explicar completamente, mas sabemos uma única coisa, que Deus vive lá entre os homens. Não podemos esquecer tanta beleza". E eu também não consigo esquecer a minha comoção com esse trecho, pois nele eu reconheci a minha própria experiência. Possivelmente, aquela celebração que eu tinha presenciado não possuía todo o esplendor externo das liturgias bizantinas do século X, mas eu, como os embaixadores russos, também tinha vivido a sensação de "céu na terra", tinha presenciado a beleza invisível do Reino de Deus e tinha ressentido a presença invisível da assembleia dos santos[4].

As Escrituras contêm múltiplas testemunhas da presença da Mãe de Deus e dos anjos na Liturgia. Assim, no século X, Santo André de Constantinopla viu, durante a celebração, a Mãe de Deus, que estendia sobre o povo o seu sudário. Quando São Sérgio celebrava a Liturgia, um anjo estava ao seu lado. Segundo uma lenda antiga, um bispo e um diácono estavam viajando e encontraram uma igreja em ruínas, distante de um lugar habitado, e quiseram celebrar uma liturgia nela. E quando eles começaram a celebrar, num templo vazio, e o diácono pronunciou "Em paz, oremos ao Senhor", um coro invisível continuou: "Senhor, tenha piedade!" O canto dos anjos acompanhou a Liturgia inteira. Acontece também, no nosso tempo, que o sacerdote é obrigado a celebrar a missa sozinho, sem os paroquianos. Pois não são poucas as paróquias que são tão pequenas, que suas liturgias são assistidas por uma ou duas pessoas, ou, às vezes, por ninguém. E mesmo que as regras litúrgicas não preveem tais circunstâncias, pois cada celebração necessita de algum número de fiéis, o sacerdote, contudo, não fica sozinho, porque os anjos, os santos e os falecidos realizam com ele o sacrifício ao Senhor.

## Propriedades da Igreja

As palavras do Credo Niceno-constantinopolitano, "Creio na Igreja, una, santa, católica e apostólica", definem as propriedades da Igreja enquanto um organismo divino e humano.

---

4. BISHOP KALLISTOS WARE. Why I am an Orthodox. In: *The Tablet*, 16/02/1985, p. 159.

A Igreja é una, pois é criada à imagem da Santíssima Trindade e manifesta o mistério da unidade de essência na diferença de hipóstases: ela consiste de múltiplas hipóstases-pessoas, interligadas em sua unidade da fé e dos sacramentos. Nas palavras do Apóstolo Paulo: "Há um só corpo e um só Espírito [...], um só Senhor, uma só fé, um só batismo, um só Deus e Pai de todos, o qual é sobre todos, e por todos e em todos" (Ef 4,4-6). Jesus orava sobre essa unidade de todos os cristãos durante a Última Ceia: "Pai santo, guarda em teu nome aqueles que me deste, para que sejam um, assim como nós. [...] E não rogo somente por estes, mas também por aqueles que pela sua palavra hão de crer em mim, para que todos sejam um, como Tu, ó Pai, o és em mim, e eu em ti; que também eles sejam um em nós, para que o mundo creia que Tu me enviaste" (Jo 17,11.20-21). O amor de três hipóstases da Santíssima Trindade é refletido na unidade da Igreja. "Não há na terra uma unidade que possa ser comparada com a unidade da Igreja; a unidade, essa existe só no céu. No céu, o amor sem comparação do Pai, do Filho e do Espírito Santo une três Pessoas em um Ser único, de modo que não são três deuses, mas um Deus que vive uma vida triúna. [...] As pessoas que ingressam na Igreja e que têm amor uma pela outra se assemelham às três Pessoas da Santíssima Trindade", escreve o Arcebispo Hilarion (Troitsky)[5].

O Apóstolo Paulo fala sobre a santidade da Igreja, comparando Cristo com o esposo e a Igreja, com a noiva: "[...] Cristo amou a Igreja, e a si mesmo se entregou por ela, [...] para a apresentar a si mesmo a Igreja gloriosa, sem mácula, nem ruga, nem coisa semelhante, mas santa e irrepreensível" (Ef 5,25.27). A santidade da Igreja é condicionada não apenas pela santidade de Cristo como o seu dirigente, mas pela santidade à qual

---

5. ARCEBISPO HILARION (TROITSKY). *Não há cristianismo sem Igreja*. Op. cit., p. 15-16.

são chamados todos os seus membros. Em suas epístolas, os apóstolos frequentemente chamam os cristãos de "santos", insinuando que a santidade não é um ideal inacessível, mas uma norma para os membros da Igreja. Cada cristão é chamado para a santidade, e santos existiam em todas as épocas da história da Igreja. Mas os santos que superaram o pecado e as paixões não são numerosos. A maioria dos cristãos são pecadores que fazem parte da Igreja não devido à santidade alcançada, mas como meio para alcançá-la através do arrependimento. O objetivo da Igreja é, justamente, santificá-los e conduzi-los a Deus. Por isso se diz sobre os cristãos que eles são *in patria et in via,* na pátria e no caminho, ou seja, simultaneamente dentro da Igreja e no caminho a ela.

O termo grego *katholike* significa "universal", ou seja, unificador de todos os cristãos, disseminados pelo mundo, assim como de todos os santos e os defuntos. Segundo São Cirilo de Jerusalém, "a Igreja é chamada de católica porque, sendo universal e nada omitindo, ela ensina tudo que deve fazer parte do conhecimento humano – os dogmas sobre o visível e o invisível, sobre o celestial e o terrestre [...]"[6].

A Igreja é chamada de apostólica porque ela foi fundada pelos apóstolos e permanece fiel aos seus ensinamentos, é sua sucessora e continua o serviço que eles empreenderam na terra. O Apóstolo Paulo aponta que a Igreja foi "edificada sobre o fundamento dos apóstolos e profetas" (Ef 2,20). A sucessão apostólica significa uma cadeia ininterrupta de ordenações episcopais que se estende desde os apóstolos até os bispos contemporâneos. Os apóstolos ordenaram a primeira geração dos bispos, que, por sua vez, ordenaram a segunda geração, e assim por diante até os dias de hoje. As comunidades cristãs, nas quais essa sucessão foi rompida, são consideradas como em ruptura com a Igreja até o

---

6. SÃO CIRILO DE JERUSALÉM. *Catequeses mistagógicas*, 18, 23.

momento da restauração dessa sucessão. Os bispos continuam a missão dos apóstolos na terra, ou seja, a missão de servir, de pregar, de guiar as comunidades eclesiásticas existentes e de criar as novas. Entretanto, não apenas os bispos e os sacerdotes, mas cada membro da Igreja é chamado ao serviço apostólico e missionário, à pregação do Cristo em palavras e em ação: "Portanto ide, ensinai todas as nações, batizando-as em nome do Pai, e do Filho e do Espírito Santo" (Mt 28,19).

A missão que o Cristo deu aos apóstolos e a seus sucessores está longe de ser cumprida. Há na terra muitos povos, que ainda não ouviram a Palavra de Deus; há regiões imensas, nas quais a palavra evangélica permanece rara. Alguns países, que antigamente eram cristãos, voltaram ao seu estado de politeísmo ou ateísmo e necessitam hoje, novamente, de novos apóstolos.

São Vladimir, o príncipe russo, evangelizou a Rússia há mil anos, e desde então o longo caminho de rejeição do politeísmo e de adoção do cristianismo foi percorrido. No século XV, graças às ações e ao heroísmo dos sucessores dos apóstolos, a Rússia se tornou um país no qual cada pessoa, seja velha ou jovem, conhecia o ensinamento de Cristo, frequentava a igreja, e no qual o próprio alfabeto era ensinado lendo o Livro dos Salmos. Contudo, nos séculos seguintes surgiram ideias que levaram o país a uma crise espiritual, cujo ápice foi a catástrofe de 1917 e setenta anos da "servidão egípcia", pois as forças do inferno tentavam exterminar qualquer indício de Cristo e de Deus. E o país se tornou, novamente, pagão, e o povo voltou a "andar na escuridão", "esperando pela luz" (Is 59,9). E mais uma vez os cristãos, e, principalmente, os pastores, sucessores dos apóstolos, têm a mesma missão de pregar o Evangelho e batizar em nome do Pai, e do Filho e do Espírito Santo, destruir os ídolos e erguer templos a Cristo. Nós fomos testemunhas da destruição dos ídolos, mas ainda é necessário erguer no lugar deles os templos espirituais, preencher esse vazio com a verdadeira fé. O futuro espiritual da Rússia depende, hoje, da capacidade da Igreja de cumprir essa missão, de encontrar pessoas, semelhantes aos apóstolos em fé e em amor por Cristo e pelo povo de Deus.

É no Dia de Pentecostes que a comunidade apostólica se reconheceu definitivamente como Igreja. O Espírito Santo desceu sobre os apóstolos em forma de línguas de fogo para lhes conferir a força de pregar o Evangelho para "todos os povos". O *kondaquion* da Liturgia de Pentecostes resume bem o sentido desse acontecimento: "Quando o Altíssimo desceu para misturar as línguas (Gn 22), Ele separou os povos. Quando, porém, enviou as línguas de fogo, chamou todos para a união. E, por isso, nós glorificamos unicamente o Espírito Santo"[7]. Esse texto se refere à narração bíblica sobre a torre de Babel. Quando Deus viu a loucura dos homens, que queriam edificar uma torre "cujo cume toque nos céus", Ele desceu e confundiu as línguas, para que eles parassem de se entender uns aos outros e cessassem de edificar a torre (Gn 11,1-9). Assim, a destruição da unidade do gênero humano, que se deu por causa dos homens, é cancelada no seio da Igreja, na qual as diferenças de nacionalidade ou de língua não importam, pois todos possuem uma "nova língua", a língua da fé e da oração, da harmonia de pensamentos e do amor. Cada vez que a torre de Babel desmorona – e ela continua desmoronando de novo e de novo ao longo da história – as línguas "se confundem", a oposição entre as nações se aguça e a hostilidade e a intolerância aumentam. Somente o Espírito Santo, que é "o espírito de sabedoria e de inteligência, o espírito de conselho e de fortaleza, o espírito de conhecimento e de temor do Senhor" (Is 11,2), que vive e age dentro da Igreja, pode conciliar todos.

---

7. *Kondaquion* da Festa de Pentecostes [Disponível em http://fatheralexander.org/booklets/portuguese/pente_p.htm].

## A hierarquia eclesiástica

No Antigo Israel, os sacerdotes deviam obrigatoriamente pertencer à tribo de Levi, para as pessoas de fora o serviço sacerdotal era inacessível. Os levitas eram iniciados, escolhidos para servir a Deus; eles possuíam o direito exclusivo de oferecer sacrifícios, queimar o incenso, elevar as orações e cantar no templo, enquanto a participação do povo era passiva e contemplativa. Mas as oferendas do Antigo Testamento não podiam, segundo o Apóstolo Paulo, libertar a humanidade da escravidão do pecado: "Porque é impossível que o sangue dos touros e dos bodes tire os pecados. [...] E assim todo sacerdote aparece cada dia ministrando e oferecendo muitas vezes os mesmos sacrifícios, que nunca podem tirar os pecados" (Hb 10,4.11). Por isso Cristo ofereceu a si próprio como sacrifício para libertar a humanidade, de uma vez por todas, da submissão ao diabo: "[...] temos sido santificados pela oblação do corpo de Jesus Cristo, feita uma vez. [...] Mas este, havendo oferecido um único sacrifício pelos pecados, está assentado para sempre à destra de Deus. [...] Porque com uma só oblação aperfeiçoou para sempre os que são santificados" (Hb 10,10.14).

Cristo se tornou o sacerdote e a vítima, simultaneamente. Ele não pertencia à tribo de Levi, e se tornou o verdadeiro "sacerdote eterno, segundo a ordem de Melquisedec" (Sl 110,4). Melquisedec era um sacerdote do Antigo Testamento, que encontrou um dia Abraão, lhe trouxe pão e vinho e o abendiçoou, um sacerdote "sem pai, sem mãe, sem genealogia, não tendo princípio de dias nem fim de vida" (Hb 7,3), um sacerdote que era um protótipo de Cristo. Cristo entregou o seu próprio corpo à morte e derramou o seu sangue pelos homens, e assim apresentou esse Corpo e esse Sangue aos fiéis enquanto pão e vinho no mistério da Eucaristia; Ele criou a sua Igreja, que se tornou o novo Israel. Tudo isso para acabar com a Igreja do Antigo Testamento, com seus sacrifícios e o sacerdócio levítico, para retirar a barreira que separava o Santo dos Santos dos homens, para destruir o muro intransponível entre o sacerdócio sagrado dos levitas e o povo profano. Na Igreja de Cristo todos são "reis e sacerdotes para Deus" (Ap 1,6), todos têm acesso ao Santo dos Santos, todos se transformam em "tribo eleita":

> Vós também, como pedras vivas, sois edificados casa espiritual e sacerdócio santo, para oferecer sacrifícios espirituais agradáveis a Deus por Jesus Cristo. [...] Mas vós sois a geração eleita, o sacerdócio real, a nação santa, o povo adquirido, para que anuncieis as virtudes daquele que vos chamou das trevas para a sua maravilhosa luz. Vós, que em outro tempo não éreis povo, mas agora sois povo de Deus, que não tínheis alcançado misericórdia, mas agora alcançastes misericórdia (1Pd 2,5-10).

A ideia sobre o sacerdócio real de todos os fiéis é expressa claramente no Novo Testamento. Contudo, mesmo nos tempos apostólicos já existia a hierarquia eclesiástica, ou seja, pessoas especialmente eleitas para o serviço da Eucaristia e para presidir o povo. O Livro dos Atos dos Apóstolos menciona a eleição de sete diáconos (em grego, *diakonos* significa "servo") para se dedicar a esse serviço (At 6,6). Ao longo de sua predicação em diferentes cidades do Império Romano, os apóstolos criavam comunidades cristãs e ordenavam os bispos (em grego, *episkopos* significa "visitante", "supervisor") e presbíteros (em grego, *presbyteros* significa "antigo") para liderar essas comunidades. O serviço dos bispos, presbíteros e diáconos consistia em serviço de representação, de ensinamento e de liderança espiritual e estava organizado conforme a ideia da diferença de funções de cada membro da Igreja que, em conjunto, formam um organismo completo. Cada membro da Igreja, como membros do organismo humano, possui suas funções específicas. "Ora, há diversidade de dons, mas o Espírito é o mesmo. E há diversidade de ministérios, mas o Senhor é o mesmo. E há diversidade de cooperações, mas é o mesmo Deus que opera tudo em todos. [...] E a uns pôs Deus na Igreja, primeiramente apóstolos, em segundo lugar profetas, em terceiro doutores [...]" (1Cor 12,4.18).

O sacerdócio hierárquico da Igreja existe justamente em função do sacerdócio real de todos os cristãos. Um sacerdote, que, por qualquer razão, se separe ou esteja separado da Igreja, que se encontre no exterior de seu seio ou que esteja cortado do sacerdócio real do povo de Deus, perde todos os seus direitos. No interior da Igreja, o sacerdócio hierárquico é diretamente ligado ao povo de Deus, não há um sem o outro. Assim como a comunidade não pode ser uma Igreja sem sacerdote, o sacerdote não pode existir sem a comunidade. O sacerdote nunca é um executante solitário de sacramentos, pois todos os sacramentos são realizados por ele com a participação do povo, em conjunto com o povo e com o consentimento do povo. A estrutura da Liturgia demonstra que aquele que preside atua como sacerdote em nome do povo, cuja participação na celebração não é passiva. Cada oração do sacerdote é selada com a palavra "amém" (do hebraico, "verdadeiramente"), pronunciada pelo povo; cada bênção do sacerdote é acompanhada pela bênção recíproca do povo. O sacerdote e o povo estão igualados na tradição litúrgica. "A paz seja convosco", diz o sacerdote; "E com o teu espírito!", responde o povo; "A misericórdia de Deus esteja convosco!", diz o sacerdote; "E com o teu espírito!", responde o povo. Em alguns casos, o próprio sacerdote pede bênção ao povo: "Abençoem-me, santos padres e irmãos, e perdoem-me, o pecador", e o povo responde: "Que Deus te perdoe!" Na Igreja antiga, a ordenação do sacerdote e do bispo acontecia com o consentimento do povo. Além disso, geralmente, eles eram escolhidos entre as pessoas eleitas pelo povo; o rito da ordenação contém, até hoje, a exclamação popular "*axios*" (do grego, "digno"), que exprimia a aprovação popular do ordenado.

A Igreja possui três ordens hierárquicas: os bispos, os sacerdotes e os diáconos. Os bispos presidem as regiões eclesiásticas e as dioceses, compostas de um certo número de paróquias. Os sacerdotes presidem as paróquias, os templos. Os diáconos auxiliam os sacerdotes e os bispos na realização da Liturgia.

A hierarquia de três níveis existe na Igreja desde a Antiguidade, mesmo que, provavelmente, não desde o seu princípio. Nas epístolas dos apóstolos nós não vemos uma diferença definida entre os bispos e os presbíteros, pois ambos os termos são usados como sinônimos:

> Por esta causa te deixei em Creta, para que pusesses em boa ordem as coisas que *ainda* restam, e de cidade em cidade estabelecesses presbíteros, como já te mandei: aquele que for irrepreensível, marido de uma mulher, que tenha filhos fiéis [...]. Porque convém que o bispo seja irrepreensível, como despenseiro da casa de Deus (Tt 1,5-7) [escreve o Apóstolo Paulo a Tito].

Na época dos apóstolos não havia ainda diferença entre a diocese e a paróquia, pois a comunidade eclesiástica, seja em Creta, seja em Éfeso ou Roma, integrava todos os fiéis dessa cidade (ou país) e constituía a "Igreja local"[8].

Mas na medida em que a Igreja se desenvolvia, surgia a necessidade de ter os presbíteros supremos, que poderiam presidir as comunidades de uma região e que possuíssem o direito de ordenar presbíteros para essas comunidades. Já no século II, Santo Inácio de Antioquia aponta claramente o bispo como o

8. São Clemente de Roma (século I) ainda não faz distinção entre bispos e sacerdotes. Ele menciona apenas os bispos e os diáconos. Cf. *Primeira Epístola aos Coríntios*, 42.

líder da Igreja e o presbítero como seu auxiliar, submisso a ele e em pleno acordo com ele: "O presbitério está de acordo com o bispo como as cordas numa cítara"[9]. Obedecendo ao bispo, os presbíteros obedecem ao próprio Cristo, que ele representa. Para Santo Inácio, o bispo representa toda a plenitude da Igreja, e um desacordo com ele significa a ruptura com a Igreja. A hierarquia precisa ser respeitada: "Que todos respeitem os diáconos como o mandamento de Cristo, e os bispos como o próprio Jesus Cristo [...], os presbíteros como a assembleia dos apóstolos. Não há Igreja sem eles"[10].

Segundo os ensinamentos da Igreja, a imperfeição moral de um ou outro sacerdote não influencia a eficácia dos sacramentos realizados por ele, porque ele é apenas um instrumento de Deus. É o próprio Cristo quem batiza, quem realiza a Eucaristia e quem comunga e confessa as pessoas. Durante o Sacramento da Penitência o sacerdote diz ao penitente: "Eis aqui Cristo, invisivelmente presente, que recebe a sua confissão [...], eu sou apenas uma testemunha para testemunhar diante dele tudo que por ti for dito". Contudo, mesmo que Cristo, por sua misericórdia infinita, tolera sacerdotes indignos e corruptos, como tolerou Judas dentre os apóstolos, isso não justifica os próprios sacerdotes que não merecem o seu sacerdócio. Sendo instrumento, testemunho e servo de Deus, o sacerdote deve ser ao máximo puro, sem vícios e alheio ao pecado. A imperfeição moral dos clérigos, os pecados e as paixões dos sacerdotes sempre foram um mal na Igreja, pois, embora eles não interfiram na eficácia dos sacramentos, afetam a reputação da Igreja e destroem a fé em Deus nas pessoas. Comumente, as pessoas fazem julgamento sobre Deus pela imagem de seus sacerdotes, o que é bastante lógico, pois o sacerdote é a imagem de Cristo. Por isso é tão lamentá-

---

9. SANTO INÁCIO DE ANTIOQUIA. *Epístola aos Efésios*, 4.

10. SANTO INÁCIO DE ANTIOQUIA. *Epístola aos Trálios*, 3.

vel para uma pessoa ver o sacerdote ser indiferente ao invés de empático, hostil ao invés de amoroso, cheio de paixões ao invés de moralmente puro, hipócrita ao invés de sincero. É normal que se espere do homem, que porta a imagem de Cristo morto pela humanidade, a mesma compaixão e o mesmo amor que Cristo tinha pelos homens. "Sê o exemplo dos fiéis, na palavra, no trato, na caridade, no espírito, na fé, na pureza" (1Tm 4,12), diz o Apóstolo Paulo a Timóteo, que estava ordenando ao bispo.

## A mulher na Igreja

Ao longo de toda história da Igreja as funções sacerdotais e episcopais eram reservadas exclusivamente aos homens. Não é apenas uma tradição que provém da desigualdade entre os homens e as mulheres nos tempos antigos. O sacerdócio, desde o princípio, é uma prática de paternidade espiritual. A mulher pode ser mãe, esposa, filha, mas nunca pode ser um pai. A maternidade não é inferior à paternidade, mas é uma missão diferente, uma prática distinta. Apenas as crianças sabem qual é a diferença entre a paternidade e a maternidade, embora eles não consigam expressá-la em palavras. Porém, qualquer cristão que possui um pai espiritual sabe a diferença entre a paternidade espiritual e qualquer outra prática. A Igreja Ortodoxa reprova a nova prática protestante do sacerdócio feminino, não porque a ortodoxia é apegada à tradição e é conservadora, e muito menos porque despreza a mulher e a considera inferior ao homem, mas porque ela respeita a paternidade na Igreja e não quer perdê-la, confiando à mulher uma função imprópria. No organismo da Igreja cada membro exerce suas funções específicas e são insubstituíveis. A paternidade não pode ser substituída; por isso, quando a Igreja a perde, ela perde também a sua unidade e a sua plenitude, tornando-se uma família sem pai ou um organismo sem órgãos necessários.

Nessa perspectiva, a atitude do cristianismo perante o casamento e o papel da mulher na família é exemplar. A família cristã é uma "pequena Igreja", edificada à imagem da Igreja de Cristo. Segundo o ensinamento dos apóstolos, o chefe de família é o esposo e não a esposa. Entretanto, o protagonismo do esposo não significa uma desigualdade. O poder do esposo é o poder do amor, da mesma maneira que o poder de Cristo na Igreja: "Vós, mulheres, sujeitai-vos a vossos maridos, como ao Senhor. [...] Vós, maridos, amai vossas mulheres, como também Cristo amou a Igreja, e a si mesmo se entregou por ela. [...] Assim também vós, cada um em particular, ame a sua própria mulher como a si mesmo, e a mulher reverencie o marido" (Ef 5,22.23.25.33). "Reverenciar" não significa ter medo perante a força, mas temer ofender o marido, destruir o amor e a harmonia da família. E o protagonismo do marido é a prontidão de amar a ponto de se sacrificar, da mesma maneira que Cristo ama a Igreja. Sendo chefe de família, o marido deve amar e respeitar a sua mulher: "Igualmente vós, maridos, coabitai com elas com entendimento, dando honra à mulher [...], como sendo vós os seus co-herdeiros da graça da vida" (1Pd 3,7). Não é uma desigualdade, mas é uma união harmoniosa das funções divergentes. Assim deve ser organizada tanto a família quanto a Igreja. Pois da mesma maneira que a família é uma pequena Igreja, a Igreja é uma grande família.

A paternidade do sacerdote não se limita pela sua função de chefe e de líder de uma comunidade. Em alguns casos, a liderança fica por conta de uma mulher. Por exemplo, os conventos femininos sempre são dirigidos por uma hegúmena (a freira responsável), à qual se submetem as freiras e também os sacerdotes que servem ao convento. Nos conventos antigos existiam freiras idosas que eram respeitadas como líderes espirituais e que possuíam competência de receber a confissão das freiras. Até mesmo o Sacramento do Batismo, em alguns casos excepcionais, pode ser realizado pela mulher – por exemplo, quando não há um sacerdote acessível e a pessoa está falecendo – e o sacramento é reconhecido como válido.

Contudo, a história da Igreja não possui registros de casos em que uma mulher celebrasse a Liturgia ou ordenasse os padres, como acontece hoje nas comunidades protestantes. O sacerdote que realiza a Eucaristia simboliza Cristo – Deus que se tornou homem. A Igreja valoriza muito a simbologia litúrgica. Segundo o entendimento ortodoxo, há uma ligação direta entre o símbolo e a realidade, de modo que, com a modificação do símbolo, a própria realidade se altera.

Na Igreja antiga existiam diaconisas, que possuíam várias competências. Elas auxiliavam os bispos no Sacramento do Batismo, participavam na realização da Eucaristia. A Igreja Ortodoxa Russa discutiu seriamente a questão da restauração do instituto de diaconisas ao longo dos preparativos para o Concílio local de 1917. Mas a Revolução Bolchevique prejudicou a realização de algumas reformas eclesiásticas importantes. Efetivamente, as mulheres hoje realizam várias tarefas fundamentais na Igreja; por exemplo, preparam o pão para a Eucaristia, leem e cantam durante a missa, dirigem o coro etc.

## A Mãe de Deus e os santos

A atitude da Igreja perante a mulher pode ser avaliada por meio do papel proeminente que ela atribui à Mãe de Deus, glorificando-a mais que todos os santos e todos os anjos, pois ela é “mais venerável do que os querubins e, incomparavelmente, mais gloriosa que os serafins”. A Santíssima Mãe de Deus é a Mãe de Cristo e a Mãe da Igreja; por meio dela, a Igreja glorifica a maternidade, que é função e privilégio exclusivamente feminino. É curioso que as Igrejas protestantes, que delegaram às mulheres a realização da Eucaristia e outras funções sacerdotais, não veneram a Mãe de Deus e não oram a ela. Porém, a Igreja sem a Mãe de Deus perde a sua plenitude, da mesma maneira que a comunidade eclesiástica é incompleta sem os sacerdotes. Enquanto a paternidade é realizada através da hierarquia eclesiástica, os bispos e os sacerdotes, a maternidade é presente na Igreja por meio da Santíssima Mãe de Deus.

A Igreja Ortodoxa glorifica a Mãe de Deus como "Sempre Virgem". Esse termo, confirmado pelo V Concílio Ecumênico, realizado em 553, ressalta a virgindade da Mãe de Deus antes, durante e após o nascimento de Cristo. A Mãe de Deus é chamada também de Santíssima, Puríssima e Imaculada[11]. Fundamentando-se na tradição antiga, a Igreja Ortodoxa crê que a Mãe de Deus ressuscitou no terceiro dia após a sua morte e foi elevada ao céu com o seu corpo, como Cristo e alguns justos do Antigo Testamento (Enoque e Elias).

A Mãe de Deus preside a comunidade dos santos glorificados pela Igreja. A tradição de venerar os santos e dirigir-lhes as preces é antiga e remonta aos tempos apostólicos. São infundadas as acusações à Igreja de que ela adora imagens igual a Deus, transgredindo assim o mandamento "Ao Senhor teu Deus adorarás, e só a Ele servirás" (Mt 4,10). A teologia grega faz uma distinção nítida entre o culto a Deus (*latreia*) e a veneração (*proskynesis*) dos santos, que são honrados não como deuses, mas como pessoas que alcançaram uma grande elevação espiritual e que se reuniram com Deus. Os santos são interligados e unidos com Cristo. Homenageando os santos, nós veneramos Cristo, que habita neles:

> Cristo é o princípio, o meio e o fim; Ele está em nós;
> Ele está nos primeiros, nos médios e nos últimos

11. Cf. BISHOP KALLISTOS WARE. *Mary Theotokos in the Orthodox Tradition*: Marianum LII. Roma, 1990, p. 211-212.

> [...]. Vindo após aqueles que os precedem, os santos que, de geração em geração, vêm, pela observância dos mandamentos de Deus, a juntar-se com os precedentes, recebem, como aqueles, a luz da graça divina; eles se transformam em uma corrente de ouro, na qual cada um representa um anel, ligado aos outros por meio da fé, das obras e da caridade [escreve São Simeão, o Novo Teólogo][12].

A corrente dourada da santidade cristã se estende desde o tempo apostólico até os dias de hoje, pois ainda hoje há muitos santos, ocultos ou manifestos, que serão glorificados pela Igreja.

A atribuição do estatuto de santo, ou canonização, é um fenômeno relativamente tardio, pois a Igreja antiga não conhecia procedimentos específicos de canonização ou beatificação. Um mártir, que tenha sofrido por Cristo, tornava-se objeto de veneração por parte dos fiéis logo após a sua morte. As pessoas lhe dirigiam as preces e celebravam a Liturgia sobre o seu túmulo. Até hoje, a Igreja Ortodoxa Russa preserva a tradição de celebrar a Liturgia sobre o antimensão, um tecido retangular posto no altar que contém partes de relíquias de um santo ou de um mártir. Essa tradição ressalta a ligação da Igreja terrena, contemporânea, composta pelos vivos, com a Igreja celeste, gloriosa, composta por santos glorificados por Deus. Isso também indica os mártires como fundamento da Igreja. "O sangue dos mártires é a semente da Igreja", dizia Tertuliano[13]. Mas nem sempre a Igreja na terra teve a oportunidade de canonizar os santos e os mártires, que eram venerados secretamente. Por exemplo, a Igreja Grega, que estava sob o jugo otomano ao longo de muitos anos, não podia canonizar oficialmente seus novos

---

12. SÃO SIMEÃO, O NOVO TEÓLOGO. *Capítulos teológicos, gnósticos e práticos*, 3, 2-4 [SC 51, 120-122].

13. PL 1, 534.

mártires, que sofreram dos turcos. Contudo, a sua veneração, mesmo que secreta, era geral entre os ortodoxos. Da mesma maneira, a Igreja Ortodoxa Russa, sob o jugo dos bolcheviques, não podia glorificar milhares de mártires, assassinados pelos bolcheviques após 1917, ao longo da perseguição sem igual à Igreja. Entretanto, o povo e alguns sacerdotes celebravam secretamente os ofícios em sua honra, sem esperar a canonização formal, impossível naquelas circunstâncias.

A veneração de um ou outro santo não é a consequência de um ato de canonização. Pelo contrário, a canonização é precedida pela veneração popular de um santo. Há santos cuja vida é praticamente desconhecida, enquanto a sua veneração é geral. Por exemplo, São Nicolau, arcebispo de Mira, que viveu no século IV. Os cristãos o veneram tanto na Igreja Oriental quanto na Ocidental; até os não cristãos recebem a sua ajuda quando dirigem as suas preces a ele. Essa veneração universal de São Nicolau é baseada na experiência da Igreja, pois São Nicolau se tornou "amigo pessoal" de milhares de cristãos, aos quais ele já auxiliou ou salvou da morte.

Os homens não são únicos a glorificar os santos, mas o próprio Deus dá, às vezes, provas visíveis da santidade de uma ou outra pessoa. Por exemplo, os corpos de alguns santos não se decompõem ao longo de séculos. As relíquias de São Nicolau, guardadas em Bari, na Itália, transpiram um óleo perfumado que tem poder de cura. As relíquias dos mártires Antônio, João e Eustáquio, que são guardadas no Mosteiro do Espírito Santo em Vilnius, na Lituânia, permanecem intactas ao longo dos últimos 650 anos (eles morreram em 1346), embora tenham sido enterradas durante muitos anos (a possibilidade da mumificação é excluída, pois os corpos desses três jovens foram enterrados diretamente por seus assassinos). Suas relíquias produzem curas confirmadas por muitas pessoas.

Algumas pessoas questionam por que venerar os santos, se temos Cristo. Mas os santos não são mediadores entre Cristo e as pessoas. Eles são nossos amigos celestes, capazes de nos ouvir e nos ajudar com a sua prece. Aquele que não possui amigos nos céus não consegue compreender essa veneração respeitosa, que os santos recebem na Igreja Ortodoxa. Sem a possibilidade de comunicação viva com os santos, os protestantes ficam separados da corrente de ouro da santidade que procede dos apóstolos e de Cristo. Mas a comunidade cristã, separada dessa corrente, não pode ser uma Igreja completa, porque a Igreja do céu, a gloriosa, e a Igreja da terra, errante, são diretamente unidas. Rompendo com o céu, com a Mãe de Deus e com os santos, a Igreja se transforma em uma empresa mundana e para de ser o corpo místico de Cristo, que reúne os vivos com os mortos, os pecadores com os santos.

## Os ícones e a cruz

Na tradição ortodoxa, o ícone não é apenas um ornamento da igreja ou um objeto necessário na celebração dos ofícios. Ele é sobretudo um objeto sagrado, ao qual os fiéis dirigem as suas preces, que eles beijam e que veneram.

De acordo com uma lenda, a primeira imagem de Cristo apareceu ainda durante a sua vida. O rei de Edessa, Abgar, acometido pela lepra, enviou o seu servo a Cristo, pedindo-lhe para que viesse curar a sua doença. Caso Cristo não pudesse se deslocar, o servo devia, pela ordem do rei, pintar o retrato de Jesus e trazê-lo a ele, pois o servo era um pintor. Após receber a carta de Abgar, Cristo pegou um fragmento de tecido branco, passou água no rosto e se secou com ele, no qual apareceram os traços de sua face. Durante séculos essa imagem "não feita pelas mãos" de Cristo estava conservada na cidade de Edessa. Ela é mencionada por Evágrio em sua obra *História eclesiástica*, do século

VI, por São João Damasceno, no século VII, e os padres do VII Concílio Ecumênico. Em 944, a imagem sagrada foi transferida solenemente a Constantinopla. Em homenagem a esse evento, o Imperador Constantino VII compôs um panegírico e fixou a Festa da Face Sagrada no dia 16 de agosto, que é celebrada até os dias de hoje. Após o saque de Constantinopla durante a Cruzada, em 1204, a imagem ficou desaparecida, pois não houve mais menções sobre o seu paradeiro[14]. O célebre sudário de Turim não é a imagem de Edessa, pois a sua origem é diferente; nele é estampado o corpo de Cristo no túmulo.

Havia, na Antiguidade, outras imagens de Cristo, além da imagem não feita pelas mãos. No século IV, Eusébio de Cesareia menciona uma escultura de Cristo que foi esculpida pela mulher que tinha um fluxo de sangue, que foi curada por Ele (Mt 9,20-23). Eusébio afirma também ter visto retratos de Cristo e dos apóstolos Pedro e Paulo, pintados durante a sua vida[15]. De acordo com a tradição, o primeiro ícone da Mãe de Deus foi pintado pelo Evangelista Lucas[16].

Mesmo que os ícones existissem na Igreja desde a Antiguidade, as correntes hostis à veneração das imagens surgiam em diversas épocas. Nos séculos VII-VIII, elas se transformaram em heresia iconoclástica, condenada durante o VII Concílio Ecumênico. Em todas as épocas, os iconoclastas acusavam os iconófilos de idolatria, argumentando que o Antigo Testamento proibia as representações de Deus. O primeiro dos Dez Mandamentos de Moisés diz: "Não farás para ti imagem de escultura, nem alguma semelhança do que há em cima nos céus,

---

14. USPENSKY, L. *Ícones teológicos da Igreja Ortodoxa*. Paris, 1989, p. 21-22, 31 [em russo].

15. SANTO EUSÉBIO DE CESAREIA. *História eclesiástica 7*, 18. Cf. tb. USPENSKY, L. *Ícones teológicos*... Op. cit., p. 27-28.

16. USPENSKY, L. *Ícones teológicos*... Op. cit., p. 29-30.

nem embaixo na terra, nem nas águas debaixo da terra. Não te encurvarás a elas nem as servirás, porque eu, o Senhor teu Deus, sou Deus zeloso" (Ex 20,4-5). É evidente que esse mandamento refere-se aos ídolos e imagens dos povos pagãos, que os veneravam. O autor do Deuteronômio explica a natureza desses ídolos: "Para que não vos corrompais, e vos façais alguma escultura, semelhança de imagem, figura de macho ou de fêmea, figura de algum animal que haja na terra, figura de alguma ave alígera que voa pelos céus, figura de algum animal que anda de rastos sobre a terra, figura de algum peixe [...], e não levantes os teus olhos aos céus e vejas o sol, e a lua, e as estrelas, todo o exército dos céus, e sejam impelidos a que te inclines perante eles (Dt 4,16-19). O autor ressalta que é impossível ver e representar o Deus verdadeiro, pois quando Moisés falava com Ele no Monte Sinai, o povo não via, mas apenas ouvia a voz divina: "E vós vos chegastes, e vos pusestes ao pé do monte; e o monte ardia em fogo até ao meio dos céus e havia trevas, e nuvens e escuridão. Então o Senhor vos falou do meio do fogo, a voz das palavras ouvistes, porém, além da voz, não vistes semelhança nenhuma. [...] Pois semelhança nenhuma vistes no dia em que o Senhor vosso Deus no Horeb falou convosco do meio do fogo" (Dt 4,11-15). Assim, qualquer representação de Deus invisível seria apenas um fruto da imaginação humana e uma falsidade perante Deus. Adorar a tal representação seria adorar a criatura ao invés do Criador. Isso, contudo, não significa que no culto do Antigo Testamento não havia nenhuma imagem representativa, pois Deus ordena Moisés fazer dois querubins de ouro e colocá-los no propiciatório (Ex 25,18-20).

O Novo Testamento traz a revelação de Deus, que se transformou em homem, ou seja, se tornou visível para os homens. Da mesma maneira que Moisés afirma que as pessoas *não viram* Deus no Monte Sinai, os apóstolos ressaltam que o *viram*: "E vimos a sua glória, como a glória do unigênito do

Pai" (Jo 1,14); "O que era desde o princípio, o que ouvimos, o que vimos com os nossos olhos, o que temos contemplado, e as nossas mãos tocaram da Palavra da vida" (1Jo 1,1). Cristo, de acordo com o Apóstolo João, revelou ao mundo o Deus invisível, ou seja, Ele o tornou visível: "Deus nunca foi visto por alguém. O Filho Unigênito, que está no seio do Pai, esse o fez conhecer" (Jo 1,18). Aquilo que é invisível não pode ser representado; mas aquilo que é visível pode ser representado, porque não é mais um fruto da imaginação, mas a pura realidade. A interdição do Antigo Testamento de representar o Deus invisível antecipa, segundo São João Damasceno, a possibilidade de representá-lo quando Ele se tornaria visível: "Enquanto Deus for invisível, não farás o seu ícone. Mas, é claro que, quando tu viste que Aquele que é incorpóreo tinha se tornado homem por tua causa, então faz a imagem de sua forma humana; quando o Invisível se tornar visível pela carne, então representa a imagem dele que está sendo vista [...]. Então reproduz a sua forma sobre um quadro, em palavras e em cores, em livros e sobre as tábuas"[17].

Conforme a sua concepção original, o ícone cristão é um evangelho em cores: "Aquilo que [no Evangelho] é representado por meio do papel e da tinta, no ícone é pintado por meio de diversas pinturas ou outros materiais", escreve Teodoro Estudita[18]. É preciso lembrar que, quinze ou vinte séculos atrás, nem todos os cristãos eram alfabetizados e podiam ler o Evangelho, por isso o Papa Gregório II chamou os ícones e os afrescos de "Evangelho para os analfabetos"[19].

---

17. SÃO JOÃO DAMASCENO. *Defesa das imagens sacras* – Primeiro Discurso, 9 [PG 94/1, 1237-1240, 1328] [GIOVANNI DAMASCENO. *Difesa delle immagini sacre*: discorsi apologetici contro coloro che calunniano le sante immagini. Roma: Cità Nuova, 1997, p. 37].

18. PG 99, 340.

19. PL 77, 1128-1130.

A iconoclastia era uma daquelas heresias que eram combatidas pelos Santos Padres nos concílios ecumênicos anteriores. Contudo, diferentemente das heresias anteriores, ela não nasceu no ambiente teológico, mas foi imposta pelo Imperador Leão III, o Isáurio, que promulgou, em 726, uma lei proibindo a veneração dos ícones. Conforme sua ordem, um funcionário foi designado para destruir uma imagem milagrosa do Salvador, situada em cima do portão de entrada do palácio imperial. Mas o povo se opôs à profanação da imagem venerada e o funcionário foi assassinado. Muitos dos hierarcas daquele tempo se mobilizaram para defender a veneração dos ícones; entre eles, São Germano de Constantinopla e o Papa Gregório II, além de muitos monges. Contudo, o imperador se declarou "o rei e o sacerdote supremo" e não quis considerar as opiniões dos hierarcas. São João Damasceno, que se opunha às pretensões do monarca de liderar a Igreja, disse, na época: "Nós te obedecemos, imperador, nas atividades que dizem respeito à vida nesse mundo, aos impostos e às taxas [...]. É ofício do rei a boa ordem civil. Mas o regulamento eclesiástico é tarefa dos pastores e dos mestres, que nos indicam o caminho a seguir e que estabelecem as leis eclesiásticas"[20].

Defender os ícones significava defender a encarnação de Cristo. Por sua vez, a iconoclastia representava uma forma de negação da realidade dessa encarnação. Para os cristãos ortodoxos, o ícone não é um ídolo que substitui o Deus invisível, mas é o símbolo e o sinal de sua presença na Igreja. Os Padres do VII Concílio Ecumênico, seguindo São Basílio Magno, ressaltavam que "homenageando a imagem, homenageamos o Protótipo"[21]. Adorando o ícone, os cristãos adoram não a "tábua com tintas",

---

20. SÃO JOÃO DAMASCENO. *Defesa das imagens sacras* – Segundo discurso, 12 [PG 99/1, 1997].

21. USPENSKY, L. *Ícones teológicos...* Op. cit., p. 106.

mas aquele que é representado nela, Cristo, a Mãe de Deus, um santo. O ícone é uma janela para um outro mundo, conforme a ideia do Sacerdote Pavel Florensky. É através do ícone que o ser humano pode entrar em contato direto com o mundo espiritual e com aqueles que o habitam.

Há relatos de que a pessoa, rezando perante um ícone, podia enxergar ao vivo aquele que era retratado nele. Assim, por exemplo, São Silvano do Monte Athos viu Cristo vivo no lugar de seu ícone:

> Durante a missa, na igreja [...] à direita das portas santas, lá, onde fica o ícone do Salvador, ele viu Cristo vivo. [...] Impossível descrever o seu estado de espírito naquele momento. Sabemos, por meio dos relatos e dos escritos do santo pai, que uma luz divina o iluminou, e ele foi retirado desse mundo e elevado ao céu pelo espírito, onde ouviu verbos inefáveis, como se ele tivesse renascido naquele momento [escreve o biógrafo do santo][22].

Os ícones se revelam não apenas para os santos, mas também para os simples cristãos, e até mesmo para os pecadores. De acordo com o relato sobre o ícone de Nossa Senhora "Alegria inesperada", um homem contraventor costumava diariamente fazer orações a Nossa Senhora e, um dia, durante a oração, ela apareceu a ele e o advertiu sobre a sua vida de pecado. Na Rússia, esses ícones são chamados de "aparecidos".

Há também muitos ícones milagrosos que realizaram a cura ou salvamento de uma ameaça de guerra. Na Rússia, muitos ícones de Nossa Senhora são venerados porque livraram o país dos invasores. Assim, por exemplo, o ícone de Nossa Senhora de Vladimir foi responsável por preservar a Rússia de várias invasões mongóis, de 1395, de 1490 e de 1521. No primeiro episó-

---

22. HIEROMONGE SOFRONIO. *Starets Silvano*. Paris, 1952, p. 13.

dio, a Mãe de Deus apareceu pessoalmente ao cã dos mongóis enquanto ele estava dormindo e lhe ordenou deixar os territórios russos.

Um lugar proeminente na Igreja é reservado à cruz, o instrumento da morte que se tornou o instrumento da salvação. São Basílio Magno identifica o "sinal do Filho do Homem", mencionado por Jesus em relação a sua segunda vinda (Mt 24,30), com a cruz, cujas quatro extremidades são direcionadas aos quatro cantos do universo[23]. A cruz é o símbolo do próprio Cristo e possui uma força milagrosa. A Igreja Ortodoxa crê que na cruz há energia de Cristo, e é por isso que eles não apenas retratam a cruz, mas também a posicionam nos templos ao lado dos ícones, carregam o crucifixo no peito, fazem o sinal da cruz e abençoam uns aos outros com ela.

É através da experiência milenar que a Igreja conhece a força curadora e salvadora da cruz. A cruz é a arma contra o diabo: "Ó Senhor, Tu nos deste a tua cruz como o artifício contra o diabo, que teme e treme, não suportando ver a tua força", hino do Octoicos. A cruz protege o homem no seu caminho e onde quer que ele esteja; através da cruz a bênção de Cristo desce a toda boa ação, que começamos com o sinal da cruz e mencionando o nome de Deus. "A cruz é a guardiã de todo universo, a cruz é a beleza da Igreja, a cruz é o poder dos reis, a cruz é a fortificação dos fiéis, a cruz é a glória dos anjos e a ferida dos demônios", canta-se durante o ofício dedicado à cruz do Senhor.

* * *

> A todos nós, que participamos do mesmo pão e do mesmo cálice, Ele nos una na comunhão do único Espírito. [...] Lembra-te, Senhor, da tua Igreja san-

---

23. SÃO BASÍLIO MAGNO. *Obras*. T. 1, p. 406-407 [em russo].

ta, católica e apostólica, que se estende de um extremo ao outro do universo: concede-lhe a paz, pois a edificaste com o precioso sangue do teu Cristo. [...] Faze que acabem os cismas nas tuas igrejas, sufoca as ameaças dos inimigos da fé, apressa-te a pôr termo às revoltas das heresias pelo poder do teu Espírito Santo. Acolhe-nos a todos no teu Reino e aclama-nos filhos da luz e filhos do dia; e concede-nos, Senhor nosso Deus, a paz e o teu amor, Tu que nos concedeste todos os bens (Liturgia de São Basílio Magno).

Todos vós, ficais como se fôsseis um único templo de Deus, um único altar, um único Jesus (SANTO INÁCIO DE ANTIOQUIA. *Epístola aos Magnésios*, 7).

Os cristãos, de fato, não se distinguem dos outros homens, nem por sua terra, nem por sua língua ou costumes. Com efeito, não moram em cidades próprias, nem falam língua estranha, nem têm algum modo especial de viver. Sua doutrina não foi inventada por eles, graças ao talento e à especulação de homens curiosos, nem professam, como outros, algum ensinamento humano. Pelo contrário, vivendo em casas gregas e bárbaras, conforme a sorte de cada um, e adaptando-se aos costumes do lugar quanto à roupa, ao alimento e ao resto, testemunham um modo de vida admirável e, sem dúvida, paradoxal. Vivem na sua pátria, mas como forasteiros; participam de tudo como cristãos e suportam tudo como estrangeiros. Toda pátria estrangeira é pátria deles, e cada pátria é estrangeira. [..] estão na carne, mas não vivem segundo a carne; moram na terra, mas têm sua cidadania no céu; [...] são pobres e enriquecem a muitos; carecem de tudo e têm abundância de tudo

[. . .]. Em poucas palavras, assim como a alma está no corpo, assim estão os cristãos no mundo (*Epístola a Diogneto*).

Assim, portanto, para nós termos a unidade com Deus e entre si, e nos misturarmos juntos, mesmo sendo diferentes uns dos outros, no corpo e no espírito, o Unigênito empreendeu um modo, mediante a sua sabedoria e conforme a vontade do Pai. Abençoando com o único corpo, isto é, o seu, mediante a mística comunhão, aqueles que creem nele, faz-lhes unidos entre si e com Ele em um único corpo, no qual eles são transformados. Quem, realmente, poderia separar ou cortar dessa união aqueles que são ligados a Cristo, a ponto de ser unidos com Ele mediante esse único Corpo Santo? Pois se nós comungamos do mesmo pão, nós formamos um único Corpo, pois o Cristo não pode ser dividido. [...] O próprio Espírito único e indivisível une as almas de todos os homens [...] e revela que eles constituem um único ser junto com Ele (SÃO CIRILO DE ALEXANDRIA. *Comentário sobre o Evangelho segundo João*, XI [PG 74, 560A-561B] [CIRILLO DI ALESSANDRIA. *Commento al vangelo di Giovanni/3*. Libri IX-XII. Roma: Città Nuova, 1994, p. 367-369]).

# 8

# Os sacramentos

## A vida nos sacramentos

A palavra "sacramentos", na teologia ortodoxa, significa celebrações, durante as quais acontece o encontro de Deus com o homem e se realiza, de forma mais plena possível, a união com Ele. Nos sacramentos, a graça divina desce sobre nós e ilumina toda a nossa essência, tanto a alma quanto o corpo, e une-a à natureza divina, vivificando-a, divinizando-a e recriando-a para a vida eterna. Nos sacramentos nós recebemos a experiência do céu e antecipamos o reino divino, no qual nós podemos participar, ou seja, ingressar e viver nele, apenas após a morte.

A palavra grega *mysterion* (mistério, sacramento), provém do verbo *myo*, que significa "cobrir, esconder". Os Santos Padres utilizavam essa palavra no sentido amplo: eles chamavam de "sacramento" a encarnação de Cristo, sua obra redentora, seu nascimento, a morte, a ressurreição e outros acontecimentos de sua vida, a própria fé cristã, o ensinamento, os dogmas, a celebração, a oração, as festas eclesiásticas, os símbolos divinos etc. Entre os atos litúrgicos, o Batismo e a Eucaristia são comumente chamados de "sacramentos". Na "Hierarquia eclesiástica", de Dionísio Pseudoareopagita, trata-se de três sacramentos – o Batismo, a Crisma e a Eucaristia –, embora a Tonsura e o Rito Funerário também sejam considerados por ele como "sacramentos"[1]. São Teodoro Estudita, do século IX, menciona seis sacramentos: a Iluminação (Batismo), a Assembleia (Eucaristia), a Crisma, o Sacerdócio, a Tonsura e o Rito Funerário[2]. São Gregório Palamas, do século XIV, ressalta a centralidade de dois sacramentos, o Batismo e a Eucaristia[3]. Nicolau Cabasilas, do século XV, em seu estudo "Vida em Cristo", comenta três sacramentos: o Batismo, a Crisma e a Eucaristia[4].

Nos tempos de hoje, a Igreja Ortodoxa reconhece como sacramento o Batismo, a Eucaristia, a Crisma, a Penitência, o Sacerdócio, o Casamento e a Unção dos Enfermos. Todas as outras ações da Igreja são consideradas como ritos. É preciso ressaltar que o ensinamento sobre sete sacramentos tem origem na escolástica latina, que também faz distinção entre "sacramentos" e "ritos". A tradição teológica oriental não se interessava pelo número de sacramentos e por sua contagem[5]. No século XV, São Simão de Salonica foi o primeiro entre os teólogos orientais a contar os sacramentos[6]. Ele fala de sete sacramentos, insistindo também sobre as características sacramentais da Tonsura. Seu contemporâneo, o Bispo Josafá de Éfeso, escreveu: "Acredito que não são sete os sacramentos da Igreja, mas são mais", e faz uma lista de dez sacramentos, incluindo a Tonsura, o Rito Funerário e o Rito da Consagração do Templo[7].

---

1. LOUTH, A. *Denys the Areopagite*, p. 57.

2. PG 99, 1524B.

3. MEYENDORFF, J. *Byzantine Theology*. Nova York, 1979, p. 192.

4. Ibid.

5. No Oriente, os primeiros ensinamentos sobre os sacramentos foram formulados pelo Imperador Miguel Paleólogo em seu tratado *Confissão da fé*, e oferecidos ao Papa Clemente IV em 1267. No entanto, esse tratado foi redigido não pelo próprio imperador, mas por alguns teólogos romanos. Cf. o texto original em JUGIE, G.M. *Theologia dogmatica christianorum orientalium*. Vol. 3. Paris, 1930, p. 16.

6. PG 155, 197A.

7. MEYENDORFF, J. Op. cit., p. 192.

Em cada sacramento há um lado visível, que inclui o rito, isto é, palavras e ações dos participantes, a "substância" do sacramento (água no Batismo, pão e vinho na Eucaristia). Há também o lado invisível: a transfiguração espiritual e o renascimento do homem, que é o objetivo do rito. Efetivamente, é esse lado oculto que é o próprio "sacramento". Ele permanece além da capacidade da visão e da audição, além da compreensão racional, além das sensações. Entretanto, durante o sacramento, o corpo humano também se transforma e ressuscita, juntamente com a alma, pois o sacramento é uma união espiritual e corporal com os dons do Espírito Santo. O homem ingressa no mistério divino com todo o seu ser, ele imerge em Deus com corpo e alma, porque o corpo também é destinado à salvação e à deificação. É nisso que consiste a imersão na água durante o Batismo, a unção com óleo durante a Crisma, a consumação do pão e do vinho na Eucaristia. No século futuro não haverá mais necessidade da "substância" do sacramento, pois o homem comungará não o Corpo e o Sangue de Cristo simbolizados pelo pão e pelo vinho, mas diretamente o próprio Cristo. A oração pascal contém as seguintes palavras: "concede que te comunguemos mais intimamente no dia de teu Reino que não conhece o ocaso". Assim, confessamos que na pátria celeste, *in patria*, nós almejamos uma união ainda mais completa e mais corporal com Cristo. Mas enquanto nós estamos *in via*, errantes, na terra, precisamos das provas visíveis da presença divina, por isso comungamos a natureza divina através da água, repleta da divindade, através do pão e do vinho, saturados por Ele.

É o próprio Deus quem realiza os sacramentos. Antes de iniciar a Liturgia, o diácono fala ao sacerdote: "Já é tempo, Senhor, para intervires" (Sl 118,126), ou seja, já chegou a hora de o Senhor agir, e o sacerdote e o diácono são apenas seus instrumentos. No momento da consagração dos Santos Dons, o sacerdote não age pessoalmente, mas apenas reza, convocando a Deus Pai: "E faze deste pão o Corpo precioso do teu Cristo; e do que contém este cálice, o Sangue precioso do teu Cristo". No rito do Batismo, o sacerdote diz: "O servo de Deus é batizado", ressaltando que não é ele, mas é o próprio Deus que realiza o sacramento. De acordo com Santo Ambrósio de Milão, o Batismo "não foi feito por Damásio, não foi feito por Pedro, não foi feito por Ambrósio, não foi feito por Gregório, pois o serviço é nosso, mas os sacramentos são teus. Não é obra do poder humano comunicar os bens divinos, mas é o teu dom, Senhor [...]"[8].

## O Batismo

O Sacramento do Batismo é uma porta de entrada para a Igreja como um reino da graça; é a partir deste que a vida cristã se inicia. O Batismo é uma fronteira que separa os membros do corpo de Cristo de outras pessoas, que permanecem fora do corpo dele. Durante o Batismo, a pessoa se reveste de Cristo, conforme as palavras do Apóstolo Paulo, que são cantadas durante o rito: "Vós que fostes batizados em Cristo, de Cristo vos revestistes" ("porque todos quantos fostes batizados em Cristo, de Cristo vos revestistes" (Gl 3,27). No Batismo, a pessoa morre à vida de pecado e ressuscita na nova vida espiritual, o que é afirmado na leitura da epístola durante o rito:

> todos nós que fomos batizados em Jesus Cristo, é na sua morte que fomos batizados. Pois, pelo Batismo, fomos sepultados com Ele em sua morte, a fim de que, assim como Cristo ressuscitou dos mortos pela glória do Pai, também nós levemos uma vida nova. Pois se fomos totalmente unidos e assimilados à sua morte, o seremos também à sua ressurreição.

---

8. SANTO AMBRÓSIO DE MILÃO. *O Espírito Santo*, I,18 [AMBROSIO DE MILÁN. *El Espíritu Santo*. Madri: Ciudad Nueva, 1998, p. 42-43].

> Compreendamos bem isto: o nosso homem velho foi crucificado com Ele, para que seja destruído esse corpo de pecado e, assim, não sejamos mais escravos do pecado. Pois aquele que está morto está livre do pecado. Mas se estamos mortos com Cristo, cremos que também viveremos com Ele. Com efeito, nós o sabemos: ressuscitado de entre os mortos, Cristo não morre mais; a morte não tem mais domínio sobre Ele. Pois, morrendo, é para o pecado que Ele morreu uma vez por todas; vivendo, é para Deus que Ele vive. Do mesmo modo também vós: considerai que estais mortos para o pecado e vivos para Deus em Jesus Cristo (Rm 6,3-11).

O protótipo do Batismo do Novo Testamento foi o "Batismo de arrependimento para remissão de pecados" (Mc 1,4) de João Batista, que ele realizou nas águas do Jordão. Água é um dos símbolos religiosos mais antigos. Na Bíblia, a água simboliza a vida (Ex 35,6-7; 58,11), a graça divina (Jo 4,10-14), a pureza espiritual e moral do homem (Ex 1,16). Embora os antigos hebreus tivessem o costume de abluções frequentes, elas, assim como o sangue dos sacrifícios, não podiam lavar o pecado original e libertar o homem do poder do diabo. O batismo de João tinha forma desses ritos, mas divergia-se em seu sentido, de um preparativo para o encontro com Cristo: "Preparai o caminho do Senhor, endireitai as suas veredas" (Mc 1,3). Cristo veio para ser batizado por João não para realizar uma ablução, pois Ele era sem pecado e puro, mas para que a sua imersão no Jordão santificasse as suas águas, as enchesse da sua energia e do seu poder, as tornasse vivificantes e capazes de renovar a vida. Durante o rito do Batismo a água também é santificada através das orações ao Espírito Santo.

O Sacramento do Batismo é prescrito pelo próprio Cristo: "Ide, portanto, fazei discípulos de todas as nações, batizando-os em nome do Pai, e do Filho, e do Espírito Santo" (Mt 28,19). O mandamento de Cristo indica as principais etapas do rito do sacramento: o ensinamento prévio (catequese), sem o qual a fé não seria consciente; a imersão na água (em grego, *baptismos* significa, literalmente, "imersão"); e a fórmula "em nome do Pai, e do Filho, e do Espírito Santo". Nos princípios da Igreja, o Batismo era realizado por meio da imersão nas águas (cf. At 8,38: "ambos desceram à água"), inclusive, nas "águas vivas"[9], isto é, na água corrente de um rio e não na estagnada de um lago. Mas, posteriormente, os templos passaram a possuir batistérios com uma piscina específica para imersão dos batizados. A prática de efusão e de aspersão é bastante tardia. Entretanto, até a Igreja antiga permitia o Batismo através da efusão em casos excepcionais, como, por exemplo, a doença do batizado. Na obra *Prados espirituais*, de João Mosco, é evocado o caso do Batismo com areia e não com água, pois os viajantes estavam no deserto e sob ameaça de morte, sem ter água disponível para o rito[10].

Na época de Constantino (século IV) era mais comum batizar os adultos, pois era valorizada sobretudo a aceitação consciente do sacramento. Alguns, sabendo que o Batismo realiza a remissão de pecados, postergavam o sacramento até os últimos dias de vida; inclusive, o próprio Imperador Constantino foi batizado apenas na véspera de sua morte. São Gregório Nazianzeno, mesmo sendo filho de um bispo, foi batizado já adulto; São Basílio Magno e São João Crisóstomo também foram batizados apenas após terminar os estudos superiores. Entretanto, a prática de batizar as crianças não é menos antiga. Os apóstolos batizavam as famílias inteiras, nas quais certamente haviam também crianças (cf. At 10,48: o batismo de Cornélio). Santo Ireneu de Lião (século II) diz: "Cristo veio para salvar aqueles

---

9. *Didaquê*, 7.

10. MOSCO, J. *Prados espirituais*, 176.

que renascem em Deus por meio dele: as crianças, os adolescentes, os jovens, os idosos"[11]. O Decreto 124 do Concílio de Cartago lançou o anátema àqueles que se negavam batizar os neonatos e os bebês[12].

Em relação à fé como a principal condição para que o sacramento seja efetivo ("Quem crer e for batizado será salvo, mas quem não crer será condenado" (Mc 16,16)), são os padrinhos que professam a fé durante o Batismo. Assim, eles se comprometem em criar as crianças dentro da fé e tornar o seu Batismo consciente. Um recém-nascido que recebe o sacramento não consegue compreender racionalmente aquilo que está acontecendo, mas a sua alma é completamente capaz de receber a graça do Espírito Santo. "Creio que os recém-nascidos batizados são santificados e protegidos pelo Santíssimo Espírito e que eles são as ovelhas do rebanho espiritual de Cristo e são os cordeiros escolhidos, pois são marcados pelo sinal da cruz vivificante e são liberados por completo da tirania do diabo", escreve São Simeão, o Novo Teólogo[13]. Entretanto, o Batismo é dado, para os recém-nascidos, como uma fiança para a fé futura, como uma semente que é jogada na terra. Para que essa semente se transforme em árvore e para que dê frutos é preciso ter esforços por parte dos padrinhos e por parte do próprio batizado ao longo de seu amadurecimento.

A Igreja antiga realizava os batismos não em qualquer dia, sob demanda, como é de costume hoje, mas apenas nas grandes festas religiosas, sobretudo na Páscoa. O Batismo era precedido de longos meses ou até anos de catequese, ao longo dos quais os catecúmenos frequentavam a igreja e escutavam os sermões

---

11. SANTO IRENEU DE LIÃO. *Contra as heresias*, 2,39.

12. *Livro dos dogmas dos Santos Apóstolos, dos Concílios Ecumênicos e Locais e dos Santos Padres da Igreja*. Moscou, 1874, p. 209 [em russo].

13. *Symeon tou Neou Theologou eurethenta asketica*. Thessalonike, 1977, sel. 494.

do bispo ou dos sacerdotes, que abriam para eles o sentido da vida cristã. Os catecúmenos, ou seja, aqueles que se preparavam para o Batismo, eram uma classe especial na Igreja antiga era permitida a sua presença nos ofícios, mas durante a Liturgia, após a leitura do Evangelho e da homilia, eles eram convidados a sair – é dessa época que provém a frase litúrgica, "saiam, todos os catecúmenos" –, pois o Sacramento da Eucaristia era reservado apenas aos fiéis, chamados a comungar o Corpo e o Sangue de Cristo. Os sermões catequéticos se encerravam na Semana Santa. Tradicionalmente, na Sexta-feira Santa eram realizados o rito da renúncia a satanás e a confissão da fé ("o contrato com Cristo", de acordo com São João Crisóstomo)[14]. No Sábado Santo, após a Liturgia vespertina, o próprio Batismo era realizado. Até os dias de hoje, a celebração pascal da Igreja Ortodoxa guarda traços do rito do Batismo – a procissão noturna em volta do templo era, naquela época, uma marcha dos recém-batizados, vestidos de branco e com velas acesas nas mãos, para a Igreja, que os acolhia com o jubiloso canto "O Cristo ressuscitou!"[15]

Embora a catequese de longa duração não seja mais praticada nos dias de hoje na Igreja Ortodoxa, a sua necessidade é indiscutível, pois é preciso primeiro ensinar, para depois batizar. Na prática, o sacerdote realiza uma conversa curta, explicando as verdades fundamentais da fé cristã. O rito do Batismo ainda contém orações da catequese e do exorcismo, após as quais é realizada a renúncia a satanás por parte do batizado (ou dos padrinhos) e a adesão a Cristo. Depois, é realizada a bênção da água, a unção com o santo óleo e o próprio Batismo por meio de três imersões na água, acompanhados das palavras "O servo de Deus... é batizado, em nome do Pai, Amém, e do Filho, Amém, e do Espírito Santo, Amém". Após a imersão, é realizado o rito

---

14. SÃO JOÃO CRISÓSTOMO. *Catequese*, 11, 19.

15. SCHMEMANN, A. *De água e de espírito*. Paris, 1986, p. 11, 147-148 [em russo].

da unção crismal, seguido de três procissões em volta da pia batismal acompanhadas do canto: "Vós que fostes batizados em Cristo, de Cristo vos revestistes". O rito batismal termina com as leituras da epístola e do Evangelho, com a Tonsura simbólica e com a entrada no templo. Após o Batismo ou alguns dias mais tarde, o neófito comunga os Santos Dons, não importa a idade. Diferentemente da Igreja Católica Romana, na qual a Crisma (a Confirmação) e a Primeira Comunhão são realizadas quando a criança fizer 7 anos, a Igreja Ortodoxa autoriza a realização desses sacramentos às crianças desde o nascimento, para não privá-las de relação viva, embora nem sempre consciente, com Cristo.

O Batismo se faz apenas uma vez na vida. Nele o homem é libertado do pecado original e recebe a remissão de todos os seus pecados. Contudo, ele é apenas o primeiro passo da ascensão da alma a Deus, e se não for seguido pela renovação de toda a vida, pelo renascimento espiritual, pela renúncia definitiva das ações "do velho homem", ele não será eficaz. A graça divina, que está posta no homem, por meio do Batismo, como uma semente, germinará e revelar-se-á durante toda sua existência se ele permanecer ligado a Deus, viver dentro da Igreja e seguir os mandamentos. Mas se o Batismo era uma mera formalidade, um ato de conformismo à moda ou à tradição, e o homem continua vivendo como um pagão ou um ateísta, ele perde todos os frutos do sacramento, se priva de Cristo e se exclui da Igreja.

## A Crisma

A instituição do Sacramento da Crisma remonta aos tempos apostólicos. Na Igreja antiga, cada neófito recebia a graça e o dom do Espírito Santo através da imposição das mãos do apóstolo ou do bispo. Os Atos apontam que Pedro e João impuseram as mãos nos samaritanos para que eles recebessem o Espírito Santo, "porque sobre nenhum deles tinha ainda descido, mas somente eram batizados em nome do Senhor Jesus" (At 8,16). A descida do Espírito Santo era acompanhada, às vezes, pelas manifestações visíveis e sensíveis da graça: as pessoas começavam a falar outros idiomas, profetizar, realizar milagres, como os apóstolos no Dia de Pentecostes.

A imposição das mãos era a continuação de Pentecostes, pois comunicava os dons do Espírito Santo. Posteriormente, com a multiplicação dos cristãos e a impossibilidade de um encontro pessoal de cada batizado com o bispo, a imposição das mãos ficou substituída pela Crisma. Na Igreja Ortodoxa, a Crisma é realizada pelo sacerdote, mas o óleo (o crisma) é preparado pelo bispo. O crisma é fabricado com diferentes ingredientes (mais de 64 elementos: óleo, bálsamo, resina, aromatizantes) e, na prática atual, apenas o chefe de uma igreja autocéfala (um patriarca, um metropolita) possui o direito de prepará-lo. Em Moscou, por exemplo, é o patriarca de Moscou e de toda a Rússia quem realiza o rito da fabricação do óleo do Crisma uma vez em alguns anos, e distribui, em seguida, esse óleo sagrado entre todas as paróquias. Assim, a bênção do patriarca é recebida por cada um que se torna membro da Igreja.

Nas homilias apostólicas o dom do Espírito Santo, que os cristãos possuem, às vezes é chamado de "unção" (1Jo 2,20; 2Cor 1,21). No Antigo Testamento, a coroação do rei era realizada através da unção: "Então tomou Samuel um vaso de azeite, e lho derramou sobre a cabeça, e o beijou e disse: Porventura não tem te ungido o Senhor por capitão sobre a sua herdade?" (1Sm 10,1). A ordenação ao sacerdócio também era realizada através da unção:

> Tu, pois, toma para ti das principais especiarias, da mais pura mirra [...] e de canela aromática, [...] e de cálamo aromático [...], e de cássia [...], e de azeite de oliveiras [...]. E disto farás o azeite da santa unção [...], este será o azeite da santa unção. E com ele ungi-

> rás [...] a Arão e seus filhos, e os santificarás para me administrarem o sacerdócio. [...] Não se ungirá com ele a carne do homem, nem fareis outro semelhante conforme à sua composição; santo é, e será santo para vós (Ex 30,23-26.30.32).

No Novo Testamento não há divisão entre os "consagrados" e não consagrados. No Reino de Cristo todos são "reis e sacerdotes para Deus" (Ap 1,6), "geração eleita", "o povo adquirido" (1Pd 2,9), e por isso a Crisma é realizada com todos os cristãos.

Por meio da Crisma o homem recebe a "marca do dom do Espírito Santo". Como explica o sacerdote russo Alexandre Schmemann, trata-se não de "dons" do Espírito Santo, mas do próprio Espírito Santo, que é transmitido à pessoa como um "dom"[16]. É esse dom que Cristo menciona aos discípulos durante a Última Ceia: "E eu rogarei ao Pai, e Ele vos dará outro Consolador, para que fique convosco para sempre, o Espírito de verdade" (Jo 16,7). A imolação de Cristo na cruz abriu a possibilidade de recebimento do Espírito Santo por nós. Em Cristo nos tornamos reis, sacerdotes e cristãos (ungidos), não como o sacerdócio de Aarão, o reino de Saul ou a unção de Davi, mas o sacerdócio do Novo Testamento e o reino do próprio Cristo. Por meio da Crisma nos tornamos filhos de Deus, porque o Espírito Santo é "o carisma de adoção", de acordo com a Liturgia de São Basílio Magno.

Assim como a graça do Batismo, o dom do Espírito Santo, descido por meio da Crisma, não pode ser apenas recebido passivamente, mas precisa ser *apropriado* ativamente. Sobre isso, São Serafim de Sarov dizia que o objetivo de vida de cada cristão é "a aquisição do Espírito Santo". Recebemos o Espírito Divino como uma fiança, mas ainda precisamos adquiri-lo, possuí-lo. O Espírito Santo deve dar frutos em nós. "Mas o fruto do Espí-

---

16. Ibid., p. 103.

rito é: caridade, gozo, paz, longanimidade, benignidade, bondade, fé, mansidão, temperança. Se vivemos em Espírito, andemos também em Espírito" (Gl 5,22.25). Todos os sacramentos têm sentido e concedem a salvação exclusivamente caso a vida do cristão corresponder ao sacramento que ele recebe.

## A Eucaristia

A Eucaristia é "o sacramento dos sacramentos" da Igreja Ortodoxa. Ela é o coração da Igreja, o seu fundamento, a sua base, sem a qual a própria existência da Igreja é impensável.

O Sacramento da Eucaristia foi realizado por Cristo na Última Ceia, mencionada por todos os quatro evangelistas, além do Apóstolo Paulo:

> Porque eu recebi do Senhor o que também vos ensinei; que o Senhor Jesus, na noite em que foi traído, tomou o pão, e, tendo dado graças, o partiu e disse: "Tomai, comei, isto é o meu Corpo que é partido por vós; fazei isto em memória de mim". Semelhantemente também, depois de cear, tomou o cálice, dizendo: "Este cálice é o Novo Testamento no meu Sangue; fazei isto, todas as vezes que beberdes deste cálice anunciais a morte do Senhor, até que Ele venha" (1Cor 11,23-26).

A Última Ceia, que Cristo dividiu com seus discípulos, era, pelo rito exterior, uma ceia pascal tradicional judaica, para a qual todos os membros de famílias judaicas se reuniam para a consumação do cordeiro sacrificado. Porém, enquanto a tradicional ceia pascal era uma ceia familiar, a Última Ceia foi feita por discípulos de Cristo, que não eram seus parentes pela carne, mas eram a família que se transformará em Igreja. Ao invés do cordeiro, o próprio Cristo se sacrificava como "um cordeiro imaculado e incontaminado, o qual, na verdade, em outro tempo foi conhecido, ainda antes da fundação do mundo" (1Pd 1,19-20). Ao longo da ceia, Cristo transformou o pão e o vinho em seu Corpo e Sangue, comungou os discípulos e pediu a eles para que repitam o sacramento em sua memória. E após a sua crucificação e a ascensão, os discípulos se reuniam no primeiro dia de semana, o assim chamado "dia do sol", quando Cristo ressuscitou, para "a fração do pão".

Nos tempos antigos a Eucaristia era uma assembleia, acompanhada de ceia, da leitura das Escrituras, do canto de salmos, de sermão e de oração, que se estendia, às vezes, até o amanhecer. Os Atos mencionam uma ceia, durante a qual Paulo ressuscitou um jovem, Êutico. O discurso de Paulo era tão extenso, que o jovem "caiu do terceiro andar, tomado de um sono profundo", mas Paulo desceu, o ressuscitou, e "subindo, partindo o pão e comendo, ainda lhe falou largamente até a alvorada" (At 20,9.11). Progressivamente, na medida em que as comunidades cristãs aumentavam, a Eucaristia se transformava de uma ceia a uma liturgia. Encontramos a descrição de um ofício eucarístico do século II nos escritos de São Justino de Roma:

> De nossa parte, depois que assim foi lavado aquele que creu e aderiu a nós, nós o levamos aos que se chamam irmãos, no lugar em que estão reunidos, a fim de elevar fervorosamente orações em comum por nós mesmos, por aquele que acaba de ser iluminado e por todos os outros espalhados pelo mundo inteiro [...]. Terminadas as orações, damo-nos mutuamente o ósculo da paz. Depois àquele que preside aos irmãos é oferecido pão e uma vasilha com água e vinho; pegando-os, ele louva e glorifica ao Pai do universo através do nome de seu Filho e do Espírito Santo, e pronuncia uma longa ação de graças por ternos concedido esses dons que dele provêm. Quando o presidente termina as orações e a ação de graças,

> todo o povo presente aclama, dizendo: "Amém". [...] Depois que o presidente deu ação de graças e todo o povo aclamou, os que entre nós se chamam ministros ou diáconos dão a cada um dos presentes parte do pão, do vinho e da água sobre os quais se pronunciou a ação de graças e os levam aos ausentes. Este alimento se chama entre nós Eucaristia, da qual ninguém pode participar, a não ser que creia serem verdadeiros nossos ensinamentos e se lavou no banho que traz a remissão dos pecados. [...] De fato, não tomamos essas coisas como pão comum ou bebida ordinária, mas da maneira como Jesus Cristo, nosso Salvador, feito carne por força do Verbo de Deus, teve carne e sangue por nossa salvação, assim nos ensinou que [...] o alimento sobre o qual foi dita a ação de graças [...] é a carne e o sangue daquele mesmo Jesus encarnado[17].

Os elementos mais antigos do rito eucarístico, mencionados pelo Apóstolo Paulo e por São Justino, são a leitura das Sagradas Escrituras, as orações por todos os homens, o ósculo da paz, a ação de graças ao Pai, respondida por "Amém", e a fração do pão, ou a Comunhão. Na Igreja antiga cada comunidade podia possuir seu rito eucarístico próprio, mas esses elementos eram presentes em todas elas. A oração do líder comunitário era, inicialmente, improvisada; o seu registro é mais tardio. Na Igreja antiga existiam diversos ritos eucarísticos, chamados de Liturgia (do grego, *leitourgia*, "serviço"), nos quais cada rito costumava ter o nome de um ou outro apóstolo ou bispo. Na Igreja de Jerusalém, celebrava-se a Liturgia do Apóstolo Tiago; na Igreja de Alexandria, do Apóstolo Marcos; na de Antioquia, de São Basílio Magno e de São João Crisóstomo; na dos armênios, do

17. SÃO JUSTINO DE ROMA. *Apologia 1*, 65-66. São Paulo, 1995 [Col. Patrística] [Trad. Ivo Storniolo e Euclides M. Balancin].

Bispo Gregório, iluminador da Armênia; na dos coptas, de São Cirilo de Alexandria e São Gregório Nazianzeno; no Ocidente, de Santo Ambrósio de Milão e do Papa Gregório I. Todos esses ritos litúrgicos não são criações autorais daqueles, cujo nome possuem, embora possam, em alguns casos, referir-se a eles espiritual e textualmente. Gradualmente, o Oriente ortodoxo chegou à unificação do rito eucarístico. Já no século XII, as liturgias de São Basílio Magno e de São João Crisóstomo se tornam universais, enquanto outros ritos não são mais usados[18]. Na Igreja Ortodoxa, a Liturgia de São Basílio Magno é realizada dez vezes ao ano, principalmente durante ou na véspera das grandes festas, enquanto que a Liturgia de São João Crisóstomo é realizada todos os dias do ano, exceto nos dias de semana da Quaresma, como também nas quartas e sextas-feiras da Quaresma, quando é celebrada a Liturgia dos Dons Pré-santificados (não eucarística), atribuída ao Papa Gregório I.

A Igreja Ortodoxa ensina que o único realizador verdadeiro da Eucaristia é o próprio Cristo. Ele permanece invisivelmente no templo e age através do sacerdote. Para os cristãos ortodoxos, a Eucaristia não é meramente ato simbólico, realizado em memória da Última Ceia, mas é a verdadeira Última Ceia, que tem continuação dentro da Igreja, realizada por Cristo diária e permanentemente desde aquela noite pascal, quando Ele dividiu a mesa com os seus discípulos. "Recebe-me, Senhor, *neste dia*, na tua mística Ceia", pronuncia aquele que vem à Comunhão. Não é apenas a Última Ceia, mas a imolação de Cristo no Gólgota é renovada a cada Liturgia: "O Rei dos Reis e o Senhor dos Senhores vem para ser imolado e entregue como alimento aos fiéis", canta-se durante a Liturgia do Grande Sábado.

Conforme já abordado acima, a Igreja Ortodoxa crê que a imolação de Cristo é feita não apenas a Deus Pai, mas à San-

18. MEYENDORFF, J. *Byzantine Theology*, p. 117.

tíssima Trindade em geral[19]. A ação de graças da Eucaristia é dirigida ao Pai, e a transformação do pão e do vinho no Corpo e Sangue de Cristo é realizada pela ação do Espírito Santo: "Ó Senhor, que enviaste o Espírito Santo [...] e faze deste pão o Corpo precioso do teu Cristo, e do que contém este cálice, o Sangue precioso do teu Cristo, mudando-os pelo poder de teu Santo Espírito" (oração da Liturgia de São João Crisóstomo). Contudo, no antigo rito litúrgico da Igreja de Alexandria, atribuído a São Gregório Nazianzeno, todas as orações de ação de graças são direcionadas a Cristo, e as palavras da transformação dos dons são diferentes: "Tu próprio, Senhor, transforma os dons aqui oferecidos, Tu que conduzes esse ofício misteriosamente [...] envia, Tu próprio, teu Santíssimo Espírito para [...] que Ele santifique e transforme esses dons preciosos oferecidos em Corpo e Sangue da nossa redenção [...], e que Ele faça desse pão teu Santo Corpo, Senhor Deus, Salvador e nosso Rei Jesus Cristo [...] e desse cálice teu precioso Sangue do teu Novo Testamento"[20].

A Igreja Ortodoxa crê de maneira absoluta que, durante a Eucaristia, o pão e o vinho se transformam em Corpo e Sangue reais de Cristo, e não são apenas símbolos ou imagens. O fato de que, desde os tempos primitivos, os cristãos concebiam o pão e o vinho eucarísticos como reais, Corpo e Sangue de Cristo, é confirmado por São Justino Filósofo no trecho citado acima: "esse alimento [...] é o Corpo e o Sangue de Jesus incarnado". Antes dele, Santo Inácio de Antioquia (século II) diz que "a Eucaristia é a carne do nosso Salvador Jesus Cristo, que sofreu por nossos pecados"[21]. Todos os ritos eucarísticos antigos ressaltam que o pão e o vinho eucarísticos são "o Corpo e o Sangue pre-

19. Cf. cap. 6.

20. *He Leitourgia tou hagiou Gregoriou tou Theologou*. Thessalônica, 1981, sel. 19-20.

21. SANTO INÁCIO DE ANTIOQUIA. *Epístola aos Esmirniotas*, 7.

ciosos" do Senhor Jesus Cristo (Liturgia de São Basílio Magno), "o Corpo e o Sangue da nossa redenção" (Liturgia de São Gregório Nazianzeno), "o santo Corpo e o precioso Sangue de Cristo" (Liturgia do Apóstolo Tiago)[22], "o verdadeiro Corpo e o verdadeiro Sangue de Cristo" (Liturgia da Igreja Armênia)[23], "os santíssimos Corpo e Sangue do Filho de Deus" (Liturgia Romana)[24]. E o próprio Cristo diz: "Porque a minha carne verdadeiramente é comida, e o meu sangue verdadeiramente é bebido. Quem come a minha carne e bebe o meu sangue permanece em mim e eu nele" (Jo 5,55-56).

A união do fiel com Cristo na Eucaristia não é um símbolo ou uma imagem, mas é verdadeira, real e completa. Da mesma maneira que Cristo preenche consigo o pão e o vinho, enchendo-os com a sua divindade, Ele entra no homem, enchendo a sua carne e a sua alma com a sua presença vivificante e com a sua energia divina. Durante a Eucaristia, nós nos tornamos, de acordo com os Santos Padres, "concorpóreos" com Cristo, que entra em nós como se fosse no seio da Virgem Maria[25]. São Simeão, o Novo Teólogo, escreve que Cristo, unindo-se a nós, santifica todos os membros do nosso corpo:

> Tu és da nossa raça pela carne, nós somos de tua pela divindade, pois, adotando a nossa carne, Tu nos deste o teu Espírito Divino [...]. De cada um Tu fazes a sua morada e habitas em todos, e tornas a nossa morada e nós habitamos em ti. Cada um de nós, ó Salvador, por inteiro está contigo; com cada um de nós, Tu estás com ele só [...]. E da mesma maneira, todos os nossos membros de cada um de nós se tor-

---

22. Coletânea das liturgias orientais e ocidentais da Antiguidade. Vol. 1. São Petersburgo, 1874, p. 178.

23. Ibid. Vol. 2, 1875, p. 207.

24. Ibid. Vol. 5, 1878, p. 131.

25. SÃO CIRILO DE JERUSALÉM. *Catequeses mistagógicas*, 4, 3.

> nam membros de Cristo [...]. Pois vivendo com Deus nós nos tornamos deuses[26].

Nessas palavras de São Simeão a ligação entre a Comunhão e a divinização é ressaltada, sendo ambas os principais objetivos da vida cristã. É ressaltada também a dimensão sensível e corporal da união com Cristo, pois acontece na Eucaristia como se a nossa carne recebesse um fermento de incorruptibilidade, deificando-se. E quando ela perecer, esse fermento será a garantia de sua ressurreição futura.

Em razão desse caráter exclusivo do Sacramento da Eucaristia, a Igreja atribui a ele o papel especial e incomparável na obra de salvação do homem. Fora da Eucaristia não há a salvação, nem a divinização, nem a verdadeira vida, nem a ressurreição para a eternidade: "Se não comerdes a carne do Filho do Homem, e não beberdes o seu sangue, não tereis vida em vós mesmos. Quem come a minha carne e bebe o meu sangue tem a vida eterna, e eu o ressuscitarei no último dia" (Jo 6,53-54). Por isso os Santos Padres recomendavam aos cristãos comungarem o mais frequentemente possível. "Esforçai-vos em se reunir mais frequentemente para a Eucaristia e para louvar a Deus", fala Santo Inácio de Antioquia[27]. "Vos reunir para a Eucaristia" significa comungar, pois, nos tempos de Santo Inácio, todos os presentes no templo comungavam. São Nilo (século IV) diz: "Evita tudo que é perecível e todo dia venha comungar da Ceia divina, pois é assim que nós nos apropriamos do Corpo de Cristo"[28]. São Basílio Magno escreve: "É bom e saudável todo dia comungar do Corpo e do Sangue de Cristo. [...] De qualquer maneira, comungamos quatro vezes por semana: no Dia do Senhor, na quarta-feira, na sexta-feira e no sábado, e também nos

---

26. SÃO SIMEÃO, O NOVO TEÓLOGO. *Hino 15*, 121-154 [SC 156, 286-290].

27. SANTO INÁCIO DE ANTIOQUIA. *Epístola aos Esmirniotas*, 7.

28. SÃO NILO. *Admoestações*. T. 2. Moscou, 1895, p. 196 [em russo].

outros dias, quando é comemorada a memória de algum santo"[29]. De acordo com o oitavo cânone apostólico, aqueles que não comungavam por muito tempo, sem motivo razoável, eram excomungados da Igreja: "Os fiéis que não frequentam a Santa Comunhão devem ser excluídos, pois trazem a desordem à Igreja". Nos tempos mais tardios, muitos santos também convocavam à Comunhão frequente; inclusive São Simeão, o Novo Teólogo, no século XI, ensinava a necessidade de comungar diariamente com lágrimas[30]. No século XVIII, São Nicodemus Hagiorito escreveu o livro *A Comunhão frequente*. No século XIX e no começo do século XX, São João de Cronstadt celebrava a Liturgia diariamente, quando comungavam milhões de pessoas.

A prática de Comunhão pouco frequente, apenas nas grandes festas ou na Quaresma, ou até mesmo uma vez por ano, surgiu em consequência do enfraquecimento do espírito da piedade eucarística na Igreja. Uns evitam a Comunhão, pois têm consciência de sua indignidade (como se a Comunhão pouco frequente os tornasse mais dignos); outros enxergam a Comunhão como uma mera formalidade, um "dever religioso". Por exemplo, na Rússia do século XIX, cada pessoa era obrigada a comungar uma vez por ano para comprovar a sua religiosidade e a sua confiabilidade. Aqueles que queriam comungar com mais frequência poderiam ser acusados de heresia. Um jovem estudante de uma escola militar russa, o futuro Bispo Inácio, queria confessar e comungar a cada domingo, mas quando revelou essa vontade ao padre da escola, este ficou perplexo. Outro dia, o jovem, durante a Confissão, revelou "pensamentos pecaminosos". O padre interpretou "pensamentos pecaminosos" como "conspiração política" e achou necessário denunciá-lo ao

---

29. PG 32, 484B.

30. Cf., p. ex. *Tratado ético*, 3, 434-435 [SC 122, 422]: "O Corpo e o Sangue que comemos e bebemos diariamente".

seu superior, pois os sacerdotes russos eram obrigados, naquela época, a relatar aos superiores se algum dos fiéis confessasse uma conspiração política contra a casa imperial. O general superior da escola militar submeteu o jovem ao interrogatório formal sobre esses "pensamentos pecaminosos" e colocou-o sob vigia. O futuro bispo foi obrigado, assim, trocar o seu santo padre por um outro e continuar a comungar semanalmente em um mosteiro, para não cair sob suspeitas novamente[31].

A questão da frequência da Comunhão foi largamente discutida na Rússia do começo do século XX, ao longo dos preparativos do Concílio Regional da Igreja Ortodoxa Russa. Era recomendado voltar à prática dos primeiros cristãos de comungar todo domingo. Ressaltava-se que o homem nunca é completamente digno desse grande sacramento, pois todos os homens são pecadores, mas também que a Eucaristia é dada para que, comungando e unindo-se a Cristo, o homem se torne mais puro e mais digno de Deus. São João Cassiano tratou desse assunto já no século V:

> Não devemos evitar a Comunhão do Senhor por causa da consciência de que somos pecadores. Ao contrário, devemos ainda mais procurá-la para a cura da alma e a purificação do espírito e fazê-lo com tanta humildade do espírito e da fé que, mesmo nos considerando indignos de receber tanta graça, desejarmos ainda mais a cura das nossas feridas. É impossível receber a Comunhão dignamente uma vez por ano, como o fazem alguns [...] que colocam numa tal altura a dignidade, a santidade e a beneficência dos mistérios celestes que, segundo eles, apenas os santos e puros possam ter acesso a eles. Seria mais justo pensar que, nos transmitindo a graça, os

31. BISPO INÁCIO (BRIANTCHIANINOV). *Obras*. T. 1. São Petersburgo, 1905, p. 14-15.

> sacramentos nos fazem mais puros e mais santos. Na verdade, eles expressam mais orgulho do que humildade, pois, quando vêm a comungar, julgam-se ser dignos de receber os dons sagrados. Seria infinitamente mais justo se, do coração humilde, nós crermos e confessarmos a nossa indignidade permanente de nos aproximar dos Sagrados Mistérios e se nós os *recebermos cada domingo* para a cura de nossas feridas, ao invés de [...] crer em nossa dignidade de recebê-los após um intervalo de um ano[32].

Nos primeiros três séculos depois de Cristo, a Comunhão semanal ou até diária era a norma da vida cristã, provavelmente como consequência de um fogo espiritual intenso que tomava a Igreja na época das perseguições. O enfraquecimento da consciência eucarística é diretamente ligado à degradação da intensidade da vida espiritual nos séculos posteriores. É natural que nos lugares onde havia perseguições, onde pertencer à Igreja significava viver sob constante ameaça de morte, a Eucaristia se tornava, novamente, o centro da vida cristã. Assim era nos tempos da Rússia pós-revolução bolchevique e entre milhares de pessoas espalhadas pelo mundo, longe de sua pátria. Hoje também existem paróquias na Rússia, nas quais as pessoas comungam todo domingo, mesmo que isso ainda não seja prática comum.

Mesmo nunca sendo *digno* da Comunhão, o homem, conforme os Santos Padres, precisa estar *pronto* para o encontro com Cristo. A preparação para a Comunhão não é apenas a leitura de algumas orações específicas e uma abstinência alimentar, mas é, principalmente, a pureza da consciência, a ausência de inimizade com o próximo e a paz em relação a todos: "Portanto, se trouxeres a tua oferta ao altar, e aí te lembrares de que teu irmão tem alguma coisa contra ti, deixa ali diante do altar a

32. SÃO JOÃO CASSIANO. *Discurso 23*, 21.

tua oferta, e vai reconciliar-te primeiro com teu irmão, e depois vem e apresenta a tua oferta" (Mt 5,23-24). O obstáculo para a Comunhão são pecados graves que precisam ser confessados.

A regra da Igreja Ortodoxa Russa é receber a Comunhão com o estômago vazio, pois o corpo humano deve ser purificado pela abstinência. Segundo o Bispo Gennady, o patriarca de Constantinopla, "aquele que convida um imperador para ir a sua casa, precisa primeiramente limpá-la; assim é contigo, se queres receber Deus em tua casa de carne, deves primeiro santificar teu corpo pela abstinência"[33]. Manter jejum para comungar é uma tradição antiga que remonta à época, quando a Liturgia parou de ser prolongamento do *ágape* ("ceia de amor") para se transformar em um serviço divino solene celebrado de manhã.

Certas regras ascéticas de preparação para a Comunhão, como o jejum de vários dias, surgiram nos tempos quando a Comunhão se tornou rara e irregular. A prática moderna em algumas Igrejas Ortodoxas locais prescreve a abstinência alimentar de um, dois ou três dias antes da Comunhão e a confissão dos pecados. Contudo, nas Igrejas Grega ou do Oriente Médio, a abstinência eucarística não é praticada, e é liberada a Comunhão sem a Confissão. A prática da Igreja Russa é, como tudo indica, condicionada pela Comunhão pouco frequente, pois se a pessoa quiser comungar todo domingo, ela teria que jejuar, pelo menos, todo sábado[34].

A abstinência que precede a Comunhão é uma tradição benéfica para aqueles que comungam raramente, pois os coloca diante da autocontemplação e da autocrítica. Porém, essas regras

---

33. Apud WARE, T. *The Orthodox Church*. Londres, 1987, p. 294.

34. É preciso mencionar que manter jejum no sábado contradiz os antigos cânones eclesiásticos. Por exemplo, de acordo com o cânone apostólico 64, "se alguém dos sacerdotes for visto jejuando no Dia do Senhor ou no sábado, exceto apenas no "grande sábado", que seja excomungado. Se for um fiel, que seja excomungado".

são menos rígidas para as pessoas que procuram comungar todo domingo. Também há muitos dias de festa, nos quais a abstinência contradiz a própria ideia da festa. Se a pessoa desejar comungar durante a semana da Páscoa, ela deveria manter jejum no dia da Páscoa? E se ela desejar comungar no dia do Espírito Santo, ela deve cumprir abstinência no Dia de Pentecostes?

Todas as prescrições relativas aos preparativos para a Eucaristia têm por objetivo permitir ao homem perceber seus pecados e comungar com o sentimento do profundo arrependimento. Na oração da Comunhão, juntamente com os fiéis, seguindo o Apóstolo Paulo, o sacerdote diz ser "o primeiro dos pecadores": "Creio, Senhor, e confesso que Tu és, verdadeiramente, o Cristo, o Filho de Deus vivo, e que vieste ao mundo para salvar os pecadores, dos quais eu sou o primeiro". Exclusivamente a consciência de sua indignidade torna a pessoa digna de receber a Eucaristia.

O arrependimento por causa da consciência de seus pecados não impede o cristão de receber a Eucaristia como uma festa e uma alegria. Por sua natureza, a Eucaristia é a ação de graças divina, cujo principal objetivo é louvar a Deus. É simbólico que a "Liturgia completa" não é celebrada nos dias da Semana Santa, pois o caráter jubilar das preces eucarísticas não condiz com a atmosfera de tristeza desses dias da "grande Quaresma". Nisso consiste o paradoxo e o mistério da Eucaristia, pois é preciso possuir o sentimento de penitência e, ao mesmo tempo, de alegria para receber os Santos Dons. A penitência por perceber a sua indignidade e a alegria por saber que o Senhor, por meio da Eucaristia, purifica, santifica e diviniza o homem, fazendo-o *digno* em detrimento de sua *indignidade.* Durante a Eucaristia, não são apenas o pão e o vinho que se transformam em Corpo e Sangue de Cristo, mas o próprio homem se transforma, de homem velho a homem novo, se liberta do peso de pecados e se ilumina pela luz divina.

## A Penitência

"Arrependei-vos, porque é chegado o Reino dos Céus" (Mt 3,2). É com essas palavras de João Batista que Jesus Cristo começou a pregar (Mt 4,17). A palavra grega *metanoia* ("penitência") significa "mudança de espírito". A principal mensagem de Cristo era uma convocação à mudança radical do modo de pensar e de agir, à renovação do espírito e das sensações, à renúncia às ações e pensamentos pecaminosos e à transfiguração do ser humano. O sinônimo da penitência é a palavra "conversão", frequentemente presente na Bíblia: "convertei-vos, pois, agora cada um do seu mau caminho" (Jr 18,11). A conversão é *distanciamento* da vida de pecado e a *aproximação* àquele, de quem nós nos afastamos. A Parábola do Filho Pródigo (Lc 15,11-24) é o modelo do homem em arrependimento: vivendo a vida de pecado, ele se distancia de Deus, mas, após ter passado por muitas necessidades, ele, "tornando em si", decidiu voltar ao Pai. A Penitência começa com o arrependimento e a conversão ("tornando em si"), que se transformam na decisão ("levantar-me-ei e irei") e termina pelo retorno ao Pai ("e, levantando-se, foi"), pela confissão dos pecados ("pequei contra o céu e perante ti"), pelo perdão ("trazei depressa a melhor túnica"), pela adoção ("este meu filho") e pela ressurreição espiritual ("estava morto, e reviveu, e tinha-se perdido, e achou-se").

O Sacramento da Penitência, chamado também de Confissão, é instituído pela Igreja desde os tempos mais remotos. Os atos mencionam que "muitos dos que tinham crido vinham, confessando e publicando os seus feitos" (At 19,18). É pela Confissão que os antigos pagãos ingressavam na vida cristã. Às vezes, a confissão pública era praticada (embora tenha desaparecido até o século V), e também a confissão perante vários sacerdotes. Contudo, a confissão secreta era a mais comum. A tradição cristã trata a Igreja como um "hospital" espiritual, o pecado como uma doença, a confissão como um remédio e o sacerdote como um doutor. "Pecaste? Entra na igreja e arrependa-te de teu pecado. [...] Aqui está o médico, não o juiz; aqui ninguém é julgado, mas todos recebem a remissão dos pecados" (São João Crisóstomo)[35]. O rito da Confissão contém as seguintes frases: "Tendes, pois, cuidado, já que viestes a um lugar de cura espiritual, de não sairdes daqui senão curados". O pecado é uma queda, um erro do homem, e a Confissão pode ajudá-lo a levantar e tomar o rumo correto.

Por meio do Batismo o cristão recebe a remissão de todos os seus pecados. Porém, "não há homem que vive e não peca". Assim, após o Batismo, ele peca novamente, e esses pecados condensam em sua alma como sujeira e cinzas, que privam-no da plenitude da vida em Deus, pois nada que está sujo pode interagir com Deus Puríssimo. Os Santos Padres chamavam a Penitência de "segundo batismo", ressaltando a sua ação purificadora, renovadora e santificadora. "Penitência é um modo de renovação do Santo Batismo. Penitência é outro novo concerto de vida com Deus. [...] Penitência é a reconciliação do Senhor mediante as boas obras contrárias aos pecados. [...] Penitência é a purificação da consciência"[36], diz São João Clímaco.

Na Confissão, a pessoa sente a sua natureza pecaminosa com mais intensidade, e essa consciência pode ajudá-la a mudar a sua vida. É sintomático que aqueles que confessam raramente ou não confessam nunca não se sentem como pecadores: "vivo como todo o mundo", "tem pecadores piores do que eu", "não faço mal a ninguém", "quem é puro hoje em dia?" – são frases comuns para esse tipo de pessoas. Enquanto que aqueles que confessam regularmente sempre acham em si vários pecados e tentam com-

35. PG 49, 292.

36. SÃO JOÃO CLÍMACO. *Climax ou escada do céu.* São Paulo, cap. 5, p. 51 [Trad. João Mendes de Almeida Junior].

batê-los. Da mesma maneira que a poeira e a sujeira ficam mais visíveis num quarto iluminado, os pecados do homem se tornam visíveis a ele na medida em que se aproxima de Deus, que é a Luz. Fora de Deus não há e não pode haver uma visão clara do pecado, porque tudo se encontra no estado de escuridão.

A confissão se faz a Deus e o sacerdote é apenas uma "testemunha", como é pronunciado na oração do rito. Mas para que ter uma "testemunha", se podemos nos confessar diretamente a Deus? Sem dúvida, a Igreja considerou o elemento subjetivo quando institucionalizava o Sacramento da Penitência. Muitos não se envergonham diante de Deus, porque Ele é invisível, enquanto que confessar diante de um homem é *vergonhoso*. Contudo, esse sentimento de vergonha é salvador, pois ele ajuda a combater o pecado. Além disso, o sacerdote é um assistente espiritual, que ajuda a encontrar o caminho certo para combater o pecado. A Confissão não presume apenas um relatório sobre os pecados cometidos, mas ela pressupõe também um conselho do sacerdote, ou uma penitência, em alguns casos, ou seja, uma punição ou uma receita moral para a cura do pecado.

Antes de iniciar o rito da Confissão, o sacerdote previne que ela precisa ser completa. Caso a pessoa esconda seus pecados, seja por causa da vergonha ou qualquer outra razão, o sacramento é considerado nulo. "Não tenha vergonha, não tenha medo e não omita nada de mim, pois terás um grave pecado." A remissão também é completa: "E eu, humilde sacerdote, por seu poder a mim conferido, te perdoo e te absolvo de todos os teus pecados, em nome do Pai, e do Filho, e do Espírito Santo". Os pecados esquecidos são perdoados? Não há uma resposta certa, embora a oração trate da remissão de *todos* os pecados. Geralmente, quando a pessoa esquece de relatar algum pecado, ela o menciona na sua próxima confissão. Porém, se a pessoa confessar com uma certa regularidade, ela não consegue esquecer os seus pecados.

O sacerdote possui o direito, cedido a ele por Deus, de perdoar os pecados em nome de Deus. O Senhor Jesus Cristo disse aos apóstolos: "Tudo o que ligardes na terra será ligado no céu, e tudo o que desligardes na terra será desligado no céu" (Mt 18,18). A Igreja crê que esse poder de "ligar e desligar" foi transferido dos apóstolos aos seus sucessores, bispos e sacerdotes.

Desde a época que a Comunhão dos fiéis a cada Liturgia parou de ser normal e se transformou em uma prática rara e feita uma vez por ano, o Sacramento da Penitência passou a preceder a Comunhão. Na Igreja Russa, esse costume deu origem à opinião, segundo a qual a Comunhão dos fiéis, diferentemente dos sacerdotes, não pode ser realizada sem a Confissão. Na prática, isso leva a uma situação, na qual, nos dias de grandes festas, há centenas de pessoas desejando confessar para comungar, e a própria confissão se transforma em um monólogo de poucas frases. Às vezes, por falta de tempo, o sacramento se limita em leitura da oração da absolvição pelo sacerdote, que é considerada como uma "permissão" para a Comunhão. De acordo com o padre russo Alexandre Schmemann, essa prática revela a interpretação jurídica do sacramento, pois a remissão dos pecados se torna não a consequência do arrependimento da pessoa, mas o ato de poder do sacerdote. A oração da absolvição passa a ser o principal momento do sacramento, em detrimento da penitência do homem e sua reconciliação com Deus e com a Igreja[37]. Nas Igrejas Grega e do Oriente Médio, a Confissão não é ligada à Comunhão, que, às vezes, provoca outro excesso: as pessoas nem conhecem a Confissão e comungam os Santos Dons sem purificar a sua consciência.

A Igreja Grega também não compartilha a prática da Igreja Russa de realizar as "confissões coletivas", que são feitas quando há grande número de pessoas. Durante esse tipo de confissão,

---

37. SCHMEMANN, A. *Da Confissão e da Comunhão*, p. 12 [em russo].

o sacerdote não conversa pessoalmente com cada um dos penitentes, mas anuncia publicamente os pecados, e os fiéis respondem "culpado" ou "confesso"; depois, ele lê a oração e cada um se aproxima para a absolvição, ou então a própria absolvição é feita coletivamente. No final do século XIX e começo do século XX, São João de Kronstadt praticava a confissão coletiva, porém, com a autorização exclusiva do Sínodo da Igreja. Entretanto, essa confissão lembrava mais as confissões públicas antigas, nas quais as pessoas enumeravam seus pecados em voz alta, do que aquelas que são praticadas hoje. Na Rússia pós-revolução bolchevique, a confissão coletiva se tornou uma prática frequente por falta das igrejas e dos sacerdotes. Esse tipo de confissão é válida para as situações específicas, mas nunca poderia substituir a ação misericordiosa e salvadora da confissão secreta.

## A Unção dos Enfermos

O homem foi criado com o corpo ligeiro, puro, incorruptível e imortal. Após a sua queda, ele perdeu essas características, tornou-se material, perecível e mortal. O homem "se vestiu de vestimentas de couro, a sua carne ficou pesada e se tornou portadora de morte", como diz São Gregório Nazianzeno[38]. As doenças começaram a fazer parte da vida do homem. Conforme o ensinamento da Igreja, a razão de todas as doenças é a natureza pecaminosa da humanidade. O pecado entrou na essência humana como um veneno diabólico, que quer sujá-la e envenená-la. E se a morte é a consequência do pecado ("o pecado, sendo consumado, gera a morte" (Tg 1,15), a doença fica entre o pecado, que ela sucede, e a morte, que ela precede. Embora todas as doenças tenham causas diferentes, elas possuem uma única raiz – a corruptibilidade da natureza humana após a que-

---

38. SÃO GREGÓRIO NAZIANZENO. *Obras*. T. 2, p. 34 [em russo].

da. Para São Simeão, o Novo Teólogo, "os médicos, que curam os corpos humanos [...] não conseguem curar a doença natural do corpo, ou seja, a corrupção; eles tentam, de várias maneiras, fazer o corpo recuperar [...] a saúde, mas ele rapidamente adquire uma outra doença"[39]. É por essa razão que a natureza humana necessita, conforme São Simeão, de um médico verdadeiro, capaz de curá-la da corrupção; esse médico é Cristo.

Ao longo de sua vida terrena, Cristo realizou múltiplas curas. Muitas vezes, Ele questionou aqueles que procuravam a sua ajuda: "Credes vós que eu possa fazer isto?" (Mt 9,28). Ao curar o corpo da doença, Ele curava também a alma da pior doença, a falta de fé. Cristo apontava o culpado de todas as doenças espirituais e corporais, o diabo. À mulher paralítica, Ele fala que ela foi "presa" por satanás (Lc 13,16). As curas foram realizadas também pelos apóstolos e pelos santos.

Desde os tempos apostólicos, existiu um sacramento para ajudar os enfermos, chamado posteriormente de Unção dos Enfermos. O Apóstolo Tiago fala sobre ele em sua epístola: "Está alguém entre vós doente? Chame os presbíteros da Igreja, e orem sobre ele, ungindo-o com azeite em nome do Senhor. E a oração da fé salvará o doente, e o Senhor o levantará, e, se houver cometido pecados, ser-lhe-ão perdoados" (Tg 5,14-15). Evidentemente, não se trata aqui da unção com azeite comum, que era praticada entre os judeus, que acreditavam em suas propriedades curadoras. Trata-se aqui de um sacramento da Igreja específico, pois a propriedade curadora é atribuída não ao azeite, mas à "oração da fé", realizada pelos sacerdotes.

Em geral, na Igreja Oriental o Sacramento da Unção dos Enfermos com óleo preservou os traços principais que são ressaltados pelo Apóstolo Tiago. Ele é realizado por sete presbíteros, que leem sete extratos das epístolas apostólicas e evangéli-

39. *Symeon tou Neou Theologou eurethenta asketika*, sel. 53-54.

cas, ungem o enfermo com óleo sete vezes e leem as orações de absolvição. A Igreja crê, por meio do Sacramento da Unção dos Enfermos, de acordo com as palavras do Apóstolo Tiago, que os pecados do enfermo são remitidos. Contudo, isso não significa que a Unção pode substituir a Confissão. Em geral, esse sacramento é realizado após a Confissão e a Comunhão.

Infundada também é a opinião de que a Unção perdoa os pecados *esquecidos*, ou seja, os não ditos durante a Confissão. A Confissão, como já foi dito, significa a remissão total e completa do homem, se é feita com sinceridade, com arrependimento e com o desejo de mudar de vida. Considerar a Unção como um tipo de *complemento* da Confissão contradiz o senso e a intenção de ambos os sacramentos. Como resultado, às vezes, pessoas em boa saúde recorrem à Unção, na esperança de receber o perdão pelos pecados esquecidos (ou escondidos) durante a confissão. As orações que evocam "o prostrado em seu leito" perdem, assim, todo o seu sentido.

O significado do "Sacramento da Cura", como podemos chamar a Unção, fica ainda mais desnaturado quando ele é percebido como uma "última unção", ou seja, "despedida" *ante mortem*. Essa concepção era comum na Igreja Católica Romana antes do Segundo Concílio do Vaticano, da qual ela penetrou em algumas Igrejas do Oriente. O Padre Alexandre Schmemann acredita que a origem dessa concepção vem do fato de que a Unção não garante a cura. Ele escreve: "Sabemos que todo sacramento é sempre uma *passagem* e uma *transformação*. [...] As pessoas demandavam a cura a Cristo e Ele perdoava os pecados. Procuravam uma 'ajuda' em nossa vida na terra, e Ele transformava-a numa interação com Deus. Sim, Ele curava as doenças e ressuscitava os mortos, mas os curados e os ressuscitados por Ele permaneciam dependentes da lei da morte. [...] A verdadeira cura do homem consiste não em uma restauração – temporal – de sua saúde física, mas de uma mudança, uma *transformação* verdadeira de sua percepção da doença, dos sofrimentos e da própria morte. [...] O objetivo do sacramento é na mudança dessa concepção dos sofrimentos e da doença, na maneira de acolhê-los como o dom dos sofrimentos de Cristo que Ele transformou na vitória"[40].

Nesse sentido, podemos dizer que a Unção une o enfermo com os sofrimentos de Cristo, transforma a própria doença em um caminho salvador para a cura da morte espiritual. Muitos santos recebiam com agradecimento as doenças, pois viam nelas a oportunidade de se livrar dos sofrimentos futuros. A Igreja ensina que Deus sempre busca transformar o mal no bem; a doença, que em si é um mal, pode se transformar no bem para aquele homem que, por meio dela, se une aos sofrimentos de Cristo e ressuscita para a vida nova. Em alguns casos, a doença faz o homem mudar a sua vida de pecado e seguir a via do arrependimento que o leva a Deus.

## O Matrimônio

O amor entre o homem e a mulher é um dos temas mais importantes das escrituras bíblicas. O próprio Deus fala, no Livro do Gênesis: "deixará o varão o seu pai e a sua mãe e apegar-se-á à sua mulher, e serão ambos uma só carne" (Gn 2,24). É importante ressaltar que o Matrimônio é instituído por Deus ainda no paraíso, ou seja, não é posterior à queda. A Bíblia traz relatos sobre casais que eram particularmente abençoados por Deus por multiplicação de seus descendentes: Abraão e Sara, Isaac e Rebeca, Jacó e Raquel. O amor é exaltado no Cântico dos Cânticos de Salomão, o livro que não perde o seu sentido literal, embora tivesse sido frequentemente interpretado alegoricamente pelos Santos Padres.

---

40. SCHMEMANN, A. *Pela vida do mundo*. Nova York, 1983, p. 93 [em russo].

O primeiro milagre de Cristo foi a transformação de água em vinho nas Bodas de Caná, interpretado pela tradição teológica como a bênção da união matrimonial: "Nós afirmamos, que Ele (Cristo) abençoou o Matrimônio conforme a economia, pela qual Ele se fez homem e [...] apareceu nas Bodas de Caná (Jo 2,1-11)", escreve São Cirilo de Alexandria[41].

Na história da Igreja existiam umas seitas (montanhismo, maniqueísmo), que rejeitavam o Matrimônio como contrário aos ideais do cristianismo. Até mesmo nos dias de hoje, ouvimos uma opinião de que o cristianismo despreza o Matrimônio e "aceita" a união conjugal entre o homem e a mulher apenas como "tolerância das fraquezas da carne". Essa visão é equivocada, tanto que o santo mártir Metódio de Olimpos (século IV), em sua obra sobre a virgindade, traz a fundamentação teológica da procriação como consequência do Matrimônio e da relação sexual entre o homem e a mulher:

> É preciso que o homem aja à imagem de Deus [...], pois é dito: "Frutificai, e multiplicai-vos" (Gn 1,28). E não podemos desprezar o mandamento do Criador, graças ao qual nós existimos. O princípio do nascimento humano consiste na entrada do sêmen no útero feminino, de maneira que, osso dos ossos e carne da carne, seja tomado por uma força invisível e seja transformado, pelo mesmo criador, em um novo ser humano. [...] O sentido simbólico desse "sono pesado", no qual Deus fez cair o primeiro homem (Gn 2,21), pode, provavelmente, ser interpretado como encantamento do homem pelo amor, quando ele, desejando ter filhos, entra em transe (em grego, *ekstasis* – êxtase), mergulhando no sono pelo prazer da procriação, para que um novo ser [...] possa ser formado da substância

41. SÃO CIRILO DE ALEXANDRIA. Terceira epístola a Nestório.

> tirada de sua carne e de seus ossos. Eis por que é dito que o homem deixará o seu pai e a sua mãe, pois ele se une com a sua mulher nos abraços de amor, invadido pelo desejo de ter filhos, e esquece de todo o resto; ele oferece a sua costela ao Criador para que Ele a retire e que Ele, o Pai, possa se manifestar mais uma vez no filho. Se Deus continua a formar os seres humanos, não seria insolente da nossa parte ter aversão à procriação, que o próprio Todo-poderoso não tem vergonha de produzir com suas mãos imaculadas?

São Metódio também afirma que, quando o homem "introduz o sêmen nas passagens femininas naturais", ele se torna "cúmplice da força criadora divina"[42].

Dessa maneira, a interação conjugal é vista como uma ação criadora instituída por Deus, que se produz "à imagem divina". Além disso, a relação sexual é o caminho pelo qual age o próprio Deus Criador[43]. Embora essa visão seja raramente encontrada nos escritos dos Santos Padres da Igreja (porque a maioria deles era monge e não se interessava por esse tema), ela não pode ser ignorada quando se trata do entendimento cristão do Matrimônio. O cristianismo condena a "luxúria carnal", o hedonismo, que levam à promiscuidade e aos pecados antinaturais (cf. Rm 1,26-27; 1Cor 6,10 e outros), mas abençoa a relação sexual entre o homem e a mulher dentro da união matrimonial.

O Matrimônio transfigura o ser humano, ajuda-o a combater a solidão, o faz ser maior e mais completo enquanto indivíduo. O Sacerdote João Meyendorff assim define a essência do casamento cristão:

---

42. SÃO METÓDIO. *Obras completas*. São Petersburgo, 1905, p. 36-37, 40 [em russo].

43. BERDIAEV, N. *Obras*. T. 2. Paris, 1991, p. 430 [em russo].

> O cristão é chamado, neste mundo, a ter uma experiência de uma vida nova, a se tornar o cidadão do Reino, e isso é possível para ele no casamento. Assim, o casamento não é mais mera satisfação de desejos naturais temporários. [...] O casamento é uma união exclusiva de dois entes amados, de duas criaturas que podem superar a sua própria natureza humana e permanecer unidos não apenas um com o outro, mas também em Cristo[44].

Outro sacerdote russo, Alexandre Eltchaninov, fala sobre o Matrimônio como sendo uma "iniciação", um "mistério", durante o qual acontece "a completa alteração do ser humano, a expansão de sua individualidade, o novo olhar, a nova percepção da vida, o nascimento, através dele, ao mundo com a total plenitude". A união amorosa de duas pessoas permite tanto o florescimento da individualidade de cada um quanto o surgimento do fruto do amor, um filho, que transforma a dualidade em trindade:

> O casamento permite o completo conhecimento do ser humano, o milagre de sensação, de sentimento, de contemplação da individualidade do outro. [...] Antes do casamento, o ser humano levita sobre a vida, contempla ela do exterior, mas apenas no casamento ele imerge nela através da outra pessoa. Esse gozo do conhecimento verdadeiro e da vida verdadeira concede aquele sentimento da plenitude completa e da satisfação, que nos torna mais sábios. E essa plenitude se aprofunda ainda mais com o surgimento, de dentro de nós, unidos e conciliados, de um terceiro – o nosso filho[45].

---

44. MEYENDORFF, J. *Marriage*: an Orthodox Perspective. 2. ed. Nova York, 1975, p. 7.

45. SACERDOTE ALEXANDRE ELTCHANINOV. *Notas*. Paris, 1990, p. 34, 58-59 [em russo].

Ao valorizar tanto o Matrimônio, a Igreja repudia o divórcio, assim como um segundo ou terceiro casamento, a não ser que esses sejam provocados pelas circunstâncias específicas, como, por exemplo, traição por um dos membros do casal. Essa regra é baseada no ensinamento de Cristo, que não reconhecia as leis do Antigo Testamento sobre o divórcio (Mt 19,7-9; Mc 10,11-12; Lc 16,18), com uma única exceção, o divórcio "por causa de prostituição" (Mt 5,32). Nesse caso, assim como no caso do falecimento de um dos cônjuges, a Igreja abençoa o segundo ou terceiro matrimônio.

A Igreja primitiva não possuía um rito específico de Matrimônio, o noivo e a noiva vinham pedir a bênção do bispo e depois comungavam, juntamente, dos Mistérios de Cristo na Liturgia. Essa ligação com a Eucaristia é visível no rito moderno do sacramento matrimonial, pois ele se inicia com as palavras "Bendito seja o Reino" e contém muitas orações do rito litúrgico, a leitura da Epístola e do Evangelho, e um cálice de vinho compartilhado.

O Matrimônio é precedido pelo noivado, ao longo do qual o noivo e a noiva são chamados a testemunhar o caráter consciente de seu matrimônio, por meio da troca de alianças.

O próprio Matrimônio acontece dentro da Igreja, geralmente após a Liturgia. Ao longo do sacramento, os noivos são coroados (na tradição ortodoxa, colocam-se coroas na cabeça do noivo e da noiva), simbolizando o Reino, pois cada família é uma pequena Igreja. A coroa também é um símbolo de martírio, pois o casamento, além de ser a alegria dos primeiros meses, é também o compartilhamento de todas as tristezas e de todos os sofrimentos posteriores, aquela "cruz", cujo peso é compartilhado pelos dois. Nos dias de hoje, quando o divórcio é algo comum, quando os esposos estão prestes a *trair* um ao outro diante das primeiras dificuldades enfrentadas, essas coroas, símbolo do martírio, são chamadas a advertir que o casamento somente será duradouro se for baseado na prontidão de cada um a se sacrificar pelo outro. A família só pode ser uma morada erguida sobre um fundamento firme se a sua pedra angular é Cristo. Os sofrimentos e a cruz são evocados também pela oração dos "Santos mártires", que é cantada durante o sacramento.

Ao longo do Matrimônio, a narração bíblica sobre as Bodas de Caná é lida. Isso ressalta a presença invisível de Cristo em cada matrimônio cristão e a bênção pelo próprio Deus de cada união matrimonial. É no casamento que é realizado o milagre de transformação da "água", ou seja, da rotina da vida mundana, em "vinho", ou seja, na festa eterna e diária, na celebração do amor entre os esposos.

## O Sacerdócio

Pelo Sacramento da Ordem é entendido o conjunto de três ritos, cada qual sendo um sacramento completo: a ordenação ao episcopado, ao presbiterado e ao diaconato.

Na tradição da Igreja Ortodoxa, o bispo é escolhido entre aqueles que seguem a vida monástica. Na Igreja primitiva, havia bispos casados. O Apóstolo Paulo diz que "o bispo seja irrepreensível, marido de uma mulher" (1Tm 3,2). Entretanto, desde os primeiros séculos, a preferência era dada aos homens solteiros. Entre os célebres Padres da Igreja do século IV, apenas São Gregório de Nissa foi casado, enquanto os santos Atanásio o Grande, Gregório Nazianzeno, Basílio Magno, João Crisóstomo e outros eram monges. Os presbíteros e os diáconos, na tradição ortodoxa, podem ser monges ou casados, com a condição de que o casamento tenha sido realizado antes da ordenação e que seja único, pois aqueles que são casados mais de uma vez não são admitidos ao sacerdócio.

Na Igreja antiga todos os candidatos para as ordens eclesiásticas eram escolhidos pelo povo, pois o povo participava ativamente na vida da Igreja e na organização de todos os principais assuntos. São João Crisóstomo, por exemplo, foi ordenado pelo povo de Constantinopla contra a sua própria vontade[46]. Porém, gradativamente, essa tradição deu lugar à prática moderna, segundo a qual exclusivamente o clero tem o direito a eleger os bispos e os sacerdotes.

Desde os tempos apostólicos, o Sacramento da Ordem é realizado por meio da imposição das mãos (do grego, *heirotonia*). Segundo as regras canônicas, os sacerdotes e os diáconos recebem a imposição das mãos do bispo, e o bispo, de vários bispos, não menos de dois ou três. O sacramento é celebrado durante a Liturgia; do bispo, após o "Hino do Triságion"; do sacerdote, após a "grande entrada"; do diácono, após o cânone eucarístico. A imposição das mãos do bispo é celebrada com uma solenidade particular; ela é precedida pelo rito da imposição do nome, ao longo do qual o consagrado pronuncia o juramento e a profissão de fé. Durante a Liturgia o consagrado é introduzido ao santuário pela porta real e faz três voltas em torno do altar, cujos cantos ele beija em cada uma das três voltas; enquanto isso, os hinos matrimoniais são cantados. O consagrado se ajoelha diante do altar e todos os bispos impõem as mãos sobre ele, enquanto o consagrante principal pronuncia a oração da consagração: "Pela eleição e testemunho dos metropolitas, arcebispos e bispos, a graça divina, que sempre cura os enfermos, aperfeiçoa os imperfeitos e supre nossas deficiências, consagra o piedoso presbítero, amado por Deus [nome], como bispo de [nome], cidade protegida por Deus. Roguemos, pois, para que venha sobre ele a graça do Espírito de toda santidade".

---

46. SÓCRATES DE CONSTANTINOPLA. *A história eclesiástica*. São Petersburgo, 1850, p. 449-450.

Acompanhado pelo silencioso canto *Kyrie, eleison!* (Senhor, tem piedade!), o arcebispo suplica a descida do Espírito Santo sobre o consagrado. Depois, o bispo recém-ordenado é revestido com suas vestes episcopais. O povo proclama *axios* (digno). Após a Liturgia, o bastão pastoral é entregue ao bispo, como símbolo de seu poder pastoral.

A imposição das mãos do sacerdote e do diácono segue a mesma ordem. O consagrado é dirigido ao santuário, faz três voltas em torno do altar, ajoelha-se (sobre um joelho, para o diácono), o bispo impõe as mãos sobre ele e reza as orações de consagração, depois reveste o ordenado com as vestes sagradas, acompanhado do canto *axios*.

O canto dos hinos retirados do Sacramento do Matrimônio e a tripla procissão em torno do altar possuem um sentido simbólico profundo. Isso significa que o bispo ou o sacerdote são esposados ao seu rebanho, como noiva e noivo. Na Igreja antiga, não praticava-se a transferência do bispo de uma diocese a outra e do sacerdote de uma paróquia a outra, como é de costume hoje. Geralmente, a ordenação para a diocese era para a vida toda do bispo. Por exemplo, o patriarca de Constantinopla era escolhido não entre os bispos da Igreja Bizantina, mas entre os sacerdotes, ou até mesmo entre os fiéis.

A Igreja Ortodoxa acorda um significado excepcional ao Sacramento da Ordem. Sobre a alta dignidade do serviço pastoral, São Silvano do Monte Athos escreveu:

> Os pastores da Igreja levam dentro deles uma graça tão grande que, se os homens pudessem enxergar o seu brilho, o mundo inteiro ficaria maravilhado; mas o Senhor a escondeu, para que seus servos não se orgulhassem dela, mas se salvassem na humildade [...]. É um grande personagem, o bispo – o servo diante do altar de Deus. Quem o ofende, ofende o Espírito Santo que vive nele [...]. Se as pessoas pudessem

> enxergar em que graça está o sacerdote que celebra a Liturgia, elas cairiam na terra, por causa dessa visão. E se o próprio sacerdote pudesse enxergar a si mesmo, se ele enxergasse em que glória celeste ele se encontra (ministrando o ofício divino), ele tornar-se-ia um grande asceta, para não ofender por nada a graça do Espírito Santo que vive nele[47].

O povo ortodoxo tem um comportamento de grande respeito diante do sacerdote, portador da graça de Cristo: recebendo sua bênção, as pessoas beijam a sua mão, como se ela fosse a mão de Cristo, pois o sacerdote abençoa não com a própria força, mas com a força de Deus. Essa consciência da santidade e da dignidade da ordem sacerdotal é enfraquecida em outras confissões, a ponto de que, em certas denominações protestantes, o sacerdote se difere do fiel apenas pelo fato de que possui *licence to preach* (uma licença para pregar dentro da igreja).

Enquanto o Sacramento da Ordem é um ato solene para a vida da Igreja, para o próprio ordenado ele é um pentecostes pessoal, durante o qual o Espírito Santo desce sobre ele e ele recebe muitos dons benditos. Alguns santos enxergavam com os próprios olhos a descida do Espírito Santo ao longo do "sacramento da imposição das mãos". No livro *A vida de São Simeão, o Novo Teólogo*, está escrito que, durante a sua ordenação ao sacerdócio, "quando ele estava ajoelhado e o bispo rezava sobre a sua cabeça, ele viu o Espírito Santo, que desceu, como uma luz simples e translúcida, e pousou sobre a sua cabeça santa; e essa descida da luz aparecia a ele toda vez que ministrava a Liturgia, durante todos os quarenta e oito anos de seu sacerdócio"[48].

---

47. HIEROMONGE SOFRONIO. *Starets Silvano*, p. 168.

48. HAUSHERR, I. (Ed.). *Vie de Syméon le Nouveau Théologien para Nicétas Stéthatos*. Roma, 1928, p. 42 [Orientalia Christiana 12].

Em suas anotações autobiográficas, o célebre teólogo russo contemporâneo, Serguei Bulgakov, fala sobre a imposição das mãos dos sacerdotes e dos diáconos como sendo os dias mais abençoados de sua vida:

> No Dia de Pentecostes, eu fui ordenado diácono. Se podemos expressar o inexpressível, posso dizer que essa primeira ordenação ao diaconato era vivida por mim como a mais ardente. O momento mais impressionante, sem dúvida, era a entrada pela porta real e a aproximação ao santo altar. Ele era como uma passagem através do fogo, uma passagem ardente, iluminadora e regeneradora. Isso era uma entrada a um novo mundo, ao Reino dos Céus. Ele iniciou para mim um novo estado da minha vida, no qual me encontro até hoje. [...] A experiência da ordenação (sacerdotal) é ainda mais difícil de descrever do que a da diaconal, "melhor permanecer calado"[49].

## O Monasticismo

Como já vimos, o rito de Tonsura é considerado um sacramento por alguns autores eclesiásticos antigos, como Dionísio Pseudoareopagita, São Teodoro Estudita e outros[50]. No texto do próprio rito, ele também é chamado de sacramento. Semelhantemente ao Batismo, a Tonsura é uma morte para a vida antiga e o renascimento para uma vida nova; semelhantemente à Unção, ela é uma marca da eleição; semelhantemente ao Matrimônio, ela é um noivado com o Noivo do Céu, Cristo; semelhantemente ao Sacerdócio, ela é uma consagração ao serviço a Deus; semelhantemente à Eucaristia, ela é uma união com

---

49. SACERDOTE SERGUEI BULGAKOV. *Notas autobiográficas*. Paris, 1991, p. 41-42.

50. Cf. MEYENDORFF, J. *Byzantine Theology*, p. 191-192.

Cristo. Como no Batismo, durante a Tonsura, o homem recebe um novo nome e a remissão de todos os pecados, ele renuncia à vida de pecado e pronuncia os votos de fidelidade a Cristo, abandona sua roupa secular e se reveste de vestes novas. Renascendo, voluntariamente, ele se transforma em um neonato, para crescer em um "varão perfeito, à medida da estatura completa de Cristo" (Ef 4,13).

Na sua essência, o Monasticismo é uma imitação da vida de Cristo. O Cristo evangélico se revela a nós como um ideal de um monge perfeito: Ele não é casado, livre de compromissos de parentesco, não possui um teto sobre a sua cabeça, é errante, vive numa miséria voluntária, mantém jejum, passa noites em oração. O Monasticismo é um esforço para se aproximar ao máximo deste ideal, é uma aspiração à santidade, a Deus; é a recusa de tudo que nos prende à terra e que nos impede de ascender ao céu.

> Monge é uma ordem e modo de viver de anjos, estando em corpo mortal; [...] monge é um corpo casto, uma boca limpa e um ânimo esclarecido com os raios da divina luz. [...] Renúncia e desamparo do mundo é um ódio voluntário e um abandono das coisas da natureza, pelo desejo de gozar do sobrenatural. Monge é aquele cujo espírito se encontra em uma adoração perpétua de Deus. [...] O monge é uma luz contínua na visão do coração. [...] A luz para um monge são os anjos, e a luz para todos os homens é a vida monástica; por isso, que se esforcem os ascetas a dar um bom exemplo em tudo [escreve São João Clímaco][51].

O monge significa "solitário" (do grego, *monos* – "solo"). Na Rússia antiga, os monges eram chamados de "*inok*", que vem

51. SÃO JOÃO CLÍMACO. *Climax ou escada do céu.* São Paulo, cap. 1 [Trad. João Mendes de Almeida Junior].

da palavra "*inoi*", ou seja, "diferente", "outro". O Monasticismo é uma vida pouco comum, exclusiva, para a qual poucas pessoas são chamadas, é uma vida oferecida por completo a Deus. A abstenção monástica não significa um desprezo à beleza e à alegria do mundo, mas é a rejeição das paixões e do pecado, dos prazeres e desejos carnais, de tudo que veio para a vida humana após a transgressão. O objetivo da vida monástica consiste no retorno ao estado primitivo da pureza e da inocência, no qual Adão e Eva se encontravam no paraíso. Os Padres da Igreja chamavam o Monasticismo de "vida evangélica" e de "filosofia verdadeira". Assim como o filósofo busca a perfeição no conhecimento intelectual, o monge busca a perfeição na ascese espiritual e na imitação de Cristo.

"Se queres ser perfeito, vai, vende tudo o que tens, e dá-o aos pobres, e terás um tesouro no céu; e vem, e segue-me", disse o Cristo ao mancebo de qualidade (Mt 19,21). "Se alguém quiser vir após mim, renuncie-se a si mesmo, tome sobre si a sua cruz, e siga-me, porque aquele que quiser salvar a sua vida, perdê-la-á, e quem perder a sua vida por amor a mim, achá-la-á", disse Cristo aos seus discípulos (Mt 16,24-25). "Quem ama o pai ou a mãe mais do que a mim não é digno de mim" (Mt 10,37). Nessas palavras do Salvador está contida toda a "filosofia" da vida monástica. Ela é para aqueles que querem ser perfeitos, que querem seguir a Cristo e perder a alma por Ele, que querem encontrar um tesouro no céu. Assim como um comerciante está prestes a vender toda a sua riqueza para adquirir uma pérola preciosa, o monge rejeita o mundo inteiro para adquirir Cristo. E o sacrifício é justificado, pois a recompensa é grande: "Então Pedro, tomando a palavra, disse-lhe: Eis que nós deixamos tudo, e te seguimos; que recebemos? E Jesus disse-lhes: [...] E todo aquele que tiver deixado casas, ou irmãos, ou irmãs, ou pai, ou mãe, ou mulher, ou filhos, ou terras, por amor do meu nome, receberá cem vezes tanto, e herdará a vida eterna" (Mt 19,27-29).

Tudo indica que o Monasticismo foi implantado na Igreja desde os tempos mais remotos. Contudo, ele se torna popular no século IV, após a cessação das perseguições aos cristãos. Se antigamente a profissão de fé exigia sacrifícios, doravante o cristianismo se torna a religião oficial do Estado, por isso aqueles que buscavam realizações, ávidos de aflições e de privações, almejando as "portas estreitas", se dirigiam aos desertos para fundar lá seu "estado dentro de um Estado". Os desertos desabitados do Egito, da Palestina e da Síria passaram a abrigar os monges, que os transformaram em cidades:

> Na montanha havia como que tendas cheias de coros divinos de homens, cantando salmos, estudando, jejuando, orando, exultando na esperança dos bens futuros e trabalhando para dar esmolas. Entre eles reinava o amor mútuo e a concórdia. Podia-se verdadeiramente ver como uma região à parte, de piedade e justiça. Ninguém cometia ou sofria injustiça, ninguém se queixava do coletor de impostos, uma multidão de ascetas empenhados no mesmo esforço pela virtude [escreve Santo Atanásio][52].

Logo, os mosteiros passaram a existir também nas cidades: em meados do século VI, apenas em Constantinopla, havia 76 mosteiros[53].

Nos séculos IV e V, havia três tipos de vida monástica: comunitária, eremítica e semieremítica. Nos mosteiros comunitários, todos viviam juntos e se juntavam no templo, várias vezes ao dia, para ministrar os ofícios. Os eremitas viviam solitários e se encontravam na igreja apenas nos domingos para comungar

---

52. SANTO ATANÁSIO. *Vida e conduta de Santo Antão*. São Paulo: Paulus, 2015, p. 331 [Coleção Patrística, vol. 18].

53. SACERDOTE A. SCHMEMANN. *O caminho histórico da ortodoxia*. Paris, 1985, p. 144 [em russo].

dos Santos Dons. Em uma forma mediana, os monges viviam em pequenos grupos de dois ou três.

> Porque três maneiras de estados e profissões contêm a vida monástica: o primeiro é o da vida solitária, o estado dos monges anacoretas; o segundo é o da companhia de dois ou três que vivem em soledade; o terceiro é o dos que servem na obediência dos mosteiros. Ninguém, pois, se desvie, como diz o Sábio, destes estados, nem para a direita, nem para a esquerda: siga pelo caminho real. Entre estas três maneiras de estados, a do meio foi muito proveitosa para muitos [escreve São João Clímaco][54].

Na Igreja Ortodoxa Russa contemporânea, os mosteiros cenobíticos são os mais numerosos. No Monte Athos, os três tipos de vida monástica são preservados.

Os três principais votos monásticos são a obediência, a pobreza e a castidade. A obediência é a renúncia voluntária de sua vontade perante Deus, perante os mais velhos, perante todo homem. A obediência monástica a Deus é uma escuta atenta de sua vontade, de seu projeto para o homem; ela é repleta de uma confiança ilimitada para com Deus e de uma aspiração em ser submisso a Ele em tudo. Muitos males do ser humano provêm de sua ambição de agir por conta própria, de reorganizar o mundo, que nunca é do jeito desejável, de reformar as pessoas, que não são suficientemente perfeitas. Mas o monge acolhe com gratidão tudo da maneira como é. Ele aprende a receber de Deus com a mesma alegria uma consolação e uma aflição, a saúde e a doença, as pessoas boas e as más. Levando a vida assim, ele adquire um mundo interior exclusivo e inabalado, uma alegria constante em Deus, que não pode ser abalada

---

54. SÃO JOÃO CLÍMACO. *Climax ou escada do céu.* São Paulo, cap. 1, p. 10 [Trad. João Mendes de Almeida Junior].

por nenhuma condição externa. "Glória a Deus por tudo!", dizia São João Crisóstomo, que foi privado de sua cátedra episcopal, banido de sua pátria e faleceu no estrangeiro em grandes sofrimentos. À imagem de Cristo, que "humilhou-se a si mesmo, sendo obediente até à morte, e morte de cruz" (Fl 2,8), o monge procura ser obediente a Deus até a morte, até a cruz.

A pobreza é uma pobreza voluntária, a recusa a toda possessão mundana. Isso não significa que o monge é proibido de possuir alguns objetos ou algo que possa trazer um conforto à sua vida; isso significa, sobretudo, que ele não deve se apegar com paixão a essas coisas. Ao recusar profundamente a riqueza, livre de qualquer compromisso com os objetos mundanos, ele adquire uma leveza de espírito evangélica.

A palavra castidade é sinônimo de celibato. A castidade é uma integridade, uma vida seguindo os mandamentos do Evangelho, uma abstenção da satisfação voluptuosa dos desejos carnais. Ela também é necessária na vida conjugal. A castidade monástica, na qual o celibato é um dos elementos constitutivos, é a orientação para com Deus, o desejo de sincronizar cada ação, cada pensamento, cada movimento da alma com o espírito e o verbo do Evangelho. Na vida monástica, o celibato é um estado supranatural. A solidão é uma falta de plenitude, uma carência, que pode ser superada no casamento por meio da presença de um *outro*. Na vida monástica, esse *outro* é o próprio Deus.

Em um de seus hinos, São Simeão, o Novo Teólogo, fala sobre o Monasticismo enquanto uma união com Deus:

> Mas aquele que é habitado por Cristo
> Como pode ser ele chamado de só?
> Pois são unidos a Cristo
> Deus Pai e o Espírito
> Então, como pode alguém
> Estar só reunido aos Três,

Como se fosse a Um?
Não está mais sozinho
Aquele que é unido a Deus,
Esteja ele solitário,
Morando num deserto,
Ou mesmo em uma gruta. [...]
Mas aquele que pela sua virtude
De sua célula fez o céu,
Nela contempla Aquele
Que a terra criou e o céu.
Ele vê e adora e se une
À Luz sem declínio,
À Luz imarcescível,
À Luz inacessível,
E nunca o abandona,
Nem dormindo e nem acordado. [...]
Se unem a Deus aqueles
Que vivem em penitência,
Na distância solitária de seus pares,
Vivem a vida dos monges.
As suas células são o céu,
E eles são como os sóis,
Pois comportam em si
A luz divina imarcescível.
São eles os monges,
São sós, mas unidos a Ele e
são vivos nele só[55].

Uma opinião generalizada, segundo a qual a vida monástica é uma existência austera, sombria, privada de qualquer alegria, é profundamente equivocada e demonstra o total desconhecimento do espírito do Monasticismo. O arcebispo russo Hilarion (Troitsky) escreve:

---

55. SÃO SIMEÃO, O NOVO TEÓLOGO. *Hino 27*, 18-74 [SC 174, 280-284].

> Para os monges, a alegria é pacífica, pura, é uma alegria da alma virtuosa. Pois aquela embriaguez pela vida, que é chamada de "alegria de viver", é algo sombrio, que traz apenas uma saciedade e um mal-estar. [...] Nós, monges, choramos de alegria, de humildade, e glorificamos a Deus. [...] Cada monge é familiar com essas lágrimas de humildade e quaisquer alegrias mundanas parecem pobres e lamentáveis em comparação a elas. [...] Eu também recebi a Tonsura, e acredito que nunca mais poderei sentir alegria tão grande quanto no dia da Tonsura. [...] Eu estava repleto de alegria por dois meses seguidos. Tudo se alegrava na minha alma. [...] Não é por coincidência que o tonsurado, recebendo a sua batina, pronuncia: "Nosso irmão N, veste as vestimentas da alegria e da glória espirituais, para recusar e vencer todas as tristezas e agitação". [...] Mais distanciamos das paixões, mais alegria deixamos entrar no coração. A pureza do coração é ligada diretamente com a alegria[56].

O rito da Tonsura é ministrado dentro do templo pelo bispo ou pelo superior do mosteiro. O tonsurado é previamente despido e vestido de uma longa camisa branca, com a qual ele se apresenta diante do superior. O tonsurado pronuncia os votos e escuta a exortação do superior. Depois, o superior corta simbolicamente o cabelo do futuro monge e veste-o com as roupas pretas monásticas. Todos os irmãos do mosteiro se aproximam do tonsurado, perguntando-lhe: "Qual é teu nome, irmão?" Uma ou duas noites em seguida, o novo monge permanece dentro da igreja, lendo o Livro dos Salmos ou o Evangelho.

A vida monástica é uma vida interior e secreta, é uma expressão perfeita da essência do entendimento cristão da vida, como de

---

56. ARCEBISPO HILARION (TROITSKY). *Não há cristianismo sem a Igreja*, p. 181-187.

um “caminho estreito” que leva ao Reino dos Céus. A concentração na vida interior não significa um egoísmo ou uma falta de amor pelo próximo. Estando fora da agitação do mundo, o monge não esquece dos homens, mas reza por eles no silêncio de sua célula.

> Dizem alguns, que os monges precisam servir ao mundo, para não consumir em vão o pão do povo, mas é preciso compreender em que consiste esse serviço e em que o monge precisa ajudar ao mundo [escreve São Silvano do Monte Athos]. O monge é um homem que reza pelo mundo inteiro, e nisso consiste a sua principal ocupação. [...] Graças aos monges, a oração nunca se interrompe nesse mundo, e isso é útil para o mundo inteiro. [...] São Sérgio, com o jejum e a oração, ajudou o povo russo a se livrar do jugo tártaro. São Serafim rezou internamente, e o Espírito Santo desceu sobre Motovilov. Esse é o serviço dos monges. [...] Tu, provavelmente, dirás que não existem mais esses monges que rezam pelo mundo inteiro, mas eu te digo que, quando não houver mais os tais homens, será o fim do mundo. [...] O mundo subsiste graças às orações dos santos[57].

Os Padres da Igreja compreendiam que a renovação do mundo e a felicidade dos homens dependem não das condições externas, mas das ações internas. As ações e o ativismo social daqueles que desejavam trazer as melhorias para a humanidade acabaram não fazendo o ser humano mais feliz. A verdadeira transfiguração da vida é possível unicamente através do espírito. Não é melhorar o mundo que os monges procuram, mas a renovar a si mesmos, para que o mundo se transforme de dentro. “Salva-te a ti mesmo e milhares em tua volta serão salvos”, dizia São Serafim de Sarov.

---

57. HIEROMONGE SOFRONIO. Op. cit., p. 169.

* * *

No que diz respeito ao Batismo, batizai em nome do Pai e do Filho e do Espírito Santo em água corrente [cf. Mt 28,19]. Se não tens água corrente, batiza em outra água; se não puderes em água fria, faze-o em água quente. Na falta de uma e outra, derrama três vezes água sobre a cabeça em nome do Pai, e do Filho, e do Espírito Santo. [...] No que concerne à Eucaristia, celebrai-a da seguinte maneira: Primeiro sobre o cálice, dizendo: "Nós vos bendizemos (agradecemos), nosso Pai, pela santa vinha de Davi, vosso servo, que vós nos revelastes por Jesus, vosso Servo; a Vós, a glória pelos séculos! Amém". Sobre o pão a ser quebrado: "Nós vos bendizemos (agradecemos), nosso Pai, pela vida e pelo conhecimento que nos revelastes por Jesus, vosso Servo; a Vós, a glória pelos séculos! Amém". Da mesma maneira como este pão quebrado primeiro fora semeado sobre as colinas e depois recolhido para tornar-se um, assim das extremidades da terra seja unida a Vós vossa Igreja em vosso Reino; pois vossa é a glória e o poder pelos séculos! Amém (*A Didaquê* – A instrução dos doze apóstolos, 7,9).

O sacerdote: "Tu me transformaste, ó Senhor, vieste como um Bom Pastor ao extraviado, tiveste compaixão por mim, perdido, como um verdadeiro Pai [...]. Como um cordeiro para o sacrifício vieste, revelando antes da cruz o teu zelo por mim. Extinguiste o meu pecado através da tua sepultura. [...] Deste-me a boa-nova de tua vinda, pois nela farás o julgamento dos vivos e dos mortos, e sentenciarás cada um segundo as suas obras". O povo: "Pela tua piedade, ó Senhor". O sacerdote: "[...] Tu me deste esta comunhão misteriosa de teu Corpo em pão e vinho". O povo: "Cremos". O sacerdote: "Na noite em que te entregastes por teu próprio poder, [...] tomaste o pão com as tuas santíssimas e puríssimas mãos, o elevaste ao teu próprio Pai, nosso Deus e Deus de todos, e depois de ter dado graças, ter abençoado e santificado, partiste e ofereceste aos teus santos discípulos e apóstolos, e disseste: 'Tomai e comei, este é o meu Corpo, que é partido por vós, para a remissão dos pecados'. E depois de cear, seguraste o cálice e o encheste com o fruto da vinha e com água, e depois de ter dado graças, ter abençoado e santificado, deste aos teus discípulos e apóstolos e disseste: 'Bebei dele todos, este é o meu Sangue do Novo Testamento, que é por vós e por muitos derramado, para a remissão dos pecados. Fazei isto em memória de mim. Portanto, todas as vezes que comerdes deste pão e beberdes deste cálice, anunciais a minha morte e confessais a minha ressurreição, até que eu venha'". O povo: "A tua morte, Senhor, anunciamos, e a tua ressurreição confessamos". O sacerdote: "Pois recordamos, Senhor, tua descida à terra, a tua morte vivificante, o teu sepultamento de três dias, a tua ressurreição dos mortos, a tua ascensão aos céus, o teu lugar à direita do Pai e a tua futura segunda vinda dos céus, terrível e gloriosa, o que é teu dos que são teus dons a ti oferecidos por tudo e por todos e em tudo". O povo: "Cantamos a ti, louvamos a ti". O diácono: "Inclinai vossas cabeças com temor ao Senhor". O sacerdote: "Tu próprio, Senhor, transforma com tua voz estes dons [...], Tu próprio envia o teu Santíssimo Espírito, para que, vindo por tua santa e generosa e gloriosa presença, santifique e transforme estes puros e Santos Dons no próprio Corpo e Sangue do nosso

Redentor" (*Liturgia de São Gregório Nazianzeno* [*He Leitourgia tou hagiou Gregoriou tou Teologou. Thessalonike*, 1981, sel. 13-19]).

O sacerdote: "Oferecemos-te ainda este sacrifício espiritual e incruento, e rogamos-te suplicando insistentemente: 'Enviai teu Espírito Santo sobre nós e sobre estes dons aqui presentes'". O sacerdote, abençoando o pão sobre o disco, diz: "E faze deste pão o corpo precioso do teu Cristo". O diácono: "Amém". E abençoando o cálice: "E do que contém este cálice, o Sangue precioso do teu Cristo". O diácono: "Amém". Abençoando o cálice, diz: "Mudando-os pelo poder do teu Santo Espírito". O diácono: "Amém, Amém, Amém". O sacerdote: "A fim de que se tornem, para aqueles que os recebem, a purificação da alma, a remissão dos pecados, a comunhão do teu Espírito Santo, a plenitude do Reino dos Céus, a confiança em ti e não causa de juízo e condenação" (*A Liturgia de São João Crisóstomo*).

[Com os] divinos mistérios, dos quais tendo sido julgados dignos, vos tornastes concorpóreos e consanguíneos com Cristo. [...] Outrora, em Caná da Galileia, por própria autoridade, transformou a água em vinho. Não será digno de fé quando transforma o vinho em sangue? [...] Portanto, com toda certeza recebemo-los como Corpo e Sangue de Cristo. Em forma de pão te é dado o Corpo, e em forma de vinho o Sangue, para que te tornes, tomando o Corpo e o Sangue de Cristo, concorpóreo e consanguíneo com Cristo. Assim nos tornamos portadores de Cristo (cristóforos), sendo nossos membros penetrados por seu Corpo e Sangue. Desse modo, como diz o bem-aventurado Pedro, "tornamo-nos partícipes da natureza divina" (SÃO CIRILO DE JERUSALÉM. *Catequeses mistagógicas*, IV, 1-3 [Trad. Frederico Vier] [Disponível em www.padresdodeserto.net]).

Geralmente, a Igreja Ortodoxa reconhece sete sacramentos: o Batismo, a Crisma, a Comunhão, a Penitência, o Matrimônio, o Sacerdócio e a Unção dos Enfermos. O costume de contar o número de sacramentos não é uma tradição antiga: é a influência da Igreja Católica. [...] Tudo que existe na Igreja e que lhe pertence é por essência cheio de graça e sagrado. Nossas orações, nossas bênçãos, boas ações, pensamentos e atitudes, tudo participa na "vida perpétua". E tudo que é pecaminoso e morto é santificado e vivificado pela força de Deus Pai, em Cristo e no Espírito Santo. Assim, através do Senhor, tudo se torna um sacramento, uma parte do sacramento do Reino de Deus, que vivemos já agora, aqui neste mundo (SACERDOTE THOMAS HOPKO. *Fundamentos da ortodoxia*. Nova York, 1989, p. 85 [em russo].

Somos chamados a nos unir com Cristo para ser realmente partes de seu Corpo, de uma maneira tão real [...] quanto um ramo é ligado à videira, quanto um galho faz parte da árvore; em uma palavra, ser unidos com Ele não apenas em espírito, ou em um sentido figurado, mas em todo o nosso ser, em toda a realidade da nossa existência [...]. Somos também chamados [...] a ser o templo do Espírito Santo, a sua morada [...]. Somos chamados a nos unir com Deus, a ponto de ter a nossa carne inteira penetrada por Ele, de maneira que nada, nem o nosso espírito, nem a nossa alma, nem mesmo a nossa carne, fica fora dessa presença. [...] Somos chamados, enfim, a queimar como a sarça ardente que não se consumia. Somos chamados a ficar "participantes da natureza divina" (2Pd 1,4). Somos chamados a nos tornar filhos, filhas, crianças de Deus nosso Pai. Nada disso o homem pode alcançar com suas próprias forças. Não podemos com nossas próprias forças, ou com a nossa própria vontade, nos tornar membros desse Corpo de Cristo; não podemos com nossos próprios esforços nos unir ao Espírito Santo, nem ficar participantes da natureza divina [...]. O meio para isso são os sacramentos. Estes são as ações de Deus na Igreja, através das quais Deus nos dá sua graça por intermédio do mundo material [...]. É nos sacramentos que a Igreja nos comunica a graça, impossível de adquirir por qualquer outro meio, até mesmo pelos esforços ascéticos extraordinários. Ela nos doa a sua graça por meio da matéria desse mundo: a água do Batismo, o pão e o vinho da Eucaristia, o óleo do Crisma. A Igreja antiga falava de três, cinco, sete ou vinte e dois sacramentos [...]. O mundo material, sendo submetido ao pecado, gemendo, segundo o Apóstolo Paulo, na esperança da vinda dos filhos de Deus (Rm 8,19-22), é por si só puro e sem pecado. E assim Deus pega esse mundo, essa matéria, une-os a si mesmo de uma maneira incompreensível, e esse mundo nos transmite a graça, à qual não podemos nos elevar com as próprias forças (BISPO ANTÔNIO (BLOOM). *De Suroj* [*Conversas sobre a fé e a Igreja*, p. 118-127]).

# 9

# A ORAÇÃO

## O ofício divino

Os livros de teologia dogmática normalmente não abordam as questões do ofício divino, nem da oração, pois o primeiro é um assunto litúrgico e a segunda é um assunto de ascetismo. Contudo, os dogmas e a vida litúrgica da Igreja são diretamente ligados. De acordo com o sacerdote russo Pavel Florensky, a dogmática autenticamente ortodoxa deve ser uma sistematização de ideias dogmáticas expressas no culto divino[1]. A dogmática é baseada na Liturgia, e todas as definições dogmáticas nasceram da experiência de oração da Igreja. "O cristianismo é uma religião litúrgica, escrevia George Florovsky[2]. A Igreja é, antes de mais nada, uma comunidade reunida em torno do ofício divino. O primeiro é o ofício divino, e, em seguida, são o ensinamento e a disciplina." A Igreja se desenvolveu não a partir de fórmulas dogmáticas, nem mesmo das Escrituras Santas, mas a partir da Liturgia. Ao longo dos primeiros anos após a ressurreição de Cristo, quando nenhum evangelho ainda tinha sido escrito, e nenhum dogma e nenhuma regra ascética tinham sido formulados, a Liturgia já

1. FLORENSKY, P. *A filosofia do culto*. Moscou, 1977, p. 344.

2. FLOROVSKY, G. The Elements of Liturgy in the Orthodox Catholic Church. In: *One Church*, 1959, vol. 13, n. 1-2, p. 24. Nova York.

existia e era exatamente ela que reunia os discípulos de Cristo na Igreja, seu Corpo misterioso.

No ofício divino, os dogmas ganham vida, se revestem de uma carne litúrgica. Veremos, por exemplo, o seguinte hino da Festa de Pentecostes: "Vinde, homens, reverenciemos a divindade triúna, o Filho no Pai com o Espírito Santo; pois antes dos tempos o Pai gerou o Filho, consubstancial e compartilhando o seu trono. E o Espírito Santo era no Pai e com o Filho glorificado: a Força una, a Essência una, a Divindade una. Para Ele dizemos todos, louvando: Santo Deus, que criou tudo por meio do Filho e com o auxílio do Espírito Santo; Santo Poderoso, através do qual conhecemos o Pai e por meio do qual o Espírito Santo veio ao mundo; Santo Imortal, Consolador da alma, que procede do Pai e que repousa no Filho, a Santíssima Trindade, glória a ti!"[3] Nesse hino são expostos todos os principais dogmas cristãos: sobre Deus em três hipóstases, sobre o nascimento do Filho pré-eterno, sobre a igualdade, a consubstancialidade e a divindade do Pai, do Filho e do Espírito Santo, sobre a criação do mundo pelo Pai através do Filho com a colaboração do Espírito, sobre a descida do Espírito Santo ao mundo através do Filho, sobre a processão do Espírito do Pai e seu "repouso" no Filho.

Outro exemplo parecido são os hinos chamados de "dogmáticos", cantados a cada vesperal solene e dedicados à Mãe de Deus. Eis um deles: "Quem não agradará a ti, ó Santíssima Virgem, quem não cantará a tua puríssima natividade? O Filho Unigênito que resplandeceu do Pai antes de todos os tempos. Aquele que de ti, pura, provém, encarnou-se inefavelmente, sendo Deus por natureza e sendo Homem por nós, sem se dividir em duas pessoas, mas conhecido em duas naturezas não confundíveis. Ora àquele, pura, toda bem-aventurada, que tenha piedade

3. Hino da Véspera de Pentecostes.

das nossas almas"[4]. Toda a cristologia ortodoxa está expressa aqui: o nascimento do Filho do Pai antes dos séculos, a encarnação de Cristo de uma virgem, a plenitude das naturezas humana e divina em Cristo, a indivisibilidade da pessoa em Cristo, a não confusão de duas naturezas. A clareza e a precisão das fórmulas teológicas na melhor tradição do Concílio de Calcedônia são acompanhadas, nessas orações, com uma poesia refinada e uma beleza de adoração.

No ofício ortodoxo, os dogmas se incorporam em nossa experiência de oração, são vividos por nós de uma maneira real e existencial. Um hierarca russo de nossos tempos, Metropolita Benjamin (Fedtchenkov), conta que achava por muito tempo que o Credo Niceno-constantinopolitano era apenas uma lista de dogmas, de modo que ele não o considerava como uma oração. Porém, a celebração da divina Liturgia lhe revelou, pouco a pouco, o caráter vital e essencial do Credo:

> Aquilo que os dogmas expressam é a vida verdadeira da alma. A vida da alma consiste em participação na vida sobrenatural expressa de uma maneira abstrata nos dogmas [...]. Quando a alma compreende isso por meio da prática [...], a relação com os dogmas começa a passar pelo coração e não pelo espírito [...], o conhecimento se transforma em uma comunhão. Com essa disposição, o Credo não parece mais uma "profissão de fé" fria, mas uma "confissão" viva, um testemunho ardente de uma comunhão interior e de um amor cordial por Deus. Assim, essas [...] verdades dogmáticas acendem o fogo interior e esquentam o coração com uma intensidade nunca experimentada [...]. E assim o Credo se transforma em uma oração, ainda mais suprema e intensa do que muitas outras

4. *Theotokion* dogmático.

> orações [...], e é vivido pelo coração com emoção. E eu já vi vários bispos que, após ter ficado de cabeça abaixada sob a vela agitada por seus concelebrantes (durante o canto do Credo na Liturgia ortodoxa), se levantavam cheios de lágrimas perante o altar. Claramente, eles não estavam "pensando" sobre as "verdades", mas estavam comungando da Vida, de Deus[5].

A Igreja Ortodoxa sempre concedeu grande importância ao ofício divino enquanto uma encarnação das verdades dogmáticas por meio da oração. *Lex orandi lex est credendi* ("A lei da oração é a lei da fé"): sobre esse princípio fundamental é construída a vida da ortodoxia. A Igreja Ortodoxa se esforça em preservar imutável aquele rito litúrgico que tinha se formado em Bizâncio ao longo dos séculos X-XII. Isso explica a imutabilidade e a estabilidade da dogmática ortodoxa. Isso não significa que não há nenhuma mudança no ofício divino: por exemplo, novos ofícios são criados para os novos santos canonizados, mas eles se integram no tecido litúrgico imutável desde a época bizantina.

O ofício divino é uma escola espiritual diária. De acordo com Santo Inácio (Briantchianinov), o cristão, que frequenta a igreja regularmente e segue atentamente a leitura e os cantos, é capaz de aprender tudo que é "necessário no domínio da fé"[6]. O ofício divino é, além disso, uma escola de oração, ele impregna o espírito e o coração da pessoa e os imerge nas profundezas do encontro com Deus. Cada ofício da Igreja, cada palavra da oração pode se tornar para nós um encontro e um contato com Deus vivo se orarmos com atenção e com concentração, se nos apropriarmos da oração da Igreja. Contudo, frequentemente as palavras do ofício passam ignoradas, pois

---

5. BISPO VENIAMIN (FEDTCHENKOV). Liturgia. In: *JMP*, n. 1, 1982, p. 77 [em russo].

6. BISPO INÁCIO (BRIANTCHIANINOV). Vol. 2. São Petersburgo, 1886, p. 181-182 [obra em 5 volumes, em russo].

estamos na igreja apenas com o corpo, mas o espírito vagueia; nesse caso, não pode acontecer nenhum encontro e nós ficamos privados daquele fruto que a participação nos ofícios divinos nos propicia.

## A língua litúrgica

Na Igreja Ortodoxa Russa existe um problema específico, que não existe em muitas outras Igrejas locais. É a questão da língua litúrgica, pois a língua utilizada nos ofícios ortodoxos russos é o idioma eslavo eclesiástico, pouco compreensível para os fiéis hoje em dia. O debate sobre o abandono do eslavo eclesiástico a favor do russo moderno não é novo; muitos bispos propunham essa pauta, inclusive, ao longo dos preparativos do Concílio local de 1917-1918. Existiam tentativas de aplicar essa reforma na prática litúrgica, mas foram sem êxito, pois o ofício bizantino não "soa" bem em russo moderno.

Os defensores da Reforma não consideram o fato de que qualquer idioma não é uma mera soma de palavras intercambiáveis. O idioma expressa uma realidade específica e faz as pessoas aderirem a essa realidade. A linguagem poética, por exemplo, opera um conjunto de palavras e expressões específicas, que não são empregadas em outros estilos literários. Quando uma pessoa não entende ou não sente a poesia, a culpa disso não é da linguagem poética, mas da ausência nessa pessoa da capacidade de compreensão poética. Assim, a solução não consiste em adaptar a língua para as capacidades do leitor, transformando a poesia em prosa, por exemplo, mas em ensinar o leitor a compreender a verdadeira poesia.

A linguagem poética da liturgia bizantina é por si só um universo. Mesmo tendo versos bizantinos traduzidos para o idioma moderno, a pessoa distante da Igreja necessita se esforçar muito para compreendê-los adequadamente. Eis, por exemplo, um hino da Liturgia da Festa de Pentecostes: "Com a língua lenta e coberto por escuridade sagrada, ele anunciou a lei escrita por Deus, pois, depois de limpar a impureza do olho do intelecto, ele vê o Ser Verdadeiro"[7]. Um ouvinte que tem pouco conhecimento da narração e simbologia bíblicas não entenderá que esse texto trata de Moisés e a sua subida à escuridade divina no Monte Sinai, seja ele cantado em um idioma antigo ou moderno. Mas aquele que tem conhecimento da Bíblia, entenderá até mesmo o texto redigido em eslavo eclesiástico.

Na verdade, o idioma eslavo eclesiástico nunca foi completamente compreensível e sempre se divergiu do eslavo falado. Os santos Cirilo e Metódio, os missionários bizantinos que formalizaram o alfabeto cirílico no século IX, muniram-se do idioma falado para criar em sua base um novo idioma, litúrgico. Renunciar esse idioma seria igual a renunciar os ícones antigos, para substituí-los por uma arte mais "compreensível", ou a renunciar o canto coral durante o ofício, para substituí-lo por uma música instrumental.

> Os eslavos possuem um dom providencial de possuir uma língua abençoada, que por séculos serve para o ofício divino, para a Escritura Sagrada e para a oração e nunca para as necessidades inferiores mundanas [escreve o Bispo Sofronio (Sakharov)]. Não há qualquer necessidade de substituí-la pela língua cotidiana, porque isso inevitavelmente reduzirá a sua qualidade espiritual e trará danos incontáveis. [...] Todos aqueles que têm uma vontade verdadeira de comungar da cultura milenar do Espírito encontrarão com facilidade a oportunidade de conhecer os

---

7. *II Cânone dos Matinais*. Cântico 1, Eirmos [Ofício de Pentecostes].

> tesouros da língua sagrada eslava, que se adapta surpreendentemente bem aos sacramentos litúrgicos[8].

Não negamos que o problema da língua litúrgica existe e que ele necessita de um debate sério e completo. Entretanto, acreditamos que a falta de compreensão do eslavo eclesiástico procede não das características do próprio idioma, mas sobretudo da falta de preparo das pessoas, privadas da oportunidade de conhecer a fundo a Liturgia. Basicamente, o idioma eslavo eclesiástico se difere do russo moderno apenas por algumas formas gramaticais, pela semântica de algumas palavras e expressões, pelas especificidades de sintaxes e por uma dezena de palavras ausentes no vocabulário russo moderno. Aprender essas diferenças não requer muitos esforços e muito tempo. Se as pessoas estão prestes a gastar anos de suas vidas para aprender uma terminologia científica complexa, sabendo que sem ela elas não poderão alcançar resultados em sua área, por que elas não podem gastar alguns dias de sua vida para aprender a língua litúrgica, utilizada por séculos por nossos antepassados eslavos?

Por outro lado, a própria Igreja deveria se ocupar em oferecer oportunidades para esse ensino: por exemplo, editar textos litúrgicos com a tradução para o russo, para que cada fiel possa seguir a Liturgia com ajuda desse livro. Em algumas paróquias é praticada a leitura da epístola e do Evangelho em eslavo e em russo, pois as pesquisas mostram que 90% dos paroquianos não entendem o sentido das leituras litúrgicas apostólicas.

## O silêncio

> Mas tu, quando orares, entra no teu aposento, e, fechando a tua porta, ora a teu Pai que está oculto; e

---

8. ARQUIMANDRITA SOFRONIY (SAKHAROV). *Ver Deus como Ele é*. Essex, 1985, p. 229-230 [em russo].

> teu Pai, que vê secretamente, te recompensará. E, orando, não useis de vãs repetições, como os gentios, que pensam que por muito falarem serão ouvidos. Não vos assemelheis, pois, a eles; porque vosso Pai sabe o que vos é necessário, antes de vós lho pedirdes [disse Cristo] (Mt 6,6-8).

Às vezes, as pessoas questionam: "Por que orar, se Deus sabe de antemão o que nós demandaremos?" Mas a oração não é apenas um pedido de algo. Ela é, antes de mais nada, uma *interação*, um encontro. "A oração é uma conversa do espírito com Deus", de acordo com Evágrio Pôntico[9]. Durante a oração nós encontramos Deus vivo, Deus pessoa, Deus que nos ouve e nos responde, que está sempre pronto a nos atender, que nunca nos trairá, não importa quantas vezes nós o trairmos. É durante a oração que nós tocamos a realidade superior, que é a única existência verdadeira. Qualquer existência, inclusive a nossa vida, é condicional e relativa, comparada com essa existência superior. A vida sem oração, sem interação com Deus, é apenas um longo caminho que leva a um fim inevitável, uma morte lenta, "uma vida mortífera", segundo a expressão de São Simeão, o Novo Teólogo[10]. Nós vivemos apenas na medida em que comungamos de Deus, e essa comunhão é feita por meio da oração.

Por que Cristo nos ordenou não falar muito durante a oração? Porque a oração não nasce das palavras e não é uma soma de pedidos pronunciados. Antes de pronunciar uma oração é preciso *ouvi-la*. Todas as grandes obras da poesia e da música não foram simplesmente um conjunto de letras ou notas musicais, mas elas foram primeiramente *ouvidas* nas profundezas da alma e só depois foram revestidas de palavras e de sons. A ora-

---

9. *A filocalia 1*, 177. Cf. tb. MEYENDORFF, J. *St Gregory Palamas and Orthodox Spirituality*. Nova York, 1974, p. 21.

10. SÃO SIMEÃO, O NOVO TEÓLOGO. *Hino 44*, 228 [SC 196, 86].

ção também é um ato criativo, ela nasce no silêncio profundo, repleto de atenção e piedade. Antes de começar a oração é preciso atingir um silêncio interior, abster-se da maneira cotidiana de falar e pensar, *ouvir o silêncio*:

> Oye, hijo mío, el silencio.
> Es un silencio ondulado,
> un silencio,
> donde resbalan valles y ecos
> y que inclina las frentes
> hacia el suelo[11].

O coração, a razão, a boca, os sentidos devem "tornar-se mudos", as palavras e os sons devem mergulhar no silêncio.

> Alcançar o silêncio é a tarefa mais árdua e mais difícil na arte de rezar. O silêncio não é apenas um estado negativo, uma pausa entre as palavras, uma interrupção temporária do discurso, mas [...] um estado eminentemente positivo, um estado de uma vigilância atenta, de uma espera e de uma escuta. O hesicasta (o silencioso) que alcançou o hesicasmo, o estado de paz e do silêncio interno, é [...] aquele quem escuta. Ele escuta a voz da oração em seu coração, e ele entende que essa voz não é a sua, mas de um outro, que fala dentro dele (Metropolita Kallistos (Ware) de Diocleia)[12].

A oração, como qualquer conversa, é um diálogo, e o seu objetivo não é apenas o de se pronunciar, mas também de ouvir o Outro.

"O silêncio é o mistério do mundo por vir, e as palavras são instrumentos desse mundo", escreve Santo Isaque de Nínive[13].

---

11. FEDERICO GARCIA LORCA. *El silencio.*

12. BISHOP KALLISTOS WARE. *The Power of the Name.* Oxford, 1991, p. 1.

13. SANTO ISAQUE DE NÍNIVE. *Discurso 3* [*Isaak tou Syrou eurethenta asketika*, sel. 365].

Para alcançar o silêncio e a paz, os monges recusavam todo contato com pessoas, se isolavam no deserto, se escondiam nas montanhas. Uma lenda antiga traz um relato sobre três irmãos monges. Um deles escolheu a tarefa de reconciliar as pessoas; o segundo, visitar os enfermos; e o terceiro, a se isolar no deserto para viver em silêncio. O primeiro irmão, vivendo entre as pessoas em constantes brigas, não conseguia reconciliar os adversários e ficou profundamente aflito. Quando ele veio visitar o segundo irmão, encontrou este também angustiado. Juntos, eles foram visitar o terceiro irmão, o asceta, para ver o que ele alcançou pela sua vida no deserto. Após um momento de silêncio, o asceta pôs água em um cálice e disse: "Olhai essa água". Eles olharam, mas não viram nada, pois a água estava turva. Após mais um tempo em silêncio, o eremita disse: "Olhai mais uma vez". Eles olharam: a água descansou e ficou transparente a ponto de eles enxergarem nela as suas faces como num espelho. E ele lhes disse então: "O homem que vive entre as paixões é sempre perturbado pelos pensamentos, mas o silencioso contempla Deus dentro da paz"[14].

A prática do silêncio é indispensável para aqueles que desejam aprender a orar. Para isso não precisa se isolar no deserto. Mas é preciso dedicar alguns minutos de sua vida ao longo do dia para interromper todas as atividades, entrar em seu aposento e, "fechando a porta, orar a teu Pai, que está oculto". Em nossa vida cotidiana nós sucumbimos à tentação de acreditar que devemos nos manter constantemente ocupados, que sempre tem algo importante a terminar, e que é justamente o tempo da oração que vai prejudicar a realização dessas coisas importantes. Contudo, como mostra a prática, uma meia hora "gasta" para a oração não influencia de maneira significativa o curso

---

14. Transmitimos esse relato da maneira com a qual ele nos foi revelado pelo Arcebispo Sofronio. Cf. tb. *Hagiógrafo antigo*. Moscou, 1899, p. 27-28 [em russo].

habitual das ocupações diárias. Pelo contrário, o hábito de orar nos ensina a nos concentrar rapidamente, nos livra da distração, disciplina o espírito, e assim finalmente nos faz ganhar tempo.

"Todos os males dos homens vêm da sua incapacidade de ficar em paz em seu aposento", dizia Blaise Pascal. Ausência de gosto pela solidão e pelo silêncio é o mal do homem moderno. Muitos até mesmo temem o silêncio, a solidão e o tempo livre, porque não sabem como preencher o vazio. Eles precisam de palavras, de impressões, de tarefas a fazer, de pressa para criar uma ilusão de uma vida agitada e plena. Mas a vida com Deus começa no momento em que as palavras e os pensamentos se calam, em que as atividades cotidianas passam para o segundo plano e liberam o espaço na alma da pessoa, para que possa ser preenchido por Deus.

Os Santos Padres diziam que a oração, nascida do silêncio, deve ser simples e de poucas palavras. O estado daquele que reza é semelhante ao estado de uma criança conversando com o seu pai:

> Não uses de palavras adornadas e elegantes na oração; porque, muitas vezes, as palavras dos meninos, pura e simplesmente ditas, e quase tartamudeando, bastaram para aplacar seu pai que está nos céus. Não trabalhes por falar demasiadas palavras na oração, para que não se distraia teu espírito, inquirindo e buscando muitas coisas que dizer. Uma palavra do publicano aplacou a ira de Deus, e outra fiel palavra salvou o Bom Ladrão. Falar muito na oração foi, muitas vezes, ocasião de encher-se a alma de diversas imagens de coisas e de perder a atenção; mas, falar pouco, ou uma palavra na oração, soe recolher mais o espírito [escreve São João Clímaco][15].

---

15. SÃO JOÃO CLÍMACO. *Clímax ou escada do céu.* São Paulo [Trad. João Mendes de Almeida Junior].

A fé de criança deve ser acompanhada de um sentimento da profunda humildade.

> Anda pelo caminho da simplicidade. Não pretenda saber tudo perante Deus. A fé segue a simplicidade. Mas a presunção segue a sutilidade do conhecimento e os desvios do pensamento. Ela distancia de Deus. Quando vens perante Deus em oração, seja em seu pensamento como uma formiga, como aquele que rasteja pela terra, como um verme, como uma criança que balbucia. E não digas nada que provém do conhecimento perante Ele. Mas aproxima-te dele com o coração de criança. Mas vai perante Ele para receber aquela solicitude, com a qual os pais velam os seus filhos [escreve Santo Isaque de Nínive][16].

A oração, o silêncio, a humildade e a penitência são interligados, de acordo com Santo Isaque: "Aquele que preza a conversa com Cristo, aprecia a solidão. Aquele que gosta da companhia da multidão, é desse mundo terrestre. Se gostas da penitência, ama também o silêncio"[17].

## A atenção

Estar sozinho num aposento fechado ainda não significa obter o silêncio, parar de conversar ainda não significa alcançar a *hesychia*. O silêncio é um estado interior, é a paz do espírito e da razão, é a tranquilidade dos pensamentos. Começando a rezar, a pessoa enfrenta, às vezes, uma tempestade de pensamentos alheios tão grande que não pode ser combatida e a oração se torna impossível. E, enquanto a pessoa ora, seu espírito per-

---

16. SANTO ISAQUE DE NÍNIVE. *Discurso 19* [*Isaak tou Syrou eurethenta asketika*, sel. 67].

17. SANTO ISAQUE DE NÍNIVE. *Discurso 34.*

manece distante. Alguns mestres espirituais sugerem retornar àquelas palavras da oração, nas quais a pessoa parou de prestar atenção, e repetir a oração novamente. Se isso não ajudar, interromper a leitura das orações e rezar com as próprias palavras, até que o coração se esquente e o espírito se concentre.

A oração só é válida se ela é feita com atenção, se ela é pronunciada com o espírito e o coração atentos. Seja com a ajuda de um livro, seja com as palavras próprias, a pessoa deve orar sentindo e vivenciando cada palavra, de modo que ela aproprie-se delas. São Teófano o Recluso dizia: "Rezar não significa apenas ler as orações, mas sim reproduzir o seu conteúdo e as pronunciar de tal maneira que elas partam do nosso espírito e do nosso coração". Ele compara o espírito com uma ave, que sempre procura voar; durante a oração ela precisa ser presa numa gaiola. Para alcançar a atenção necessária, São Teófano sugeria memorizar as orações, para não se distrair com a leitura, intercalar a oração com ajoelhamentos, orar tanto com ajuda de um livro quanto com suas próprias palavras. Ele também recomendava se preparar para a oração, se concentrando e esquecendo das atividades cotidianas[18]. A oração sem atenção, distraída, fria, não traz benefícios à alma e deixa a pessoa sem o fruto.

Os antigos Padres da Igreja chamavam a distração do espírito durante a oração de *meteorismos*, ou seja, de "flato". Segundo eles, a razão dessa distração é a incapacidade do homem de dominar os seus pensamentos, ou as imagens e visões pecaminosas que surgem no espírito. Cada pensamento domina o homem gradualmente. Existem vários estágios do desenvolvimento do pensamento no espírito humano. Primeiro, surge um ímpeto vindo do exterior. Atrás de todo pensamento indecente existe uma real força demoníaca. Chamamos de tardança a conversa

---

18. As considerações sobre a oração de São Teófano o Recluso são publicadas em *Sobre a oração de Jesus*. Sortavala, 1936.

do espírito com esse pensamento, o seu estudo e a sua análise. O consentimento é quando o espírito aceita esse pensamento e o desfruta. A luta é definida como um confronto entre o espírito e o pensamento, cujas forças são igualadas, e cujo resultado é a vitória de um ou do outro. O cativeiro é "um violento roubo de nosso coração, que se deixa levar por sua afeição, derrubando e tirando a alma de seu assento e estado". A paixão é a vitória definitiva do pensamento sobre o ser humano, ou "aquela imagem que por largo tempo se assenta em nosso ânimo viciosamente, a qual, pela força do costume, se transforma em mau hábito, de sorte que, afinal, o vício é abraçado com toda a força da vontade" (São João Clímaco)[19]. Os pensamentos em si são sem pecado, mas eles se tornam pecaminosos na medida em que se desenvolvam, e, finalmente, se tornam pecados no momento em que o espírito os acolhe.

Toda paixão se inicia com um pensamento: "Não há nuvem sem o vento, não há paixão sem o pensamento" (Marcos o Asceta)[20]. A transgressão dos primeiros homens também foi fruto de sua ligação interior com o pensamento de pecado. São Filareto de Moscou dá o exemplo de Eva que viu "que aquela árvore era boa para se comer, e agradável aos olhos, e árvore desejável" (Gn 3,6), e em seguida comeu dela. "Ver" é a primeira manifestação do pensamento; "agradável aos olhos" é a conversa com essa manifestação, o seu estudo; "desejável" é a aceitação interior do pensamento, o cativo da alma por ele. "A disposição da alma ao pecado estabelece-se quando as faculdades da percepção se deixam cair na desordem. [...] A unidade da verdade divina se perde na multiplicidade dos pensamentos pessoais, estritamente ligados à multiplicidade dos desejos pessoais es-

---

19. SÃO JOÃO CLÍMACO. *Clímax ou escada do céu*. São Paulo, cap. 15, p. 116 [Trad. João Mendes de Almeida Junior].

20. MARCOS O ASCETA. *A filocalia 1*, 107.

tranhos à vontade de Deus", escreve o Metropolita Filareto, de Moscou[21]. A distração do espírito é uma das consequências da transgressão dos primeiros homens. A conversa do espírito com os pensamentos alheios é uma doença do espírito, um pecado do espírito, ou ainda, de acordo com Evágrio Pôntico, "o adultério do espírito"[22].

A arte de combater os pensamentos consiste em não deixá-los adentrar, não deixá-los desenvolver-se e cativar o espírito. Para manter o espírito puro durante a oração é preciso cortar os pensamentos ainda em seu estágio de manifestação: "O início da oração consiste em rejeitar os pensamentos no momento de sua aparição" (São João Clímaco)[23]. É preciso monitorar o espírito constantemente:

> A ciência das ciências e a arte das artes é combater os pensamentos maus. A melhor maneira e a arte de combatê-los é assim observar [...] a imagem que eles nos sugerem e de preservar a reflexão sempre pura, assim como preservamos o olho do corpo, do qual nós servimos para distinguir aquilo que pode prejudicá-lo, e do qual afastamos toda a sujeira [escreve Hesíquio do Sinai][24].

É preciso "resistir" aos pensamentos, eles precisam ser "combatidos", por isso a oração não é apenas uma conversa com Deus, mas sim um esforço, uma luta pela pureza do espírito. Aquele que reza precisa sempre "vigiar o espírito":

---

21. BISPO FILARET (DROZDOV). *Comentários sobre o Livro de Gênesis*, vol. 1, p. 57-58.

22. *A filocalia 1*, 45.

23. SÃO JOÃO CLÍMACO. *A escada do céu*, 28, 20.

24. HESÍQUIO DO SINAI. *A filocalia 1*, 159. Na versão grega da Filocalia, assim como em sua versão russa, a autoria desse discurso é atribuída a Santo Hesíquio de Jerusalém. No entanto, considera-se que o seu autor é Santo Hesíquio do Sinai.

Durante a oração esforça-te a tornar seu espírito surdo e mudo, assim estarás no estado de rezar. [...] A oração sem distração é a mais alta concentração da inteligência [...]. Quando rezas, vigia a tua memória com todas as tuas forças [...]. A inteligência possui uma tendência terrível de deixar-se sucumbir pela memória durante a oração. Quando rezas, a memória te apresenta imagens das coisas antigas, ou de dúvidas novas, ou rostos daqueles que te fizeram o mal. O demônio tem muita inveja do homem que reza, e utiliza todas as maneiras para que ele perca o seu objetivo. Por isso ele não para de despertar, por meio da memória, pensamentos sobre diversas coisas e, por meio da carne, movimenta todas as paixões. [...] Vigia-te, preservando dos pensamentos a tua inteligência no momento da oração"[25].

## A oração do coração

Um livro antigo, *Discurso utilíssimo sobre o Abade Filemão*, traz um relato sobre um monge hesicasta:

> Um irmão chamado João [...] chegara a este santo e grande Padre Filemão [...] e lhe disse: "O que devo fazer, padre, para ser salvo? Pois vejo que o meu intelecto vaga cá e lá e onde não se deve". Após um momento de silêncio, o padre respondera: "Essa paixão é própria àqueles do mundo, e ela persiste porque não há ainda o desejo perfeito de Deus; porque não ferveu em ti ainda o calor do amor e do conhecimento de sua Pessoa". O irmão lhe disse: "O que devo fazer, então, padre?" Ele respondera: "Vai e por algum tempo faz uma meditação secreta,

25. EVÁGRIO PÔNTICO. *A filocalia 1*, 178-180.

em teu coração, que possa purificar o teu intelecto dessas coisas". O irmão, que não era iniciado àquilo que estava sendo dito, perguntou ao ancião: "O que é a meditação secreta, padre?" Ele respondeu: "Vai, seja sóbrio em teu coração, e com a sobriedade em tua mente, com temor e tremor pronuncia essas palavras: 'Senhor Jesus Cristo, tem piedade de mim!'" [...] O irmão partiu, e com ajuda de Deus guardou silêncio, e se encheu de doçura por um tempo, com essa meditação. Mas quando essa o deixou repentinamente, e ele não conseguia mais cultivá-la com sobriedade e rezar, o irmão retornara ao eremita e lhe contara tudo aquilo que tinha acontecido com ele. O padre lhe disse: "Pois é, por um tempo tu conheceste a trilha do silêncio e da diligência, e degustaste a doçura que dela deriva. Mantenha isso sempre em teu coração. Que tu comas, que tu bebas, que tu estejas em companhia de alguém, que tu estejas sentado em tua célula ou estejas caminhando, não te esqueças de repetir essa oração com a mente sóbria e o intelecto estável [...]. Não deixes o teu espírito ocioso, mas obriga-o a exercitar-se e a rezar secretamente. Assim tu conseguirás compreender a profundidade da Escritura divina e a potência contida nela, e darás ao teu intelecto a diligência incessante para cumprir o mandamento apostólico que prescreve: Orai sem cessar (1Ts 5,17). Presta atenção, então, para que o teu coração não acolha pensamentos ruins, vãos e inúteis; mas sempre que tu durmas, que tu levantes, comas, bebas ou falas, que o teu coração não pare de recitar, em segredo, mentalmente, os salmos e rezar: Senhor Jesus Cristo, Filho de Deus, tem piedade de mim! E ainda [...] presta atenção para não dizer certas coisas com a boca enquanto a tua mente vagueie em um lugar alheio [...]"[26].

Esse relato resume bem o ensinamento da Igreja primitiva sobre a tradição de orar a Jesus, que é chamada de "exercício místico", "ação consciente", "oração mental e cordial", ou simplesmente "oração de Jesus". A vantagem dessa oração consiste em sua simplicidade e em seu laconismo. O seu texto completo contém apenas nove palavras: "Senhor Jesus Cristo, Filho de Deus, tende piedade de mim, pecador". Mas existem também as variações mais curtas ainda: "Jesus, Filho de Deus, tende piedade de mim", ou "Senhor, tende piedade", "Cristo, tende piedade". Nenhuma atividade pode impedir o ato de repetir constantemente essa oração: "As mãos trabalham, mas a razão e o coração estão com Deus", segundo as palavras de São Teófano o Recluso[27].

A graça particular da oração de Jesus provém do fato de que ela contém o nome de Jesus. O próprio Cristo nos havia ordenado a rezar em seu nome: "Na verdade, na verdade vos digo que tudo quanto pedirdes a meu Pai, em meu nome, Ele vo-lo há de dar. Até agora nada pedistes em meu nome; pedi, e recebereis, para que o vosso gozo se cumpra" (Jo 16,23). Sobre a força milagrosa de seu nome, Ele diz: "Em meu nome expulsarão os demônios, falarão novas línguas. [...] Porão as mãos sobre os enfermos, e os curarão" (Mc 16,17-18). Quando os apóstolos Pedro e João curaram um enfermo, os sacerdotes lhes indagaram: "Com que poder ou em nome de quem fizestes isto? Então Pedro, cheio do Espírito Santo, lhes disse: [...] em nome de Jesus Cristo, [...] Ele é a pedra que foi rejeitada por vós, [...] e em nenhum outro há salvação, porque também debaixo do céu nenhum outro nome há, dado entre os homens, pelo qual devamos ser salvos" (At 4,7-12).

---

26. Discurso utilíssimo sobre o Abade Filemão. *A filocalia 2*, 244-245. Cf. ABATE FILEMONE. Discorso utilissimo sull'Abate Filemone. In: *La filocalia*. Vol. 2. Milão: Piero Gribaudi, 2004, p. 360-361.

27. Apud BISHOP KALLISTOS WARE. *The Power of the Name*, p. 6.

A antiga literatura cristã contém várias menções sobre a força milagrosa do nome de Jesus, assim como sobre a oração ininterrupta ligada a esse nome. No livro *Pastor de Hermas* (século II), o anjo diz: "O nome do Filho de Deus é grande, infinito e mantém o mundo inteiro. [...] Ele (Cristo) apoia aqueles que levam o seu nome no coração. Ele próprio torna-se o fundamento para eles e lhes apoia com amor, porque eles não temem levar o seu nome"[28]. O relato da vida de Santo Inácio de Antioquia (século II) afirma que, enquanto ele estava sendo levado ao lugar da execução, ele invocava ininterruptamente o nome de Cristo. Os guardas perguntaram por quê. E Santo Inácio lhes respondeu que esse nome era escrito em seu coração. Quando o corpo do santo mártir foi despedaçado por leões, o seu coração permaneceu intacto. Um dos soldados cortou-o em dois e percebeu uma inscrição: Jesus. "Não importa – escreve a esse propósito o arcebispo da Finlândia, Paulo – se consideramos esse relato como um milagre de Deus ou como uma lenda piedosa. Ele demonstra, assim como o próprio nome dado a Santo Inácio – o *Teóforo*, ou seja, Portador de Deus –, que a prática de rezar em nome de Cristo é muito antiga"[29].

Essa prática permanece viva na Igreja Ortodoxa até os dias de hoje, não apenas nos mosteiros, mas também entre os fiéis. São João Clímaco do século VIII, São Gregório Palamas e os hesicastas do século XIV, São Nicodemos Agiorita do século XVIII, São Serafim de Sarov do século XIX, São Silvano do Monte Athos do século XX – todos eles ensinavam a oração de Jesus.

Conforme o ensinamento da Igreja, o nome de Jesus possui uma força e uma energia de Deus. São João de Cronstadt dizia: "Que o nome do Senhor [...] seja para vocês como a presença do próprio Senhor. [...] O nome do Senhor é o próprio

---

28. *Pastor de Hermas*, 9,14.

29. [ARCEBISPO DA FINLÂNDIA, PAULO]. *Como nós cremos*. Paris, 1986, p. 118-119 [em russo].

Senhor. [...] O nome de Deus todo-poderoso é o próprio Deus, o Espírito onipresente e primário"[30]. No começo do século XX, surgiram os debates teológicos no Monte Athos em razão dessas palavras e principalmente por consequência do livro do Monge Hilarion, *Nas montanhas do Cáucaso*. Esse último escreveu: "O Filho de Deus [...] na plenitude de sua natureza divina é presente na Santa Eucaristia, assim como nas igrejas cristãs. Ele também é inteiramente presente no seu nome, em toda a sua perfeição e na plenitude de sua divindade"[31]. Alguns acusavam essas palavras de engano dogmático, pois o nome de Deus é confundido aqui com o próprio Deus. Porém, no fundo, o livro do Monge Hilarion está perfeitamente de acordo com a tradição antiga da veneração do nome de Jesus. São Silvano, que habitava o Monte Athos nesses anos de debates sobre o nome de Deus, não participava neles, embora ele próprio praticasse a oração de Jesus diariamente: "Ele sabia que através da oração de Jesus o coração se enche da graça do Espírito Santo, que a invocação do Nome Sagrado de Jesus santifica o homem todo, inibindo nele as paixões. Mas evitava a interpretação dogmática dessa experiência vivida por ele, pois temia 'enganar-se na interpretação racional'. Esses enganos não eram raros nos dois lados dos debates", escreve o Hieromonge Sofronio a propósito desses debates no Monte Athos[32].

Embora a oração de Jesus seja direcionada a Cristo, ela é trinitária, pois Cristo é chamado nela de Filho de Deus, ou seja, de Filho de Deus Pai, e "ninguém pode dizer que Jesus é o Senhor, senão pelo Espírito Santo" (1Cor 12,3). A essência, a natureza, a vontade, a ação de todas as Pessoas da Santíssima Trindade são unas, e por isso, quando invocamos Cristo, invocamos também

30. Apud *Nas montanhas do Cáucaso*. Batalpashinsk, 1910, p. 16-17 [em russo].

31. Ibid., p. 16.

32. HIEROMONGE SOFRONIO. *Starets Silvano*, p. 41.

o Pai e o Espírito, pois onde Cristo esteja presente, o Pai e o Espírito estão presentes também.

Um outro livro russo de grande relevância é a obra *Relatos de um peregrino russo*, escrita na segunda metade do século XIX, que trata também da oração de Jesus. O protagonista é o próprio autor do livro, um simples camponês russo, que tinha ouvido na igreja as palavras do Apóstolo Paulo: "Orai sem cessar" (1Ts 5,16). Assim, ele dedicou a sua vida à oração do coração, mas não conseguia encontrar um orientador espiritual para isso. Finalmente, encontrou um monge ancião que lhe expôs a prática da oração de Jesus, lhe ofereceu um rosário e prescreveu repetir a oração três mil vezes por dia. Esse número subiu logo para seis mil, depois para doze mil orações por dia, e depois o peregrino aprendeu a rezar sem cessar, de modo que a oração permanecia em seu coração até mesmo durante o sono noturno. O peregrino, possuindo uma enfermidade de nascença, caminhava de cidade em cidade, praticando a oração contínua: "Eis como vivo agora, caminhando e repetindo a oração de Jesus sem cessar, que para mim é mais doce e mais preciosa do que qualquer coisa neste mundo. Às vezes, ando algo como 43 ou 44 milhas por dia, mas nem sinto que estou andando, sinto apenas que estou rezando [...]"[33].

A regra fundamental da oração de Jesus consiste em "prender os pensamentos nas palavras da oração", segundo a expressão de São João Clímaco[34]. Porém, os ascetas da Antiguidade perceberam que o pensamento, quando se encontra na cabeça, é sujeito à distração e não consegue se concentrar. Assim, eles elaboraram um método de concentrar o pensamento no coração, e o chamaram de oração mental e cordial. O método consiste em prender o pensamento no coração durante a oração:

---

33. *Relatos de um peregrino russo.*

34. SÃO JOÃO CLÍMACO. *A escada do céu*, 28, 16.

> É preciso descer da cabeça para o coração, diz São Teófano o Recluso em uma de suas cartas. Recordo, vós escrevestes que o esforço de atenção vos causava uma dor de cabeça. E é assim quando unicamente a cabeça está em atividade. Mas quando ela desce ao coração não há mais esforço, a cabeça fica vazia e os pensamentos acabam. Quando eles permanecem na cabeça, perseguem um ao outro, e são impossíveis de conter. Se vós fôsseis capazes de encontrar o coração e permanecer nele, toda vez que os pensamentos aparecerem, seria suficiente descer ao coração e os pensamentos se dispersariam. [...] A vida está no coração, e é nele que é preciso viver. Não penseis que isso seja reservado aos perfeitos. Não, isso é para todos aqueles que se lançam a procurar o Senhor[35].

O nome de Jesus precisa se unir ao coração daquele que reza. Como dizia São João Crisóstomo, "o Senhor absorva o coração, e o coração absorva o Senhor, e os dois sejam unos"[36].

A oração mental e cordial é também abordada no tratado *Método da oração hesicasta*, atribuído a São Simeão, o Novo Teólogo[37]. Em particular, o livro afirma haver três formas de atenção e da oração. Na primeira forma, o homem em oração imagina em sua cabeça os bens celestes, os anjos, os santos e tudo que ele leu na Escritura. Assim, essa forma baseia-se na atividade da fantasia. Na segunda forma, o homem em oração concentra o seu intelecto no combate aos pensamentos, mas não consegue detê-los: "os pensamentos lutam entre si", e falta lucidez à razão. A terceira forma de oração consiste na redução das atividades mentais para o coração, acompanhada de uma

35. Apud *Sobre a oração de Jesus*, p. 109 [em russo].

36. SÃO JOÃO CRISÓSTOMO. *A filocalia 4*, 222.

37. O texto desse tratado foi publicado em HAUSHERR, I. *La méthode d'oraison hesychaste*. Roma, 1927 [Orientalia Christiana, IX-2].

atenção aguçada, de ausência de preocupações terrestres, de uma consciência pura e impassível. Esse é o único e autêntico estado da oração. O autor do livro sugere lançar mão de algumas disposições concretas para facilitar a descida da razão ao coração: assentar-se numa cadeira baixa em um aposento escuro, fechar os olhos, abaixar a cabeça, conter ligeiramente a respiração, tentar encontrar "o lugar do coração" por seu espírito, e, concentrando-se nele, praticar a oração de Jesus.

Todos esses procedimentos servem apenas para facilitar a prática de oração e não constituem o objetivo em si. É curioso que São Teófano o Recluso, um dos mestres espirituais mais experientes do século XIX, demonstrava reticências significativas em relação a esses procedimentos. Em sua tradução do *Método* de São Simeão para o russo, ele omitiu voluntariamente tudo que tratava das técnicas práticas da oração. Ele explica-se em nota de rodapé:

> São Simeão indica algumas técnicas de ordem exterior capazes de seduzir alguns e os desviar da atividade principal, ou de deformar a própria atividade para os outros. Como essas disposições, pela falta de mestres experientes, podem ocasionar consequências nefastas, e não representam nada mais do que técnicas externas para uma obra interior, nós as omitimos. A essência dessa atividade consiste em educar o seu espírito em permanecer no coração [...]. É preciso fazer o espírito descer ao coração e estabelecer-se nele. Como dizia um dos monges anciãos, unir o espírito com o coração. Como conseguir? Procura e tu encontrarás. O caminho mais curto é *caminhar perante Deus*, esforçar-se na oração e, sobretudo, frequentar a Igreja[38].

---

38. SÃO SIMEÃO, O NOVO TEÓLOGO. *Discursos*. Vol. 2. Moscou, 1890, p. 188 [em russo].

Dessa maneira, São Teófano insiste no fato de "caminhar perante Deus". Essa expressão bíblica é frequentemente utilizada no Antigo Testamento para definir o comportamento dos justos (Gn 5,24; 6,9; 17,1 e outros). Para o Novo Testamento, e principalmente para a prática ascética cristã, essa expressão designa a correspondência de toda a vida do ser humano aos mandamentos de Deus. Caminhar perante Deus significa conferir cada ação e cada pensamento com o Evangelho, pensar sem cessar sobre Deus, sentir a sua presença e tentar não pecar em nada contra a sua justiça. A oração trará os frutos espirituais apenas se ela for combinada com a vida verdadeiramente cristã.

> Não é difícil reconhecer pessoas que não levam a vida espiritual a sério, mas tentam apenas imitá-la [escreve Hieromonge Seraphim Rose]. Havia um homem em São Francisco que desejou praticar a oração de Jesus. Ele aumentava gradualmente a quantidade de orações até chegar a 5.000 por dia. Levando vida mundana, no meio de uma cidade grande, cada manhã, antes mesmo de começar qualquer atividade, ele ia para a sua varanda e rezava 5.000 orações de Jesus. Assim ele sentia-se muito avivado e animado. Aconteceu que, um dia, quando ele iniciou o último bloco de 1.000 orações, apareceu um homem embaixo de sua varanda, ocupado com suas atividades. O nosso orador ficou tão irritado com esse homem que começou a lançar nele a louça da cozinha. Como podemos compreender uma pessoa envolvida em uma atividade espiritual, se ela for capaz de arremessar a louça durante a oração? Isso demonstra que dentro dela as paixões estavam soltas. [...] A vida espiritual não significa estar nas nuvens para rezar a oração de Jesus e nem produzir uns movimentos corporais[39].

---

39. HIEROMONGE SERAFIM (ROSE). *Seguindo São Patrique, o iluminador da Irlanda e São Gregório de Tours*. Cuibischev, 1990, p. 8-9 [em russo].

O ideal cristão consiste em alcançar um estado da alma, no qual toda a vida transforma-se em uma oração, para que toda atividade e todo pensamento sejam penetrados pela oração. Cada cristão possui um conjunto de orações que ele lê diariamente, ou então um horário específico reservado exclusivamente para a oração. "Regra" ou "cânone" (do grego *kanon*) são os termos usados pelos construtores para identificar o instrumento que mede o nivelamento das paredes. A oração também é um cânone, que mede o nosso estado espiritual. Se amamos a oração, estamos no caminho para Deus; se não, a nossa vida espiritual possui deficiências. É com a oração que podemos conferir se uma atividade agrada ou não a Deus. Diz a lenda que um comerciante queria convencer São Silvano do Monte Athos que fumar não era pecado. São Silvano sugeriu a ele, então, rezar sempre antes de pegar o cigarro. O comerciante replicou: "Rezar antes de fumar, isso não é muito apropriado". E São Silvano então respondeu: "Assim, não seria recomendada qualquer atividade que não tolera ser precedida por uma oração sincera"[40].

## A oração e a teologia

Os Santos Padres chamam a oração de "teologia verdadeira": "Se tu és um teólogo, rezarás verdadeiramente; se tu rezas verdadeiramente, tu és um teólogo"[41]. Para os Santos Padres da Igreja, a teologia não era uma teoria abstrata sobre "um Deus desconhecido", mas era uma procura de encontro pessoal com Ele. A teologia verdadeira não é *sobre* Deus, mas é *em* Deus, pois ela não analisa Deus como um objeto externo, mas interage com Ele como com uma pessoa. A teologia cristã baseia-se na

40. ARCEBISPO SOFRONIO (SAKHAROV). *São Silvano do Monte Athos*. Esseks, 1990, p. 223 [em russo].

41. EVÁGRIO PÔNTICO. *A filocalia 1*, 182.

oração e na experiência. Ela se opõe a uma "erudição" árida e privada da graça:

> Não é para qualquer um – saibam disso! –, não é para qualquer um a oportunidade de discutir sobre Deus. [...] Não é para qualquer um, pois é uma atividade daqueles que se exercitaram e avançaram na contemplação, e, antes disso, que purificaram a sua alma e o seu corpo e, verdadeiramente, se purificaram. [...] É possível discutir sobre Deus quando possuímos um silêncio interior e o nosso espírito não está pairando no exterior [diz São Gregório Nazianzeno][42].

Porém, a oração não é uma atividade espontânea e voluntária do espírito, pois ela também provém da teologia. A Igreja acredita que não há uma oração completa fora da consciência dogmática, pois uma alteração dos dogmas acarreta as alterações na prática da oração, como acontece em muitas seitas que se separaram da Igreja. O cristão, mesmo se ele estiver rezando sozinho, continua sendo um membro da Igreja: "A oração pessoal é possível unicamente no seio de uma comunidade. Ninguém é um cristão por si só, mas sempre é uma parte do corpo. Mesmo estando reservado, em uma célula, o cristão reza enquanto membro de uma sociedade redimida, a Igreja", escreve o Sacerdote George Florovsky[43]. A oração pessoal é inseparável da Liturgia, sendo a sua continuidade. Toda a vida de um cristão é a Liturgia que ele ministra em seu coração e dedica à Santíssima Trindade, ao Pai, ao Filho e ao Espírito Santo.

Cada religião possui formas específicas de oração. É possível encontrar muitos pontos em comum entre a prática de oração de religiões diferentes. Por exemplo, existem paralelos célebres entre a oração de Jesus e a invocação do nome de Deus

---

42. PG 36, 12-13.

43. Apud WARE, T. *The Orthodox Church*, p. 310.

no islã; entre a prática da concentração consciente no cristianismo e a meditação de yoga. Porém, o essencial da oração de Jesus não consiste no fato de que ela é uma fórmula perpétua, de que ela exige um silêncio do espírito, de que ela auxilia na concentração. O essencial nela é a *quem* ela é endereçada, *qual nome* ela invoca.

> O essencial na oração de Jesus não é a repetição em si, nem a nossa maneira de sentar ou de respirar, mas a quem nós a endereçamos. [...] A oração de Jesus não é apenas uma maneira de nos concentrar. Ela não é apenas um tipo de "yoga cristã", uma variação de "meditação transcendental", ou de "mantra cristão". Diferentemente da yoga, ela é um apelo *endereçado a uma Outra Pessoa,* a Deus que se tornou homem, Jesus Cristo, nosso próprio Salvador e Redentor. [...] A oração de Jesus é antes de tudo indissociável da fé. A invocação do Nome supõe que aquele que pronuncia a oração crê em Jesus como o Filho de Deus e Salvador [escreve o Metropolita Kallistos Ware][44].

Nisso consiste a diferença crucial entre a oração cristã e a não cristã, pois aquele que crê em Cristo reza *a Cristo* e *em Cristo.* Ele também reza à Virgem Maria como a Mãe de Deus e aos santos como seus testemunhos.

O Apóstolo Paulo diz que nas orações dos cristãos o Espírito Santo reza ao Pai, clamando: "*Abba*, Pai" (Gl 4,6). A oração cristã é a escuta dessa voz divina dentro do coração. Não é a própria pessoa que reza, mas é Deus que reza dentro dela: "Que mais dizer? Deus que realiza tudo em todos é a oração. Pois é una a energia do Pai, e do Filho, e do Espírito Santo que realiza tudo em Jesus Cristo", escreve São Gregório o Sinaíta[45].

---

44. BISHOP KALLISTOS WARE. *The Power of the Name*, p. 23-24.

45. PG 150, 1280 A.

Se a oração é a atividade (energia) da Trindade "em Cristo", o que pode ela ter em comum com uma oração não cristã? Os adeptos de Krishna modernos afirmam que "Cristo e Krishna são a mesma coisa", que eles são apenas nomes diferentes de um Deus único, e por isso não há diferença alguma em repetir internamente a oração de Jesus ou o mantra "Hare Krishna". Mas o cristianismo confessa que "debaixo do céu nenhum outro nome há, [...] pelo qual devamos ser salvos", exceto de Jesus Cristo (At 4,12). Um teólogo verdadeiro é aquele que crê em Deus Triúno e na Verdade Encarnada, Jesus Cristo, o Filho de Deus. Um teólogo verdadeiro reza verdadeiramente, mas o teólogo falso reza em falsidade, pois ele permanece fora da Verdade.

## Os frutos da oração

Se a oração é uma ação conjunta do homem com Deus, é preciso que o homem se esforce para que Deus ofereça dons. A oração é uma *lavoura* espiritual, que exige que nós nos obriguemos a ela, pois ela é como o Reino de Deus, que "pela força se apodera" (Mt 11,12). Tudo que é chamado de "frutos da oração" são, na verdade, dons da livre-vontade de Deus, e não consequências de esforços humanos. É Deus que decide quais dons e quando oferecer àquele que reza. Os Santos Padres advertem sobre o perigo de desejar obter uns estados de graça e uns dons espirituais ao longo da oração. O único estado que precisa ser cultivado internamente é a consciência de sua indignidade e insignificância perante a glória de Deus, conjugada com a sede pela comunhão com Deus. Santo Isaque de Nínive chama a procura dos dons da graça de uma doença da alma:

> Renunciemos a procurar em Deus os sentimentos elevados, enquanto Ele não nos oferecer. [...] O Senhor não acolhe a oração daquele que não se considera um pecador. Se tu disseres que os Padres escre-

> veram sobre a pureza interior, sobre a saúde da alma, sobre a impassibilidade, sobre a contemplação, eles não o fizeram para nós acedermos prematuramente [...]. O dom do Senhor virá sozinho, se o lugar no nosso coração for puro e incorruptível. A procura dos dons elevados de Deus não é aprovada pela Igreja. [...] Ela não indica o amor do homem a Deus, mas uma doença de alma[46].

Todos os dons da graça e da misericórdia de Deus virão conforme a boa vontade de Deus: "Assim, pois, isto não depende do que quer, nem do que corre, mas de Deus, que se compadece" (Rm 9,16).

Os primeiros frutos da oração, de acordo com Santo Inácio (Briantchianinov), são a atenção e a ternura:

> Esses frutos aparecem antes de todos os outros graças à oração corretamente conduzida, e, principalmente, graças à oração de Jesus, cuja prática é superior àquela do canto de salmos ou qualquer outro modo de orar. A atenção gera a ternura, e a ternura redobra a atenção. As duas se reforçam reciprocamente. [...] A oração verdadeira, assim como a atenção e a ternura, são os dons de Deus[47].

Podemos pronunciar milhares de palavras durante a oração antes que uma delas toque o nosso coração e gere nele uma sensação de calor, de um amor árduo por Deus, uma doçura inefável, um silêncio e uma paz – esse estado é chamado de compunção. É recomendado não passar para as próximas frases da oração, mas permanecer nessas palavras e aprofundar-se espiritualmente nelas. "Quando em alguma palavra de oração

---

46. SANTO ISAQUE DE NÍNIVE. *Discurso 4* [*Isaak tou Syrou eurethenta asketika*, sel. 379].

47. BISPO INÁCIO (BRIANTCHIANINOV). Vol. 1. São Petersburgo, 1905, p. 292 [obra em 5 volumes, em russo].

tua alma sente alguma suavidade e compunção, persevera nela, porque, então, o nosso anjo ora juntamente conosco", escreve São João Clímaco[48]. É também recomendado rezar com suas próprias palavras, se for o nosso desejo no momento da ternura.

> Nunca deixe passar despercebidos esses instantes da elevação da alma a Deus. Toda vez que elas aconteçam, para e reza com suas próprias palavras [...]. Seja na igreja, seja em casa, se a tua alma desejar rezar com suas próprias palavras e não com as dos outros, não a detém, deixe-a rezar livremente, mesmo que ela reze o ofício inteiro assim, ou mesmo que tu percas o ritmo da oração diária em casa [escreve São Teófano o Recluso][49].

Frequentemente, o sentimento da compunção surge de uma maneira inesperada, embora seja fruto de um trabalho contínuo da oração. Ele se manifesta não apenas aos ascetas experientes, mas às vezes aos iniciantes na vida espiritual para reforçar a sua fé, ou até mesmo às crianças que amam o templo de Deus. Um monge do Monte Athos do século retrasado lembrou de como a graça divina visitou-o na primeira infância:

> Pela minha assiduidade na igreja, ou por causa da minha disposição para a vida monástica, a graça divina me consolou várias vezes através de sua aparição. [...] Um dia, na idade de aproximadamente 7 anos – eu já era acólito –, lembro-me que um sábado, durante o ofício vespertino, durante a procissão de entrada, eu segurava uma vela, e, como de costume, permanecia perante o ícone do Salvador, com o olhar fixo sobre a sua face. Nesse momento, cantavam o canto dogmático: "O Rei Celestial, pela sua filantropia, surgiu na

---

48. SÃO JOÃO CLÍMACO. *Clímax ou escada do céu.* São Paulo, cap. 28, p. 217 [Trad. João Mendes de Almeida Junior].

49. Apud *Sobre a oração de Jesus*, p. 55.

> terra e viveu com os homens". Essas palavras impressionaram o meu coração e encheram-no com a mais doce ternura. As lágrimas jorravam. [...] Eu chorava, repleto de temor e de alegria. Essas palavras retornavam (ao meu espírito) com frequência, sempre acompanhadas de espanto e de alegria. Isso continuou por *mais de duas semanas*. Depois, pouco a pouco, isso foi diminuindo, mas a lembrança dessa iluminação milagrosa permaneceu por toda a minha vida[50].

Um caso semelhante é descrito por Dostoiévski em *Os Irmãos Karamazov*. O relato é atribuído a um personagem do livro, o *Starets* Zóssima, mas sabemos que ele é um relato autobiográfico que remonta à infância do próprio autor:

> Mas antes de saber ler, aos 8 anos, experimentava certa impressão das coisas espirituais, lembro-me disso. Minha mãe levou-me à missa na segunda-feira da Semana Santa. [...] Torno a ver o incenso subindo lentamente para a abóbada. [...] Olhei com enternecimento e pela primeira vez minha alma recebeu conscientemente a semente da palavra divina[51].

O autor descreve como o leitor na igreja começa a ler o início do Livro de Jó, e depois o coro canta: "Que minha prece seja ouvida!" "Desde então – e aconteceu ontem ainda – não posso ler aquela tão santa história sem derramar lágrimas"[52]. Dostoiévski, em uma de suas cartas à esposa, atesta que essas "impressões espirituais", manifestaram-se a ele pessoalmente e não são imaginárias: "Eu leio o Livro de Jó, e ele me deixa em um estado de exaltação doentia: deixo a leitura e disparo a caminhar pelo quarto durante horas, prestes a chorar. [...] Esse livro [...] é um dos primeiros que

---

50. *A vida do Padre Jerônimo, relatada por ele próprio*, p. 412-413.

51. DOSTOIÉVSKY, F. *Os Irmãos Karamazov*. Abril, 1970. Livro VI, II, b, p. 302 [Trad. Natália Nunes e Oscar Mendes].

52. Ibid., p. 303.

tinha me perturbado, eu era ainda uma criança". Esse sentimento especial de Dostoiévski ao Livro de Jó poderia ser explicado pelo fato de que a sua própria vida assemelhava-se à vida desse personagem bíblico, repleta de sofrimentos.

Esses textos tratam de formas e graus diferentes de compunção, acompanhada de lágrimas. Na oração, as lágrimas também são um dom de graça e um sinal da visitação. Santo Isaque de Nínive diz: "As lágrimas durante a oração são um sinal que a piedade de Deus foi dada à alma para o seu arrependimento; um sinal que a oração é aceita e que a alma através das lágrimas começa adentrar o campo da pureza"[53]. Evágrio Pôntico sugere rezar pelo dom de lágrimas: "Reza, primeiramente, para obter o dom das lágrimas, para amolecer pelo pranto a dureza inerente de tua alma [...] e obter a remissão de pecados. Mune-te de lágrimas para conseguir todas as tuas demandas, pois o teu Senhor alegra-se de ti quando rezas em lágrimas"[54]. As lágrimas amolecem e refrescam a alma e a tornam mais suscetível ao recebimento da graça de Deus.

De acordo com o Arcebispo Sofronio (Sakharov), o pranto nasce no homem em consequência do contato com o fogo divino:

> Ingênuo é aquele que pensa que pode seguir Cristo sem derramar lágrimas. Pega uma noz seca, coloque-a sobre uma prensa pesada e verás como o óleo escorre dela. Algo semelhante acontece com o nosso coração, quando um fogo invisível da Palavra de Deus queima-o de todos os lados. Nosso coração é endurecido por seu egoísmo bestial [...], mas existe em verdade um fogo que é capaz de derreter os metais e as pedras mais duros. [...] Não é nada outro

53. SANTO ISAQUE DE NÍNIVE. *Discurso 33* [*Isaak tou Syrou eurethenta asketika*, sel. 145].

54. EVÁGRIO PÔNTICO. *A filocalia 1*, 177.

senão o amor sagrado que faz o coração do cristão derramar lágrimas. [...] Não há lágrimas onde não há amor, até mesmo se dedicarmos à ascese mais extrema: meditações intensivas, jejuns prolongados, condições de vida severas. [...] Ausência de lágrimas, segundo o ensinamento dos nossos Padres, demonstra que a nossa oração não atingiu ainda o primeiro degrau de sua ascensão a Deus[55].

Porém, o efeito das lágrimas é variado e imprevisível, diz Padre Sofronio: "Acontece que as lágrimas de amor são oferecidas em abundância e escorrem como um rio. Mas nos períodos, nos quais Deus se distancia de nós, experimentamos uma seca interior. Dificilmente se forma uma gota no canto do olho, que se assemelha à gota de sangue quente de um coração ferido"[56]. O Senhor nos ordenou a chorar: "Bem-aventurados os que choram, porque eles serão consolados" (Mt 5,4). O próprio Cristo chorou durante a oração: "O qual, nos dias da sua carne, oferecendo, com grande clamor e lágrimas, orações e súplicas ao que o podia livrar da morte, foi ouvido quanto ao que temia" (Hb 5,7).

A alegria espiritual que se estabelece no homem também pode ser um fruto da oração. São João Clímaco menciona uma "tristeza jubilosa e piedosa da compunção"[57]. Ele escreve:

> Considerando eu atentamente a natureza desta grande compunção, fiquei muito maravilhado em ver como aquilo que, por um lado, se chama pranto e tristeza, tem consigo anexo gozo e alegria, como o favo tem o mel. Isto nos indica não só uma grande maravilha, como uma grande misericórdia de Deus, que entorna em nossa alma um grande deleite, para

55. ARCEBISPO SOFRONIO. *Ver Deus como Ele é*, p. 46-51.

56. Ibid., p. 52.

57. SÃO JOÃO CLÍMACO. *Clímax ou escada do céu*. São Paulo, cap. 7, p. 11 [Trad. João Mendes de Almeida Junior].

> consolar secretamente aos tristes e desconsolados por seu amor. [...] A consolação é um refrigério de ânimo aflito, o qual alegra e docemente incute coragem no meio das dores: tal como se alegra o menino, quando, depois de haver perdido de vista a sua mãe, a torna a ver rindo e chorando ao mesmo tempo[58].

São Hesíquio escreve sobre a alegria que provém da oração de Jesus:

> A invocação contínua de Jesus, quando é acompanhada de um desejo repleto de ternura e de alegria, faz com que o coração passe de um estado de atenção extrema ao estado de silêncio jubiloso [...]. A alma, repleta da graça e da ternura por Jesus, [...] agradece e chama com alegria Aquele que a pacifica. [...] O espírito será inundado de alegria na luz do Senhor, quando [...] ela [a alma] apresentar-se-á perante Ele livre de todos os pensamentos[59].

O Abade Filemão diz: "Pela oração ininterrupta e pelo conhecimento das Escrituras divinas abre-se o olho inteligente do coração, ele vê o Rei dos poderosos, a sua glória é grande, um desejo irresistível inflama na alma [...] e um sentimento inefável e ardente"[60]. São Diádoco acredita que a alegria espiritual é dada ao homem que se inicia no caminho da oração, mas depois ela o deixa por um tempo longo para que ele não atribua os frutos da oração aos seus próprios esforços[61].

O sentimento da presença de Deus também é um dos frutos da oração. "Se no momento da oração e da leitura das Escrituras Sagradas eleva-se em nós um sentimento da presença de Deus, é

---

58. Ibid., cap. 7, p. 73, 75.

59. HESÍQUIO. *A filocalia 1*, 155.

60. ABADE FILEMÃO. *A filocalia 2*, 243.

61. DIÁDOCO. *A filocalia 1*, 251-256.

um grande dom da graça", escreve o Arcebispo Paulo. Esse sentimento, chamado também de memória de Deus, precisa ser conservado no seu interior[62]. O calor do coração e a paz da alma também são considerados como frutos da oração. São Gregório de Nissa inclui nos frutos da oração também a simplicidade, o amor, a humildade, a paciência e a mansidão[63]. Em outras palavras, a oração transfigura o ser humano e o torna semelhante a Deus.

Do mesmo modo que a oração é incompatível com raiva ou ódio em relação ao próximo, ela é intimamente ligada com amor e compaixão, que também são gerados por ela. De acordo com Santo Isaque de Nínive, o coração daquele que reza se enche de amor a todos os homens, inclusive aos inimigos e aos hereges, a todas as criaturas de Deus:

> E o que é o coração compassivo? [...] É o coração que arde por toda a criação, por todos os homens, pelas aves, pelas bestas, pelos demônios, por toda a criatura. Quando ele pensa sobre eles, quando ele os vê, seus olhos se enchem de lágrimas. Tão forte e tão violenta é a sua compaixão [...], que seu coração agoniza e ele não é mais capaz de ouvir ou de ver qualquer mal e qualquer tristeza no meio da criação. Eis por que ele pranteia em lágrimas também pelos animais irracionais, pelos inimigos da verdade e por aqueles que o prejudicam constantemente, para que sejam resguardados e perdoados. A imensa compaixão incomensurável se eleva em seu coração, à imagem de Deus, ele reza até mesmo pelos répteis[64].

---

62. ARCEBISPO DA FINLÂNDIA, PAULO. *Como nós cremos*. Paris, 1986, p. 115 [em russo].

63. SÃO GREGÓRIO DE NISSA. Vol. 7. Moscou, 1865, p. 281 [obra em 7 volumes, em russo].

64. SANTO ISAQUE DE NÍNIVE. *Discurso 81* [*Isaak tou Syrou eurethenta asketika*, sel. 306].

Dessa maneira, a oração leva o ser humano a uma transfiguração completa, à sua perfeição inalterável. Isso é o fruto essencial da oração. Se a pessoa reza, mas não se torna melhor, se ela lê uma grande quantidade de cânones e de orações, mas permanece fria e descompassiva, é porque a oração ainda não produziu os frutos desejáveis. Por isso, o cristão precisa preocupar-se constantemente em fazer a sua vida corresponder à oração, para que ela se torne uma "caminhada ininterrupta perante Deus".

* * *

> Oração, segundo sua condição e natureza, é união do homem com Deus; mas, segundo seus efeitos e operações, oração é guarda do mundo, reconciliação com Deus, mãe e filha das lágrimas, perdão dos pecados, [...] obra de anjos, mantimento das substâncias incorporais, gosto da futura alegria, obra que não se acaba, veio de virtudes, procuradora das graças, aproveitamento invisível, mantimento da alma, luz do entendimento [...]. A oração (para aqueles que diretamente oram) é um juízo espiritual e tribunal de Deus, que precede o tribunal do juízo posterior à morte [...]. Não digas, depois de haver estado em oração, que nada aproveitaste; pois já aproveitaste em estar ali. Que coisa pode ser mais alta do que chegar-se ao Senhor e perseverar com Ele nesta unidade? [...] Aquele que tem chegado já a possuir o Senhor, não tem tanta necessidade de esforço em dispor-se para a devoção, porque o Espírito Santo roga dentro dele em gemidos que não se podem declarar (SÃO JOÃO CLÍMACO. *Clímax ou escada do céu.* São Paulo, p. 215, 219-221 [Trad. João Mendes de Almeida Junior]).

O divino Gregório o Sinaíta, que encontrou um dia São Máximo, fez-lhe, entre outras, esta pergunta: "Meu padre bem-aventurado, te peço, responde, praticas tu a oração mental perpétua?" O outro, tendo abaixado ligeiramente a cabeça, respondera: "Não quero omitir, padre venerável, o milagre que devo à Santíssima Mãe de Deus. Desde a juventude, eu possuía uma fé fervente na minha soberana Mãe de Deus, eu lhe rogava com lágrimas de me conceder a graça da oração mental. Chegando um dia na igreja, conforme o meu hábito, repeti o meu pedido com um calor extremo no coração, e, quando, mais tarde, eu beijava com amor a sua santa imagem, senti de repente um ardor no meu seio e no meu coração; parecia que uma chama milagrosa descia da imagem sobre o meu coração, sem me queimar, mas derramando um frescor agradável, e afundava a minha alma em uma profunda ternura. Desde então, caro padre, meu coração começou a repetir a oração internamente, e o meu espírito se deleita com a recordação do meu Senhor Jesus Cristo e da minha soberana Santíssima Mãe de Deus, e ele jamais para de recordá-los. Desde então, a oração nunca foi interrompida no meu coração [...]". São Gregório disse: "Diz-me, padre, quando tu dizias a oração de Jesus [...], produzia-se em ti alguma mudança de origem divina, ou um êxtase, ou uma graça particular do Espírito Santo?" O divino Máximo respondera: "Sim. Por essa razão, padre, eu me isolei em lugares desertos tanto que eu amava o silêncio completo, para saborear à vontade os frutos da oração, que são o amor transbordante por Deus e a alegria do espírito no Senhor". São Gregório perguntou-lhe: "[...] No momento que o teu espírito se alegra em Deus, o que tu percebes com o teu olhar espiritual?" [...] São Máximo respondera-lhe: "[...] Quando a graça do Espírito Santo desce sobre o homem por meio da oração [...], o seu espírito inteiro se reveste por esse benefício espiritual e não pode mais agir de acordo com suas próprias forças [...]. O Espírito o leva lá, onde Ele quer, seja para os espaços imateriais banhados na luz divina, ou para alguma outra visão inefável. Resumindo, o Espírito Santo Consolador consola seus servos segundo sua boa vontade [...]. Assim o Profeta Isaías teve a visão do Senhor sobre um trono elevado, rodeado por serafins. O grande mártir Estêvão viu os céus abertos e o Senhor Jesus à direita do Pai [...]. Hoje, os servos de Cristo se tornam igualmente dignos de ter as visões [...]. Quando a graça do Espírito Santo visita o homem, ela recolhe o seu espírito, o torna atento e humilde, traz à sua memória a recordação sobre a morte e seus pecados, sobre o juízo final e os tormentos eternos, o enche de sentimento da compunção que o aflige e o faz derramar lágrimas [...]. O espírito se alegra por essa luz divina e é penetrado pela iluminação do conhecimento divino, o coração se desvanece pleno de ternura e exala a abundância dos dons do Espírito Santo: alegria, paz, paciência, bondade, piedade, amor, humildade e outros (Gl 5,22), e sua alma recebe a alegria sem limites" (A vida de São Máximo o Capsocalivita. In: *A filocalia* 5, 104-106).

Irmãos cristãos, ninguém deve pensar que apenas os ministros dos cultos e os monges devem praticar a oração incessante, enquanto que os leigos não o devem. Não, não! Todos nós, cristãos, devemos rezar incessantemente [...]. São Gregório Palamas tinha um amigo querido chamado Jó, homem muito simples e cheio de virtudes. Durante uma conversa sobre a oração, o bispo lhe disse que todo cristão possui o dever [...] de rezar sem cessar, em virtude do mandamento do Apóstolo Paulo dirigido a todos: "Orai sem cessar" (1Ts 5,17). [...] Essa ideia pareceu nova a Jó, que começou a discutir, dizendo ao bispo que a oração perpétua era uma atividade exclusiva dos monges e dos ascetas, que vivem fora do mundo e de sua vaidade, e não dos leigos atarefados por obrigações e atividades [...]. Que dizem os leigos? Somos esmagados por necessidades e obrigações desse mundo, como poderemos orar sem cessar? Eu respondo-lhes: "Deus não pede algo impossível [...]. Tu trabalharás com o teu corpo e rezarás com a tua alma. Que o homem exterior execute os trabalhos corporais, e que o homem interior se consagre totalmente ao serviço de Deus [...]. Bem-aventurados são aqueles que se habituam a essa obra piedosa [...]. Essa oração mental é uma luz que estende a sua iluminação na alma e abraça o coração com o fogo do amor por Deus. Ela é uma cadeia que une Deus e o homem, e que une o homem a Deus" (A vida de São Gregório Palamas. In: *A filocalia* 5, 107-108).

A oração não deve ser uma atividade limitada a certos horários, mas um estado constante [...]. A obra desta oração é simples: deposita o espírito no coração, posiciona-te perante a face do Senhor e invoca-o, dizendo: "Jesus Cristo, Filho de Deus, tem piedade de mim", ou apenas "Senhor, tem piedade". [...] Todas as maneiras que são recomendadas (assentar-se, inclinar-se etc.), assim como a leitura "ornamentada" dessa oração, não convém a todos e representam um perigo se não acompanhadas por um mestre experiente. Melhor nem experimentá-las. Uma única coisa é exigida de todos: cultivar a atenção do coração. Todo o resto é secundário e não agrega nada ao essencial (SÃO TEÓFANO O RECLUSO. *Sobre a oração de Jesus*, p. 30-31).

Nós lançamos o olhar no vale e ficamos surpresos em avistar um homem carregando um grande embornal nas costas. Com passos lentos e calculados, ele descia o morro em direção a uma grota funda e queimada [...]. Era estranho e, ao mesmo tempo, comovente, encontrar um ser humano nessas paragens inabitadas [...]. Ele aproximava-se e nós percebemos que ele também, assim como nós, era um monge. Isso nos deixou alegres, pois esperávamos aprender com ele muitas utilidades relacionadas à vida ascética no deserto. Quando ele se aproximou de nós, abordamo-lo com a saudação comum entre os monges: "Sua bênção, padre!" "A bênção de Deus esteja sobre ti!" Era um asceta de idade avançada [...], um homem alto, de corpo seco, [...] sua barba descia até a cintura, seu cabelo era branco como a neve sobre as montanhas [...]. Sua pessoa passava a impressão de que ele era iluminado espiritualmente: seus olhos irradiavam um sentimento de piedade inefável e brilhavam de bondade, sinceridade e compaixão [...]. Nós tomamos chá com pão torrado e começamos uma conversa memorável. [...] "Pelo amor do Senhor, diga, o que encontrou de melhor no deserto?" Seu rosto iluminou-se, uma luz celeste brilhou em seus olhos [...]. Ele respondeu: "O Senhor Jesus Cristo veio ao meu coração, e nele, sem dúvida, a própria vida eterna tornou-se perceptível no meu coração [...]". Ficamos surpreendidos com essas palavras inesperadas, pois encontramos exatamente o que procurávamos. [...] "De que maneira?", apressei-me a perguntar. O asceta respondera: "Graças à oração incessante ao nosso Senhor Jesus Cristo [...]. Ao longo de cerca de quinze anos, eu apenas pronunciava a oração com meus lábios [...]. Depois, [...] ela se transformou sozinha em uma oração mental, na qual, em outras palavras, a mente se mantém encerrada nas palavras da oração [...]. Em seguida, com a graça de Deus, ela se transformou em uma oração cordial [...], cuja essência consiste na mais estreita união do nosso coração com o Senhor Jesus Cristo, percebido com toda a clareza em seu Santíssimo Nome. Esse estado elevado e sobrenatural [...] constitui a última etapa e o próprio objetivo de cada criatura viva, criada à semelhança de Deus e que pende naturalmente ao seu modelo divino. Nessa etapa consuma-se a união do coração com o Senhor; a união, na qual o Senhor atravessa o nosso espírito pela sua presença, assim como um raio solar atravessa um vidro, e nos concede a oportunidade de desfrutar o gozo inefável da santa união com Deus [...]. O homem penetra o espaço da luz eterna [...] e nós, libertados, demoramo-nos em Deus, e Deus demora-se em nós (MONGE HILARION. *Nas montanhas do Cáucaso*, p. 7-10).

Aquele que ama o Senhor, sempre pensa nele, e desse pensamento nasce a oração [...]. A alma que ama o Senhor não pode não rezar, pois ela é atraída a Ele pela graça que ela conheceu durante a oração. Os templos são feitos para a oração; nos templos celebramos os ofícios conforme os livros litúrgicos; mas não consegues levar o templo contigo e nem sempre tens os livros, enquanto a oração interior está sempre contigo em todos os lugares. Os ofícios divinos são ministrados nos templos, e o Espírito de Deus vive neles, mas a alma – eis, o melhor templo de Deus. Pois, para aquele que reza em sua alma, o mundo inteiro torna-se um templo. [...] Aquele que ama a Deus, pode pensar nele dias e noites, pois não há atividades que possam impedir amar a Deus. [...] A alma, perdendo a humildade, perde também a graça e o amor a Deus, e assim a oração ardente se apaga; mas quando as paixões se acalmarem, e a alma alcançar a humildade, o Senhor lhe concede a sua graça. Então, ela reza por seus inimigos [...] e pelo mundo inteiro com as lágrimas ardentes (São Silvano do Monte Athos [HIEROMONGE SOFRONIO. *Starets Silvano*, p. 125-126]).

# 10

# A DEIFICAÇÃO

## A visão de Deus

A doutrina ortodoxa sobre a visão de Deus, que foi formulada dogmaticamente por São Gregório Palamas e seus seguidores ao longo de alguns concílios locais entre 1340 e 1360, fundamenta-se sobre numerosos testemunhos retirados das Sagradas Escrituras e das obras patrísticas. Ela foi apresentada de maneira sistemática por Vladimir Lossky em seu livro *A visão de Deus*[1].

Lossky afirma que a Bíblia contém duas séries de textos que parecem ser contraditórias: uma nega a possibilidade de ver Deus, enquanto a outra, pelo contrário, sustenta que ver Deus é o objetivo supremo do homem. A primeira série contém, entre outros textos, as palavras de Deus a Moisés: "Não poderás ver a minha face, porquanto homem nenhum verá a minha face, e viverá" (Ex 33,20; cf. Jz 6,22; Is 6,5; Jo 1,18). A segunda série de textos inclui as narrativas do Antigo e do Novo testamentos sobre encontros de homens com Deus, inclusive as palavras de Jacó: "Tenho visto a Deus face a face, e a minha alma foi salva" (Gn 32,31), a história de Moisés que falava com o Senhor "cara a cara, como alguém que fala com o seu amigo" (Ex 33,11), e também as palavras de Jó que acredita firmemente na possibi-

1. Cf. LOSSKY, V. *The vision of God*. Crestwood, NY: St. Vladimir's Seminary Press, 1983.

lidade de ver Deus: "Porque eu sei que o meu Redentor vive, e que por fim se levantará sobre a terra. E depois de consumida a minha pele, ainda em minha carne verei a Deus. Vê-lo-ei por mim mesmo, e os meus olhos, e não outros, o verão; e por isso os meus rins se consomem dentro de mim" (Jó 19,25-27), assim como suas palavras no final do livro: "Com o ouvir dos meus ouvidos ouvi, mas agora te veem os meus olhos" (Jó 42,5). A essa série pertence também a fala de Cristo: "Bem-aventurados os limpos de coração, porque eles verão a Deus" (Mt 5,8). Quando os apóstolos João e Paulo escrevem sobre os frutos finais de nossa adoção como filhos de Deus, eles alegam que nós veremos Deus "assim como é" (1Jo 3,2), ou seja, não de maneira obscura como se fosse em um espelho embaçado, mas "face a face" (1Cor 13,12)[2].

As obras dos Santos Padres da Igreja também contêm duas afirmações contraditórias: a da invisibilidade e a da inacessibilidade de Deus e, ao mesmo tempo, a da possibilidade de vê-lo. Por exemplo, São Simeão, o Novo Teólogo, discute ativamente com aqueles que interpretam as palavras do Apóstolo João, "Deus nunca foi visto por alguém" (Jo 1,18), como a prova da impossibilidade de ver a Deus. Ele afirma que, quando alguém de seus adversários escutava-o falar sobre a visão de Deus, "imediatamente mudava de expressão facial e afastava-se, como se tivesse ouvido uma intolerável blasfêmia. E depois, adotando um tom de voz suave, respondia: "E quem ousaria dizer que viu ou contemplou inteiramente Deus? [...] Pois é dito: Deus nunca foi visto por alguém". Ó alucinação! Quem disse isso, responde? Ele diz: "O Filho Unigênito, aquele que está no seio do Pai, Ele o revelou". Sim, dizes a verdade e a tua afirmação é verdadeira, mas ela contradiz a sua alma. Pois se eu te demonstrasse que Aquele mesmo Filho de Deus diz que isso é possível, o que tu dirias? Pois Ele disse:

---

2. Ibid., p. 14-18.

"Quem me vê, vê o Pai" (Jo 14,9). E Ele falava não da visão de seu corpo, mas sim da revelação de sua divindade"[3].

São Simeão considerava a afirmação de que é impossível ver Deus como a pior das heresias, que comporta em si todas as outras heresias existentes[4]. Ele afirmava, munido de sua própria experiência, que Deus se revela ao homem e se torna visível, e não apenas na vida futura, mas também aqui, na terra: "Como eu sabia que Tu te revelas àqueles que vêm a ti, estando ainda neste mundo? [...] Como eu sabia, Senhor, que Tu, sendo invisível e inabrangível, podes te tornar visível e caber dentro de nós? [...] Pois quando eu tinha ouvido os teus pregadores anunciar isso, presumi que isso pode acontecer no século futuro e unicamente depois da ressurreição, e eu não sabia que isso está acontecendo agora"[5].

De que maneira Deus invisível pode ser visto e de que modo pode-se abordar o Inacessível? Sem evadir da original antinomia proveniente da questão sobre a visão de Deus, São Gregório Palamas a supera por meio da distinção entre "essência" (*ousía*) e "energia" (*energeia* – "ação") de Deus: "A essência divina é acessível não em si, mas por meio de suas energias"[6]. Ele escreve: "A essência divina é inacessível e, de algum modo, acessível. Nós participamos da essência divina e ao mesmo tempo não participamos dela de maneira alguma. Assim, precisamos aceitar ambas as afirmações"[7]. A essência de Deus permanece inteira e intacta, e a graça divina não é uma efusão da essência, mas é a manifestação de sua energia. Assim, contemplando Deus, o homem não se confunde com a essência daquele que ele contempla, mas participa de sua energia.

---

3. SÃO SIMEÃO, O NOVO TEÓLOGO. *Catequese 29*, 137-150 [SC 113].

4. SÃO SIMEÃO. *Tratado ético*, 5, 83-97 [SC 129, 86].

5. SÃO SIMEÃO, O NOVO TEÓLOGO. *Ação de graças 1*, 28-70 [SC 113, 176-178].

6. PG 150, 937D.

7. PG 150, 932D.

Dessa maneira podemos compreender a história de Moisés que não podia ver a face de Deus, mas podia vê-lo "pelas costas": "Então ele [Moisés] disse: 'Rogo-te que me mostres a tua glória'. Porém Ele [o Senhor] disse: 'Eu farei passar toda a minha bondade diante de ti, [...] não poderás ver a minha face, porquanto homem nenhum verá a minha face, e viverá. [...] E acontecerá que, quando a minha glória passar, te porei numa fenda da penha, e te cobrirei com a minha mão, até que eu tenha passado. E, havendo eu tirado a minha mão, me verás pelas costas; mas a minha face não se verá'" (Ex 33,18-23). "A face de Deus" é a sua essência, invisível e inacessível, enquanto "ver pelas costas" significa comungar de sua energia. Entretanto, a visão de Deus era parcial e imperfeita no Antigo Testamento. No Novo Testamento ela é mais plena e mais deslumbrante, pois os homens podem ver a face de Cristo, que é Deus encarnado. O Apóstolo João diz sobre isso: "Deus nunca foi visto por alguém. O Filho Unigênito, que está no seio do Pai, esse o fez conhecer" (Jo 1,18), ou seja, o Filho de Deus revelou Deus aos homens, tornou-o visível.

As obras hagiográficas e patrísticas trazem inúmeros relatos sobre a "ascensão", durante a oração, do espírito humano ao outro mundo, no qual ele contemplava Deus, os anjos, o Reino dos Céus. O Apóstolo Paulo escreve: "Em verdade não convém gloriar-me; mas passarei às visões e revelações do Senhor. Conheço um homem em Cristo que há catorze anos (se no corpo não sei, se fora do corpo não sei; Deus o sabe) foi arrebatado até ao terceiro céu. E sei que o tal homem (se no corpo, se fora do corpo, não sei; Deus o sabe) foi arrebatado ao paraíso e ouviu lá palavras inefáveis, de que ao homem não é lícito falar" (2 Cor 12,1-14). Santo Isaque de Nínive escreve sobre contemplações e revelações experimentadas pelos santos durante a oração:

> Vejamos, de fato, que o dom do Espírito desce sobre esta oferta que apresentamos, por meio do pão e do vinho que colocamos no altar, quando todos esta-

mos prontos e em estado de oração. É durante o momento da oração que o anjo apareceu a Zacarias para lhe anunciar a concepção de João. E quando pregava no terraço, durante a oração da hora sexta, que apareceu a Pedro uma revelação [...]. [...] No tempo, no qual o sumo sacerdote entrava, uma vez por ano, no momento terrível da oração [...], no Santos dos Santos, e se prosternava com a face na terra, ouviam-se vozes de Deus de dentro da pilastra sobre a arca, em uma terrível, inefável revelação. Eis como terrível era o mistério disposto nessa situação! Assim também todas as revelações e visões que os santos tinham, as tinham no momento da oração. Qual é o outro tempo santo e digno da santidade e para o acolhimento dos dons senão o tempo da oração, no qual o homem fala com Deus? Porque nesse momento, no qual ele imerge na invocação de Deus, ele clama e fala com Deus, e todos os movimentos e pensamentos do homem reúnem a força para invocar e considerar apenas Deus, e toda a sua inteligência é absorvida pela conversa com Ele e o seu coração é repleto dele. [...] Nesse momento, no qual a inteligência está privada do movimento e o intelecto está prostrado com espanto [...], ele não está mais neste mundo. [...] A mente que, assim, procedeu por meio da oração, na descoberta daquilo que é mais excelente, cessa de rezar e se mantém em espanto diante da realidade não composta que não pertence ao mundo dos mortais. A inteligência se cala na ignorância de tudo. Essa é a ignorância, sobre a qual se diz: "Bem-aventurado é aquele que atinge a ignorância que não pode ser transgredida", que se produz durante a oração [...]"[8].

8. SANTO ISAQUE DE NÍNIVE. *Discurso 22* [ISACCO DI NÍNIVE. *Discorsi ascetici 1*. Roma: Città Nuova, 1984, p. 211-213].

A experiência da visão de Deus é tão íntima, tão secreta, que raros são os santos que falam sobre ela em detalhes. O Apóstolo Paulo se limitou por algumas frases sobre os verbos inefáveis que "ao homem não é lícito falar". Nesse sentido, São Simeão, o Novo Teólogo (século XI), representa um caso excepcional e único em toda literatura patrística. Em sua obra, ele relatou, com a sinceridade inédita, seus encontros com Deus, os mistérios da contemplação, suas numerosas visões e revelações. Muitas vezes, São Simeão contemplava Deus como uma luz, durante a oração:

> Qual é esse novo milagre que está sendo produzido?
> Deus até o presente momento quer ser visível aos pecadores.
> [...]
> Temo até mesmo pensar, como poderia pronunciar?
> Que língua descreveria tudo, que pena escreveria?
> Que palavra exprimiria, que língua articularia?
> Como os lábios meus pronunciariam tudo que contemplo hoje?
> [...]
> E durante a noite, na mais pesada escuridão,
> Eu contemplo Cristo, com terror e admiração.
> Os céus se abrem e Ele desce,
> Juntamente com o Pai e o Espírito Santo.
> Ele é um, mas em três Pessoas:
> Três em uma unidade completa,
> O esplendor único em três sóis divinos.
> Ele esclarece a minha alma, mais que o sol,
> Ele ilumina a minha mente obscurecida. [...]
> Pois é Ele que aparece àquele que o contempla, "luz da luz",
> e aquele que o contempla o vê em uma Luz.
> Em uma Luz do Espírito Santo.
> E quem viu o Espírito, contempla também o Filho,

E quem contempla o Filho, vê também o Pai,
E o Pai com o Filho podem ser contemplados.
Tudo isso, como disse, está acontecendo comigo,
Eu mal compreendo esse milagre inefável,
Contemplando de longe a beleza invisível,
A luz inacessível e a glória insustentável. [...]
Assim, tremendo de terror e de admiração,
Estava fora de mim,
Incapaz de suportar a visão dessa glória,
Nessa noite de sensações inefáveis e misteriosas[9].

Em seus hinos, São Simeão relata a experiência da visão de Deus, sobre a qual o Apóstolo Paulo não pôde ou não quis falar:

E novamente uma luz me ilumina,
novamente ela é perfeitamente visível,
novamente ela abre os céus, novamente ela abole a noite [...].
A luz dos céus desce a mim e me eleva até as alturas:
E eu, embora esteja no meio de tudo,
Posto estou de repente fora de tudo.
Não sei se em meu corpo estou, ou fora dele,
Mas estou lá, onde resplandece uma simples luz,
Que, contemplando, também me transforma em simples, bom e sereno[10].

Não há nada, no ensinamento de São Simeão, que fosse desconhecido pelos Santos Padres dos séculos anteriores. Ele não criou uma "nova teologia" no sentido de verdades dogmáticas, mas a inovação de sua teologia consiste no fato de que ele revelou, divulgou e explicitou a experiência mística da visão de Deus, a qual ninguém teve coragem de abordar tão abertamente antes dele. A luz divina que ele contemplava não

9. SÃO SIMEÃO, O NOVO TEÓLOGO. *Hino 14*, 1-82 [SC 156, 232-238].
10. SÃO SIMEÃO, O NOVO TEÓLOGO. *Hino 40*, 1-16 [SC 174, 484-486].

tem nada em comum com a luz terrestre ordinária, pois se trata de uma luz não criada que, segundo o ensinamento de São Gregório Palamas, três séculos após São Simeão, é a energia da divindade. Essa luz iluminou os apóstolos no Monte Tabor, essa luz foi manifesta a Moisés no Monte Sinai e chamada de "escuridade". Se a escuridade do Sinai e a luz do Tabor são de natureza idêntica – pois tanto um quanto o outro manifestam a energia de Deus –, a diferença entre eles deve residir no grau "de intensidade" da presença divina. Enquanto o justo do Antigo Testamento estava coberto pela mão de Deus e não podia ver a sua face, mas o via apenas "pelas costas", os apóstolos contemplaram a face resplandecente de Cristo. São Simeão não menciona quase nunca a "escuridade", mas sempre escreve sobre a luz, pois ele contemplava Deus face a face e interagia com Ele sem qualquer obstáculo.

## A transfiguração do homem

A palavra latina *religio* significa, segundo Lactâncio, "ligação" ou "restabelecimento da ligação" (de *religare*, ligar)[11]. Muitas são as religiões que têm como objetivo restabelecer ou instituir uma ligação viva do homem com Deus, mas nenhuma delas conhece a plenitude da interação e comunhão de Deus, que é praticada no cristianismo. Deus, que se torna *alimento* do homem, que não é só procurado, almejado, mas também é *consumido* – um Deus assim só é conhecido pelos cristãos. Cristo é "o pão da vida" (Jo 6,35), "o pão nosso de cada dia" (Mt 6,11), "que desce do céu e dá vida ao mundo" (Jo 6,33). A verdadeira vida, a vida "com abundância" (Jo 10,10) só é possível em Cristo, mas fora dele só há ausência de plenitude, o declínio, a morte. "Porque para mim o viver é Cristo, e o morrer é ganho" (Fl 1,21).

---

11. PL 6, 535.

O objetivo do cristianismo é alcançar um tal grau de plenitude da comunhão, que nos permite experimentar a mais estreita união com Deus. Na Eucaristia, o ser humano une-se a Deus com alma e com corpo; durante a oração, ele eleva-se a Deus com espírito e com coração; por meio da experiência da visão de Deus, ele contempla-o com o seu olhar interno. "Deus é um fogo que consome" (Dt 4,24; Hb 12,29), um fogo que "consome" e aniquila todo mal e todo pecado, que ilumina o bem e o faz ainda mais brilhante. Todo encontro com Deus é um contato com o fogo – para uns ele é mortal, para outros, é salvador.

Essa experiência de fogo exprime-se com uma força particular nas orações ortodoxas precedentes e posteriores à Comunhão: "Possam o teu Corpo e o teu preciosíssimo Sangue, meu Salvador, ser em mim como fogo e luz, consumindo a substância do pecado, e queimando os espinhos das paixões, iluminando-me por inteiro para que eu possa louvar a tua divindade"; "Vê, aproximo-me da divina Comunhão. Ó Criador, não me deixes queimar pela Comunhão. Pois Tu és o fogo que consome aquele que é indigno. Antes, purifica-me de toda a impureza". O fogo do Corpo e do Sangue de Cristo ilumina toda composição do corpo e da alma do ser humano: "Por tua vontade me deste o teu Corpo em alimento, ó Fogo que consome os indignos, não me consumas, o meu Criador. Porém, entra em meus membros, em todo o meu ser, no coração e na alma. Queima os espinhos de todos os meus pecados. Purifica a alma, santifica os pensamentos [...], fuja, como do fogo, todo o mal e todo o vício". Essa iluminação com o fogo divino é a comunhão com a Luz, a união com Deus, a deificação do homem: "misericordiosamente Tu purificas e iluminas aqueles que se arrependem, e os fazes partícipes da luz da tua divindade sem restrição"; "teme, ó mortal, ao ver o deificante Sangue; pois que Ele é o fogo que consome o indigno. O divino Corpo deifica-me e nutre-me. Ele deifica o espírito e maravilhosamente nutre o pensamento". Assim como o pão e o vinho eucarísticos se transformam em Corpo e Sangue de Cristo, o ser humano se transforma e se transfigura por meio da comunhão com Deus: "Tu me adoçaste com teu amor, Ó Cristo, e com teu zelo, Tu me transformaste"; "faça-me morada somente de teu Espírito [...], e faze deste teu servo um filho da luz"[12].

A transfiguração do homem por meio da comunhão com Deus recebeu nomes diferentes na literatura patrística: "adoção divina", "assimilação a Deus", "conversão divina", "transformação", "deificação". A ideia de "deificação" (*theosis*) era o centro da vida espiritual do Oriente cristão, em torno do qual giravam todas as outras questões referentes aos dogmas, à ética e à mística[13]. Confessar a verdadeira fé, observar os mandamentos, rezar, participar dos sacramentos – tudo isso é indispensável justamente para alcançar a deificação, que traz a salvação do homem.

A deificação é um estado espiritual supremo, ao qual todos os homens são chamados: "Deus nos criou para sermos 'participantes da natureza divina' (2Pd 1,4) e sermos 'semelhantes a Ele' (1Jo 3,2), graças à bem-aventurada deificação, que é a razão de todas as coisas e que mantém toda a vida", escreve São Máximo o Confessor[14]. De acordo com São João Damasceno, o homem "se transforma em Deus em consequência de seu desejo de Deus, mas no sentido de participar da luz divina, e não porque ele teria acedido a essência divina"[15]. Atingir a deificação é possível ainda na vida terrestre, embora sejam poucos aqueles que conseguem. Na vida futura, todos os que entrarem no Reino dos Céus serão "participantes da natureza divina" e se unirão com Deus.

---

12. *Orações depois da Comunhão* [Disponível em http://fatheralexander.org/booklets/portuguese/prayers_communion_p.htm].

13. POPOV, I. *O conceito da deificação na Igreja Oriental antiga*: questões de filosofia e psicologia. Livro, 97. 1906, p. 213 [em russo].

14. MÁXIMO O CONFESSOR. *A filocalia 2*, 98.

15. PG 94, 924.

A teologia contemporânea costuma afirmar que o ensinamento cristão sobre a deificação foi muito influenciado pelo neoplatonismo. O Arcebispo Cipriano (Kern), importante patrologista russo, argumentava essa posição citando Plotino: "Nosso empenho não é estarmos fora do pecado, mas em sermos deus"[16]. Contudo, a expressão "ser deus" era interpretada no sentido mais amplo pela tradição politeísta, pois a palavra *theos* (deus) podia ser empregada até mesmo como sinônimo de *daimon* (demônio, divindade, deus)[17]. "Ser deus" significava alcançar o estado espiritual, a "perfeição" e a "inocência" próprios aos demônios, ou seja, espíritos incorpóreos.

No entanto, Plotino fala também sobre algo mais amplo – sobre a contemplação do Primeiro Princípio (chamado de Uno, Uno original, Uno-Bem) e sobre a união com Ele em um êxtase de amor sagrado. Contudo, o êxtase e a deificação de Plotino não devem ser identificados com essas noções empregadas na tradição patrística. O êxtase de Plotino é resultado da atividade mental, da especulação sobre Deus. O filósofo não aborda a oração como o caminho para a contemplação divina, enquanto os autores cristãos afirmam que a contemplação de Deus resulta da ascese da oração. Para Plotino, a deificação é uma dissolução no Uno, uma fusão com Ele até a perda completa da individualidade do ser humano, a "dissolução" na divindade. Para os cristãos, a deificação significa a união suprema com a luz divina e a comunhão com a energia divina sem a perda da personalidade, a reciprocidade e a interpenetração de Deus e do homem enquanto duas pessoas distintas que se tornam "iguais". No fundo, o neoplatonismo não conhece Cristo como

---

16. BACARAT JUNIOR, J.C. *Plotino*: Enéadas I, II e III; *Porfirio* – Vida de Plotino: introdução, tradução e notas. Campinas: Unicamp, 2006, p. 259 [Tese de doutorado].

17. LIDDELL, H.G. & SCOTT, R. (orgs.). *A Greek-English Lexicon*. Oxford, 1989, p. 265-366.

a Pessoa única, que oferece ao homem experimentar a realidade divina, e não conhece Deus, que se transformou em pão, em alimento para a alma e para o corpo. Além disso, o êxtase neoplatônico é um processo eminentemente intelectual, que não admite a participação do corpo em deificação, pois ele é apenas um envelope, uma prisão, um sepulcro, que precisa ser deixado para interagir com o Mais Puro Espírito Absoluto. Para o cristão, a deificação tornou-se possível unicamente por meio da encarnação do Verbo, que assumiu a nossa humanidade e nos comunicou a sua divindade. O corpo, assim, participa plenamente do processo da deificação e comunga também da energia divina, que "santifica a alma e o corpo, a mente e o coração, o ventre e o interior"[18].

Aqueles que atingiram a deificação pessoalmente são os mais qualificados para explicar o que ela é. Abordaremos, novamente, os escritos de São Simeão, o Novo Teólogo, que enfatiza que a união com Deus consiste na liberação da natureza corruptível e na partida para outros mundos, para além dos limites do visível, para além dos limites do conhecimento intelectual:

> Ó Deus, ó Senhor todo-poderoso!
> Quem poderia saciar-se por tua beleza invisível?
> Quem poderia encher-se com a tua imensidão?
> Quem poderia ver a luz de tua face,
> Mesmo que ande digno de teus mandamentos?
> Ó grande, terrível milagre,
> De maneira alguma possível,
> Vivendo neste mundo pesado,
> Neste mundo tão vil e obscuro,
> Ser levado com corpo para o além.
> Ó inexplicável, terrível milagre!
> Quem superou o seu corpo?

---

18. *Orações depois da Comunhão* [Disponível em http://fatheralexander.org/booklets/portuguese/prayers_communion_p.htm].

Quem, superando a escuridão da corrupção,
Deixou o mundo e desapareceu?
Ó como é ligeiro o conhecimento!
Ó como são pobres as palavras terrenas!
Pois onde está aquele que desapareceu,
Aquele que, passando por este mundo,
Se foi além das fronteiras do visível? [...]
Assim como o pão, mais puro e fresco,
Supera a lama em valor e doçura,
Assim, e mais ainda,
As coisas celestiais superam as terrenas
Para aqueles quem as provaram.
Envergonha-te, a sabedoria dos sábios,
Privada dos conhecimentos verdadeiros!
A simplicidade das nossas palavras,
Possui, na verdade, a verdadeira sabedoria,
Que está próxima do Deus vivo. [...]
E eu, por meio dessa sabedoria,
Renasço e me deifico,
Contemplando Deus para todo o sempre[19].

São Simeão descreve detalhadamente a participação do corpo na deificação. Deus "envolve" e "beija" o homem, cujo corpo, assim como a alma, se renova e se transfigura:

E quem, então, aproximar-se-ia a Ele?
Ou como seria ele elevado a essas alturas incomensuráveis?
Enquanto eu reflito sobre isso, Ele próprio aparece dentro de mim,
Resplandecendo no interior do meu coração miserável,
Iluminando-me de todos os lados com seu esplendor imortal,

19. SÃO SIMEÃO, O NOVO TEÓLOGO. *Hino 9*, 1-51 [SC 154, 224-228].

Todos os meus membros esclarecendo com seus raios,
Ele me envolve por inteiro,
Ele me beija inteiro,
Ele se entrega por completo
A mim, o grande pecador.
E eu me preencho com seu amor e com sua beleza,
Com sua doçura divina,
Com a bem-aventurança eu me preencho.
E comungo da luz,
Minha face resplandece [...]
Todos os membros do corpo
Se tornam portadores da luz[20].

A divindade é comparada com o fogo, e a natureza humana, com o feno. O fogo queima o feno sem, contudo, consumi-lo:

Saído repentinamente das coisas visíveis,
Fiquei assustado vendo de onde tinha sido salvo.
Eu via verdadeiramente a vida futura, mas de longe,
E como queria atingi-la, o fogo de meu desejo
Ascendeu-se em mim pouco a pouco,
Primeiro só em minha mente, mas depois também no coração,
E as chamas do amor por Deus fazia fluir lágrimas,
Trazendo com isso uma alegria inefável. [...]
Essas chamas, mesmo que ardiam forte em mim,
Não consumiam o feno que estava nas profundezas da minha alma,
Mas – ó milagre! –
Transformavam-no em fogo,
Mas o feno não se consumia em contato com o fogo,
No entanto, o fogo, envolvendo o feno,
Se unindo a ele, preservava-o intacto. [...]

---

20. SÃO SIMEÃO, O NOVO TEÓLOGO. *Hino 16*, 21-33 [SC 174, 12].

Como, permanecendo inalterado e totalmente inacessível,
Tu preservas intacto o feno
E, *preservando-o intacto, o alteras por inteiro,*
De modo que esse feno é a luz, embora a luz não seja o feno?
E com o feno, Tu, Luz, *se une sem confusão,*
E o feno se torna como a luz, *transformado sem mutação*[21].

Deus permanece Deus, e homem permanece homem; o feno não se confunde com o fogo, e o fogo não consome o feno; a divindade não se confunde com a humanidade, e a humanidade não se dissolve na divindade. Mas ainda assim a união com Deus é tão estreita e a comunhão é tão plena, que o homem se transforma por inteiro, se transfigura, se deifica pela graça. São Simeão chama a deificação de "mistério milagroso" e de "sacramento espantoso", que poucas pessoas conhecem. Entretanto, ele ressalta que as Escrituras evocam a deificação, e aquele que atinge o auge da visão divina descobre, por meio de sua própria experiência, tudo que está oculto nas imagens e nos símbolos bíblicos:

Esse ar tenebroso que Davi chamou de muralha,
Que nossos pais chamavam de mar de nossas vidas,
Ele os atravessou, Ele os superou, Ele entrou no porto
E todos aqueles que vão para lá encontram nele os benefícios.
É lá que está o paraíso,
A árvore da vida,
O doce pão e a água da vida,
É lá que está a riqueza inesgotável de dons.
É lá que arde a sarça sem ser consumida,
É lá que os calçados desabam dos meus pés.

---

21. SÃO SIMEÃO, O NOVO TEÓLOGO. *Hino 28*, 136-166 [SC 174, 304-308].

É lá que o mar se separa e eu caminho sozinho [...]
É lá que eu bebo constantemente o mel de uma rocha, [...]
É lá que eu comi o maná, o pão celeste, [...]
É lá que eu vi a vara de Aarão,
Que, seca, florescia. [...]
É lá que eu vi a minha alma estéril
Dar frutos, como uma madeira seca, que produz belos frutos.
É lá que eu ouvi: "Alegra-te eternamente,
Pois o Senhor está sempre contigo!"
É lá que eu ouvi: "Mergulha na piscina das lágrimas!"
E feito assim, eu enxerguei de repente.
É lá que eu fui depositado no túmulo da humildade perfeita,
E o próprio Cristo se aproximou com compaixão
E deslocou a pedra pesada das minhas dívidas
E disse: Vem! Sai daí! [...]
É lá que eu vi a vida futura,
Sem corrupção e sem a morte,
Que Cristo Redentor concede a todos que procuram Deus.
É lá, dentro de mim, que encontrei o Reino dos Céus,
Que é o Pai, o Filho e o Espírito,
A divindade inseparável em três Pessoas[22].

Dessa maneira, o homem, que atinge a santidade ainda durante a sua vida na terra, comunga do Reino de Deus, se une à luz da Santíssima Trindade e se enche da divindade. Após a ressurreição universal e o juízo final, a bem-aventurança ainda maior aguarda os santos, pois eles experimentarão uma assimilação completa a Deus, inacessível à inteligência humana: "agora somos filhos de Deus, e ainda não é manifestado o que

22. SÃO SIMEÃO, O NOVO TEÓLOGO. *Hino 19*, 107-147 [SC 174, 104-106].

havemos de ser. Mas sabemos que, quando Ele se manifestar, seremos semelhantes a Ele, porque assim como é o veremos" (1Jo 3,2).

* * *

Quando o homem atingir a perfeição espiritual, após ter se purificado de todas as paixões, e quando a alma, unindo-se por inteiro com o Espírito Consolador por meio de uma comunhão inefável, dissolvida no Espírito, se transformar ela mesma num espírito, então tudo nela se transformará em Luz, em alegria, em paz, em júbilo, em amor, em misericórdia, em bondade, em graça. Ela imerge, então, nas virtudes do poder do Espírito Bondoso, como uma pedra envolta pelas águas nas profundezas oceânicas. É dessa maneira que estas, unidas por completo com o Espírito de Deus, se assemelham ao próprio Cristo, possuindo em si e manifestando as virtudes incontestáveis do Espírito. O Espírito tornou-as incorruptíveis e puras, por isso os frutos do Espírito brilham nelas sempre e em tudo. [...] Às vezes, o homem entra para ajoelhar-se e o seu coração se enche de energia divina, a sua alma [...] se alegra com o Senhor, como uma noiva se alegrando pelo noivo. [...] Acontece também que esse homem vive atarefado todos os dias, mas dedica uma hora à oração, e então a sua pessoa interna se admira pela oração e se enche das profundezas infinitas do século [futuro] e ele sente, então, uma alegria tão inefável, que a sua razão se admira e esquece de todos os pensamentos mundanos, pois esses pensamentos ficam guiados, como se fossem prisioneiros, ao divino e ao inescrutável. Assim acontece que, nessa hora, a alma dele se vai, acompanhada de sua oração. E àqueles que questionam "O homem terá forças para permanecer sempre nesse estado?", eu respondo: "Não há momentos em que a graça não persista e não perdure no homem, pois ela se torna algo natural e essencial para aquele em quem habita. [...] Com mais força ou com mais modéstia, ela incendeia nele uma chama, e a sua luz ora ilumina-o com mais intensidade, ora se distancia e se esmaece. [...] E mesmo que o lampião esteja aceso ininterruptamente, por vezes, ele se torna mais claro e, então, o homem celebra com mais deleite o amor divino. Também, por vezes, a luz que entra no coração, abre uma porta para uma luz interna ainda mais profunda, e então o homem, consumido inteiro por essa contemplação, esquece de si. [...]". Porém, chegar a esse estado não é fácil e não é imediato. Apenas após praticar muita ascese e muita diligência, após passar por muitas tentações, será possível atingir o grau de uma completa ausência de paixões. Exclusivamente por esse meio, o homem, firme em sua ascese, superando com complacência todas as tentações, faz jus às grandes honras, aos dons espirituais e à riqueza divina, e se torna, finalmente, herdeiro do Reino dos Céus (SÃO MACÁRIO DO EGITO. *Sete obras ascéticas*. Obra 6, 7-27).

Irmãos e Padres, grande é a condescendência e o amor de Deus pelos homens. Assim, admirado por essa indizível bondade de Deus e tremendo, eu apelo assim: "Ó milagre estupendo, o poder dos mandamentos de Deus! A quais alturas eles elevam aqueles que os praticam e os observam!" Com efeito, após ter começado a seguir este caminho e ter me elevado um pouco do abismo do mal e da escuridão [...], tudo que acontecia era apenas uma fuga do mal, que me empurrava para o bem. De fato, na medida em que o sol se levanta, a escuridão se retira e desvanece. Da mesma maneira, na medida em que brilha a virtude, a maldade é expelida como a escuridão e cessa de existir, e nós nos tornamos sempre bons, assim como, um dia, éramos malignos. [...] Assim, com o auxílio de Deus vivo, nós nos recriamos e renovamos, purificamos a nossa alma, o nosso corpo e os nossos pensamentos. [...] E disso tudo eu também recebi algo, eu, o último e o pior de todos. [...] Recebi a graça em virtude da graça, e o benefício do benefício, o fogo do fogo, e a chama da chama, e da ascensão recebi outras ascensões, e no término da ascensão, uma luz, e nessa luz uma luz mais clara. E, no meio dela, o Sol brilhou mais uma vez, e dele um raio que preencheu tudo consigo [...]. Nesse instante, eu estava em uma admiração inefável, derramando as mais doces lágrimas. Mas o intelecto divino interagia com o meu intelecto e o instruía, dizendo: "Tu compreendeste a qual altura o meu poder te elevou, por amor pelos homens, por pouco de fé e de paciência que tu manifestaste para confirmar a tua caridade? Eis que, sendo mortal, tu te tornaste imortal, e, dominado pela corrupção, tu te elevaste acima dela. Vivendo no mundo, tu estás comigo. Vestindo o corpo, tu não estás intimidado por qualquer prazer corporal [...]".

Eu respondia, com temor e alegria: "Quem sou eu, Senhor, pecador e ímpio, que Tu olhaste para mim e me julgaste digno de tua palavra? Ó Imaculado, Invisível e Inacessível, como aconteceu que Tu te revelaste a mim acessível e doce e estás manifestando-te resplandecente em tua glória e em tua graça?" Eu entendia isso misticamente e respondia de uma maneira misteriosa, e essa visão supernatural me surpreendia [...]. A beleza indizível do Revelado atingiu meu coração e despertou um amor infinito [...]. Fui convencido de que foram perdoadas todas as minhas dívidas, mas continuava me considerando o maior pecador de todos os homens. Eu não podia não acreditar naquele que falava, mas temia acreditar por causa da queda que sucede a elevação.

Involuntariamente, eu me elevo, às vezes, aos picos da contemplação, e, voluntariamente, eu os deixo precipitadamente, de modo a não transgredir a natureza humana e a manter a humildade inabalável. Tantas coisas que eu conheço, que a maioria ignora – e mais de todos os homens eu sou o ignorante. Eu me encho de alegria pelo fato de que Cristo, em quem depositei a minha fé, concedeu-me o dom do reino eterno e inabalável – mas considerando-me indigno desses bens, choro constantemente e não paro de chorar. [...] É quando eu me coloco abaixo de todos que me elevo acima dos céus. E novamente o amor me une a meu Deus, ao qual eu espero, uma vez me livrado do peso dessa carne, aproximar-me mais ainda, e mais do que isso, do qual espero receber a mais clara iniciação à alegria eterna e à exultação do amor sublime.

Eis, meus irmãos, que eu decidi escrever, não com intuito de buscar a glória – pois ela é para os insensatos, estranhos à glória sublime –, mas para que vós tenhais conhecimento sobre a incomensurável filantropia de Deus, sobre como é leve o fardo dos mandamentos do Salvador, Cristo nosso Deus, e sobre o grande valor da recompensa que Ele nos dá. E tendo conhecimento disso, para que ou vós queirais atingir o seu amor, ou que temais, como uma morte eterna, de não atingi-lo. [...] E mais – para que vós descubrais a maravilhosa maneira, com a qual aqueles que estavam escurecidos se tornam luz, ao ter se aproximado da grande Luz; eles, que, embora provenham de baixo, como um dia Moisés, por sua união com o supremo, se tornam deuses" (SÃO SIMEÃO, O NOVO TEÓLOGO. *Catequese 17*, 1-108. [SC 104, 254-262]).

# 11

# A VIDA DO SÉCULO FUTURO

## O fim da história humana

O Evangelho contém indícios claros sobre o fim do mundo material. Cristo fala sobre o seu segundo advento e sobre os sinais dos últimos tempos:

> Acautelai-vos, que ninguém vos engane, porque muitos virão em meu nome, dizendo: "Eu sou o Cristo", e enganarão a muitos. E ouvirei de guerras e de rumores de guerras; olhai, não vos assusteis, porque é mister que isso tudo aconteça, mas ainda não é o fim. Porquanto se levantará nação contra nação, e reino contra reino, e haverá fomes e pestes, e terremotos, em vários lugares. Mas todas essas coisas são o princípio de dores. [...] Nesse tempo muitos serão escandalizados, e trair-se-ão uns aos outros, e uns aos outros se aborrecerão. E surgirão muitos falsos profetas, e enganarão a muitos. E, por se multiplicar a iniquidade, o amor de muitos esfriará. Mas aquele que perseverar até o fim será salvo. E este evangelho do reino será pregado em todo o mundo, em testemunho a todas as gentes, e então virá o fim. [...] E, se aqueles dias não fossem abreviados, nenhuma carne se salvaria, mas por causa dos escolhidos serão abreviados aqueles dias. Então, se alguém vos

> disser: "Eis que o Cristo está aqui, ou ali", não lhe deis crédito, porque surgirão falsos cristos e falsos profetas, e farão tão grandes sinais e prodígios que, se possível fora, enganariam até os escolhidos. [...] E, logo depois da aflição daqueles dias, o sol escurecerá, e a lua não dará a sua luz, e as estrelas cairão do céu, e as potências dos céus serão abaladas. Então aparecerá no céu o sinal do Filho do Homem, e todas as tribos da terra se lamentarão, e verão o Filho do Homem vindo sobre as nuvens do céu, com poder e grande glória. [...] Porém, daquele dia e hora ninguém sabe, nem os anjos do céu nem o Filho, mas unicamente o Pai. [...] Vigiai, pois, porque não sabeis a que hora há de vir o vosso Senhor (Mt 24,4-8.10-13.22-24.29-30.36.42).

Os apóstolos falam sobre o segundo advento de Cristo com a mesma claridade. Nos primeiros tempos do cristianismo, acreditava-se fortemente na iminência desse advento: "A vinda do Senhor está próxima" (Tg 5,8), escreve o Apóstolo Tiago. "E já está próximo o fim de todas as coisas" (1Pd 4,7), diz o Apóstolo Pedro. Ele também ressalta que o último dia será inesperado: "Mas o Dia do Senhor virá como um ladrão, de noite; no qual os céus passarão com grande estrondo, e os elementos, ardendo, se desfarão, e a terra, e as obras que nela há, se queimarão. [...] Mas nós, segundo a sua promessa, aguardamos novos céus e nova terra, em que habita a justiça" (2Pd 3,10.13). O Apóstolo Paulo escreve sobre isso da seguinte maneira: "Mas, irmãos, acerca dos tempos e das estações, não necessitais de que se vos escreva; porque vós mesmos sabeis muito bem que o dia do Senhor virá como um ladrão, de noite; pois que, quando disseram: 'há paz e segurança', então lhes sobrevirá repentina destruição, como as dores de parto àquela que está grávida, e de modo nenhum escaparão. [...] Não durmamos, pois, como os demais, mas vigiemos, e sejamos sóbrios" (2Ts 5,1-3.6).

Provavelmente, o Apóstolo Paulo acreditava que o advento de Cristo aconteceria ainda durante a sua vida: "Nem todos dormiremos, mas todos seremos transformados" (1Cor 15,51). Na Primeira Epístola aos Tessalonicenses, ele escreve: "Nós, que ficamos vivos para a vinda do Senhor, não precederemos os que dormem [...], os que morreram em Cristo ressuscitarão primeiro. Depois nós, os que ficamos vivos, seremos arrebatados juntamente com eles para as nuvens, a encontrar o Senhor nos ares, e assim estaremos sempre com o Senhor" (1Ts 4,15-17). Contudo, na segunda epístola, ele ressalta que não se pode compreender essas palavras literalmente: "como se o dia de Cristo estivesse já perto". O Apóstolo Paulo indica que, além das calamidades e aflições, o indício da iminência do último dia será a vinda do anticristo.

> Ninguém de maneira alguma vos engane, porque não será assim sem que antes venha a apostasia, e se manifeste o homem do pecado, o filho da perdição. O qual se opõe, e se levanta contra tudo o que se chama Deus, ou se adora, de sorte que se assentará, como Deus, no templo de Deus, querendo parecer Deus. [...] E então será revelado o iníquo, a quem o Senhor desfará pelo assopro da sua boca, e aniquilará pelo esplendor da sua vinda. A esse cuja vinda é segundo a eficácia de satanás, com todo o poder, e sinais e prodígios de mentira (2Ts 2,2-5.8-9).

Ao longo de vinte séculos da história cristã escreveu-se e falou-se muito sobre o anticristo. Na Rússia, a obra *Sobre Cristo e anticristo*, atribuída ao mártir Hipólito de Roma, possuía uma popularidade especial. Nela, o anticristo é abordado da seguinte maneira: "Cristo se manifestou como um cordeiro, e o anticristo se manifestará como um cordeiro, sendo por essência um lobo [...]. Cristo enviou os apóstolos a todos os povos, e esse também enviará os apóstolos falsos"[1].

O livro *Profecias póstumas de São Nilo, vertedor de mira*[2] contém inúmeras profecias sobre o anticristo e sobre os últimos tempos[3]. O livro diz, inclusive, que o anticristo tomará poder sobre as cidades, usurpará o poder sobre o mundo e concentrará o poder em suas mãos. Até esse momento, no mundo "faltará virtudes, amor, solidariedade e castidade". O mundo e a Igreja se empobrecerão espiritualmente. O autor do livro prevê revoluções e o advento da era socialista, o fim da propriedade privada e a maior frequência de desastres naturais.

É preciso ressaltar que a obra *Profecias póstumas de São Nilo, vertedor de mira* é considerada uma obra apócrifa, e não propriamente patrística. Além disso, os leitores russos a conhecem em uma tradução tendenciosa e inexata. A imagem do anticristo não corresponde por completo às representações do cristianismo antigo. Por exemplo, o livro aborda o poder *político* do anticristo sobre o mundo, enquanto o Apóstolo Paulo e as palavras do próprio Cristo apontam para o poder *espiritual*, pois o anticristo se revelará no templo de Deus, se proclamará Deus e tentará substituir Cristo (em grego, *antichristos* significa "ao invés de Cristo"). O anticristo não será um líder político, mas sim espiritual, assim como algumas seitas autoritárias contemporâneas, cujos líderes se proclamam ser Cristo, são precursores do anticristo.

Em diferentes épocas, tentou-se predizer a data do fim do mundo. Não raro, os sentimentos apocalípticos se intensificaram nos locais de calamidades sociais e naturais. A aproxima-

---

1. HIPÓLITO DE ROMA. *Obras*. Kazan, 1899, p. 13-14 [em russo].

2. Esse livro data do começo do século XIX e trata das aparições desse santo, que viveu no século XVI, a um monge do Monte Athos.

3. *Profecias póstumas de São Nilo, vertedor de mira*. Monte Athos, 1912 [em russo].

ção dos novos milênios também aguçava esse tipo de preocupação. Um dos exemplos é a época anterior ao ano 1000 d.C., na qual vários pensadores tendiam a interpretar as profecias milenaristas literalmente. Nos anos 1980, eram bastante populares as considerações de um monge romeno, que supostamente teve, em 1848, visões de São Nicolau e São Jorge, que predisseram que o fim do mundo aconteceria no ano de 7500 *Anno Mundi*, ou seja, em 1992 d.C. Contudo, o ano de 1992 passou e o mundo não acabou. O advento do ano de 2000 também provocou especulações similares. Quase todo ano, novos profetas e visionários aparecem em todos os cantos do mundo, tentando predizer a data exata do fim do mundo e da vinda do anticristo.

Como agir diante desse tipo de profecias? Todos, que se empolgam excessivamente com eles, deveriam lembrar as palavras de Cristo: "Não vos pertence saber os tempos ou as estações que o Pai estabeleceu pelo seu próprio poder" (At 1,7). Quando os apóstolos perguntaram a Cristo, "Quando se darão, pois, estas coisas?", Ele respondeu: "Vede que não vos enganem, porque virão muitos em meu nome, dizendo: 'Sou eu', e o tempo está próximo; não ides, portanto, após eles" (Lc 21,7-8). O Novo Testamento ressalta que o dia do Senhor virá repentinamente, não quando saberão dele, mas imprevisto. E todas tentativas de descobrir a data exata do advento de Cristo são, na realidade, uma resistência consciente ou inconsciente ao Evangelho, que oculta esse mistério de nós.

Quando os apóstolos abordavam, em suas epístolas, a proximidade do regresso de Cristo, eles não falavam da proximidade cronológica, mas, sobretudo, da sensação contínua da presença de Cristo na Igreja primitiva[4], da prontidão de encontrá-lo qualquer dia, a qualquer hora. A Igreja primitiva vivia não de

4. A palavra *parousia*, empregada comumente nesse contexto, significa igualmente "advento" e "presença".

pavor da vinda do anticristo, mas sim de espera alegre pelo encontro com Cristo, que representará o fim da história humana. O último tempo escatológico teve início no próprio momento da encarnação do Filho de Deus e se estenderá até o seu regresso. O "mistério da injustiça", que "opera", segundo o Apóstolo Paulo (2Ts 2,7), se revelará com mais clareza ao longo da história. Mas na medida em que o mal se revelar, a humanidade se preparará para o encontro com o seu Salvador. O confronto de Cristo com o anticristo terminará com a vitória de Cristo: o Senhor Jesus "desfará o iníquo pelo assopro da sua boca" (2Ts 2,8). É essa vitória que os cristãos almejam, e não os tempos de calamidades, que, inclusive, já estão acontecendo e podem perdurar ainda por muitos anos.

O fim do mundo, tão temido por alguns cristãos, não acontecerá por causa de uma catástrofe ecológica (que, entretanto, pode lhe preceder). Ele será, na realidade, a libertação da humanidade de todo mal, de sofrimentos e da morte. O Apóstolo Paulo escreve justamente sobre isso: "Eis que aqui vos revelo um mistério: na verdade, nem todos dormiremos, mas todos seremos transformados. Num momento, num abrir e fechar de olhos, ante a última trombeta, porque a trombeta soará, e os mortos ressuscitarão incorruptíveis [...]. Porque convém que isto que é corruptível se revista da incorruptibilidade, e que isto que é mortal se revista da imortalidade, [...] então cumprir-se-á a palavra que está escrita: a morte foi tragada pela vitória" (1Cor 15,51-54).

## A alma após a morte

Antes de abordar o tema do juízo final, que seguirá o fim do mundo, precisamos analisar o ensinamento da Igreja sobre a morte em geral e sobre o destino póstumo de cada ser humano.

"A morte é um grande sacramento. Ela representa o nascimento do homem da vida na terra, efêmera, à eternidade", diz

Santo Inácio Briantchianinov[5]. O cristianismo não considera a morte como um fim. Pelo contrário, a morte é o início de uma nova vida, e a vida na terra é a preparação para ela. O homem foi criado para a eternidade – ele se alimentava da "árvore da vida" no paraíso, e era imortal. Porém, o caminho à árvore da vida foi interditado após a transgressão, e o homem se tornou mortal e corruptível. "A morte é a execução do homem imortal, condenado a ela por ter desobedecido a Deus. O homem é dissecado e dividido pela morte, [...] pois a sua alma passa a existir separadamente de seu corpo", escreve Santo Inácio Briantchianinov[6].

O que acontece com a alma após a morte? Conforme a tradição da Igreja, que se baseia nas palavras de Cristo, a alma dos justos é transportada pelos anjos à entrada do paraíso, na qual ela permanece até o juízo final, aguardando pela bem-aventurança eterna: "Aconteceu que o mendigo morreu, e foi levado pelos anjos para o seio de Abraão" (Lc 16,22). As almas dos pecadores são capturadas pelos demônios e permanecem "no Hades, em tormentos" (Lc 16,23). A separação final entre os salvos e os condenados acontecerá no juízo final, e "muitos dos que dormem no pó da terra ressuscitarão, uns para a vida eterna, e outros para vergonha e desprezo eterno" (Dn 12,2). No sermão sobre o juízo final, Cristo explica que os pecadores que não praticavam a misericórdia serão condenados e rejeitados por Deus, enquanto os justos serão perdoados: "E irão estes para o tormento eterno, mas os justos para a vida eterna" (Mt 25,46).

O ensinamento cristão sobre o destino póstumo da alma confirma-se pelos inúmeros testemunhos das Escrituras, assim como pelas experiências das pessoas que passaram pela morte clínica. O livro do Hieromonge Serafim (Rose), *A alma após*

---

5. BISPO INÁCIO BRIANTCHIANINOV. Vol. 3. São Petersburgo, 1905, p. 3, 69 [obra em 5 volumes].

6. Ibid., p. 70.

*a morte*, comenta essas experiências do ponto de vista cristão. O seu autor chega à conclusão de que essas experiências contemporâneas confirmam aqueles ensinamentos que encontramos nas obras patrísticas e hagiográficas. Entretanto, de acordo com o Hieromonge Serafim, todos aqueles que passaram pela morte clínica permaneciam no além por pouco tempo. Geralmente, a experiência dessas pessoas é limitada pelas primeiras impressões póstumas, pois elas não chegam a "visitar" o paraíso ou o inferno e não conseguem ter uma visão completa do além. Com isso, esse tipo de provas possui um valor relativo para os cristãos. Para nós, é muito mais valiosa a experiência de um contato direto com o outro mundo, que foi acumulada pela Igreja e documentada em histórias de vida dos santos e em obras patrísticas, ou seja, representada pela diversidade da Tradição eclesiástica[7].

O Arcebispo João (Maximovitch) escreve:

> As numerosas aparições dos falecidos revelaram-nos o destino da alma após ela deixar o corpo. Quando a visão com os olhos do corpo se interrompe, inicia-se a visão espiritual. [...] Deixando o corpo, a alma fica rodeada por outros espíritos, bons e maus. Geralmente, ela é atraída por aqueles que são mais compatíveis com ela. Se, estando no corpo, ela estava sob influência de alguns, permanecerá dependente deles também após a saída do corpo, por mais repugnante que eles possam lhe parecer. Ao longo dos primeiros dois dias, a alma goza de uma relativa liberdade, pois ela pode visitar na terra os lugares que eram importantes para ela. Mas, no terceiro dia, ela é transportada para outro mundo[8].

---

7. HIEROMONGE SERAFIM (ROSE). *A alma após a morte*. Moscou, 1991, p. 16-19.

8. Ibid., p. 153-156.

De acordo com o ensinamento da Igreja, a alma do falecido permanece na terra ao longo dos primeiros dois dias, participa das orações realizadas em sua homenagem no templo e também dos ritos fúnebres, ministrados tradicionalmente no terceiro dia. São Macário de Alexandria escreve:

> Ao longo da liturgia fúnebre, ministrada na igreja no terceiro dia, a alma do falecido recebe [...] alívio das aflições, que ela sente ao ter deixado o corpo. [...] Pois, ao longo dos primeiros dois dias, é permitido à alma se deslocar pela terra livremente, na companhia dos anjos que a acompanham. Por isso, a alma que ama o seu corpo, perambula, às vezes, em torno da casa, na qual tinha deixado o seu corpo, ou, às vezes, perto do caixão, que comporta o corpo, e passa assim os dois dias, como uma ave procurando por seu ninho[9].

Assim, enquanto, nos primeiros dias, a alma ainda fica sujeita às leis do tempo e do espaço, embora já exista fora deles, no terceiro dia ela deixa o mundo visível. Contudo, nesse momento ela passará por provações, ou seja, será questionada acerca de todos os pecados que o ser humano tinha feito ao longo da vida[10].

Depois, a alma recebe uma sentença sobre o seu destino futuro. Essa sentença não é definitiva, pois a definitiva só será proferida no juízo final. Porém, a partir desse momento, a alma fica na expectativa da bem-aventurança ou no receio dos sofrimentos. O seu destino ainda pode ser alterado antes do juízo final:

> Nós afirmamos [escreve São Marcos de Éfeso], que nem os justos já assumiram o seu lugar, [...] nem os pecadores já foram condenados para o castigo eterno. [...] Ambos serão necessários após o último dia

---

9. Ibid., p. 156.

10. Cf. tb. *Juízo póstumo, ou Provações de Santa Teodora*. Moscou, 1907, p. 20-36.

> do juízo e após a ressurreição de todos. Enquanto isso, ambos permanecem nos lugares reservados a eles: os justos, em uma paz perfeita, estão no céu com os anjos e perante o próprio Deus e quase que no paraíso, [...] os pecadores ficam [...] em um grande aperto e em uma aflição incurável, como aqueles acusados que estão aguardando a sentença do Juiz [...]. A alegria que as almas dos santos possuem são, na realidade, um júbilo parcial, assim como as aflições dos pecadores são um castigo temporário.

São Marcos se refere às palavras dos demônios, que eles lançaram a Cristo: "Vieste aqui atormentar-nos antes do tempo?" (Mt 8,29), e chega à conclusão que os tormentos do diabo e dos demônios ainda não começaram, mas só estão "preparados" para eles (Mt 25,41)[11].

## A oração pelos defuntos

O rito fúnebre (*réquiem*) ortodoxo contém um hino cantado em nome do falecido: "Vendo-me jacente silencioso e sem vida, pranteeis por mim, ó irmãos, amigos, parentes e conhecidos: ainda ontem eu falava convosco e, repentinamente, a temível hora da morte me atingiu. Mas aproximai-vos, todos que me amam, e beijai-me com os últimos beijos, pois não andarei mais entre vós e não falarei mais convosco; estou partindo para o Juiz, que não possui parcialidade; pois o servo e o senhor apresentam-se juntos, o rei e o guerreiro, o rico e o miserável estão igualados, pois cada um ora se glorificará, ora se envergonhará pelas suas obras. Mas imploro e suplico a todos, rezai por mim ininterruptamente a Cristo Deus, para que eu não seja arriado

11. Apud ARCEMANDRITA AMBRÓSIO (POGODIN). *São Marcos de Éfeso e a união de Florença*. Jordanville, 1963, p. 119-121.

ao lugar dos tormentos por meus pecados, mas que seja instalado lá, onde está a Luz da vida".

Dostoiévski aborda assim a oração pelos defuntos, por meio da fala de seu personagem, *starets* Zóssima:

> Lembra-te ainda de repetir cada dia, e todas as vezes que puderes, mentalmente: "Senhor, tem piedade de todos aqueles que comparecem agora diante de ti". Porque, a cada hora, milhares de seres terminam sua existência terrestre e suas almas chegam à presença do Senhor; quantos entre eles deixaram a terra no isolamento, ignorados de todos, tristes e angustiados por causa da indiferença geral! E talvez, na outra extremidade do mundo, tua prece por ele chegará a Deus, sem que vós vos tivésseis conhecido. A alma, tomada de temor na presença do Senhor, comover-se-á por ter também na terra alguém que a ama e intercede por ela. E Deus vos olhará a ambos com mais misericórdia, porque, se tens tal compaixão daquela alma, Ele terá muito mais; Ele, cuja misericórdia e amor são infinitos. E a perdoará por tua causa"[12].

A oração pelos defuntos remonta à tradição antiga da Igreja cristã. Separando-se do corpo, o homem deixa o mundo visível, mas não deixa a Igreja. A obrigação daqueles que permanecem na terra é rezar por ele. A Igreja acredita que a oração pode ajudar o homem em seu destino póstumo e que o Senhor aceita as preces tanto pelos justos falecidos quanto pelos pecadores que estão em tormentos. As orações durante a Liturgia têm um poder especial: "O santo sacrifício salvador de Cristo traz um benefício às almas até após a morte, com a condição de que seus pecados sejam perdoados na vida futura. Por isso, as almas dos falecidos pedem, às vezes, para

12. DOSTOIÉVSKI, F. *Os Irmãos Karamazov*. São Paulo: Abril, 1970, livro VI, III, p. 330-331 [Trad. Natália Nunes e Oscar Mendes].

que seja celebrada uma liturgia divina por eles", escreve São Gregório Magno[13].

Existem registros de aparições dos defuntos aos vivos para solicitar que seja ministrada a recordação eucarística. No final do século XIX, um hieromonge, sentado ao lado das relíquias de São Teodósio de Tchernigov, sonhou com ele pedindo as orações litúrgicas por seus genitores, Sacerdote Nikita e sua esposa Maria. "Como podes, ó santo, pedir minhas orações, se estás pessoalmente diante do altar divino?", perguntou o hieromonge. "Sim, tens razão. Mas a oração litúrgica é mais forte do que as minhas preces", respondeu São Teodósio. É curioso, que os nomes dos genitores de São Teodósio eram desconhecidos até essa aparição, mas foram confirmados, posteriormente, pelo livro de orações do próprio santo[14].

A Liturgia é o sacrifício realizado em nome da "vida do mundo", ou seja, em nome dos vivos e dos mortos. A oração que o sacerdote lê antes da Liturgia, cuja autoria é atribuída a Santo Ambrósio, arcebispo de Mediolano, e que representa um fragmento de uma anáfora latina antiga, diz: "Rogamos a ti, ó Santo Pai, pelas almas dos fiéis falecidos, e que seja para a sua expiação, salvação e alegria eterna esse sacramento repleto de piedade. Senhor meu Deus, dá-lhes hoje a consolação completa e perfeita, vinda de ti – o verdadeiro pão vivo descido do céu e que dá vida ao mundo –, vinda de tua santa carne, do Cordeiro incorruptível, que redimiu os pecados do mundo. Dá-lhes de beber do córrego de sua bondade, que flui da tua costela perfurada na cruz".

Durante as orações de genuflexão da Festa de Pentecostes, há orações pelos "que estão aprisionados no inferno" "para que repousem em um lugar resplandecente, num lugar verde e re-

---

13. Apud HIEROMONGE SERAFIM (ROSE). *A alma após a morte*, p. 162-163.

14. Ibid., p. 162.

frescante"[15]. A Igreja acredita que Deus pode favorecer o destino póstumo dos defuntos, pelas orações dos vivos, e livrá-los dos tormentos e concede-lhes a salvação junto com os santos.

Há um conto medieval que narra a história de um sacerdote, que, ministrando a Liturgia pelos defuntos, viu, no momento do oferecimento dos Santos Dons, uma multidão de almas que estavam saindo do lugar dos tormentos, "como se fossem centelhas de fogo, que provêm de uma lareira acesa, e as viu ascender ao céu graças às paixões de Cristo, pois Ele é sacrificado todos os dias em nome dos vivos e dos mortos"[16]. Essa narração ilustra aquilo que acontece ao longo da oração litúrgica pelos defuntos – as almas se livram dos tormentos e se unem a Cristo.

A oração litúrgica é a oração sobre os filhos da Igreja. Mas pode-se rezar por não cristãos e, principalmente, por aqueles que faleceram fora da Igreja? A Sagrada Tradição não contém uma resposta precisa para essas perguntas. Contudo, há numerosos indícios que a oração pelos falecidos fora da Igreja é aceita por Deus e eles recebem alívio e consolação. A história de vida de São Macarius do Egito narra que, caminhando uma vez pelo deserto, ele encontrou uma caveira e, apanhando-a com uma vara, perguntou: "Quem és tu?" A caveira respondera: "Eu era um sacerdote dos idólatras, que viviam nesses lugares, e tu és *Abba* Macarius, portador do Espírito Santo. Quando, tendo piedade por aqueles que estão em tormentos eternos, tu oras por eles, eles recebem um alívio". A caveira concluiu, dizendo que os tormentos dos idólatras não são os mais severos, pois os cristãos que não obedeciam à vontade de Deus ficam abaixo deles no inferno.

Um outro relato, ainda mais impressionante, é narrado em algumas histórias de vida do Santo Papa Gregório I. Trata-se

---

15. *Terceira oração de genuflexão da véspera de Pentecostes* [Disponível em http://fatheralexander.org/booklets/portuguese/pentecost_prayers_p.htm].

16. *Florzinhas de São Francisco de Assis*. Moscou, 1990, p. 157-158.

do caso em que a alma do Imperador Trajano foi "batizada" no inferno pelas lágrimas do Papa Gregório. O imperador romano Trajano era perseguidor dos cristãos. Contudo, o Papa Gregório ficou sabendo que o imperador tinha feito uma obra de misericórdia, protegendo uma viúva. Repleto de compaixão, o papa foi à igreja e rezou com lágrimas pela alma do perseguidor, até que recebeu uma revelação que as suas preces foram ouvidas. "Que ninguém fique perplexo, quando dizemos que Trajano foi batizado, pois sem o Batismo ninguém verá Deus, mas há um terceiro tipo de Batismo, o Batismo pelas lágrimas", escreve o autor da história de vida do papa. O Hieromonge Serafim (Rose) comenta: "Embora seja um caso raro, ele dá esperança àqueles cujos parentes faleceram fora da fé"[17].

A Igreja Ortodoxa não costuma fazer recordação litúrgica dos não cristãos, assim como dos cristãos de outras denominações. Contudo, isso não significa que é proibido rezar por eles. A questão da oração pelos defuntos não cristãos era discutida ao longo dos preparativos para o Concílio local de 1917 na Rússia. Argumentava-se que não há definições canônicas antigas sobre esse assunto, pois as regras que proíbem rezar junto com

---

17. Apud HIEROMONGE SERAFIM (ROSE). *A alma após a morte*, p. 173. São Marcos de Éfeso considera esse acontecimento como um testemunho verdadeiro da Tradição: "Alguns santos, que rezavam não apenas pelos justos, mas também pelos ímpios, foram ouvidos e redimiram estes últimos dos tormentos eternos. Entre eles, por exemplo, a santa protomártir Tecla redimiu Talkonila, e o Papa Gregório, de acordo com o relato, o Imperador Trajano" (apud ARCEMANDRITA AMBRÓSIO (POGODIN). *São Marcos de Éfeso e a união de Florença*, p. 61). A tradição eclesiástica sobre o perdão para os ímpios por meio das orações da Igreja contém também o seguinte relato. Após ter vencido as heresias iconoclastas, a santa Imperatriz Teodora ordenou ministrar uma missa pela salvação da alma de seu esposo, o imperador iconoclasta Teófilo. Os sacerdotes de Constantinopla, liderados pelo Patriarca Metódio, ministravam os ofícios divinos durante uma semana. O patriarca também depositou, embaixo do altar do templo, uma lista com os nomes de todos os hereges e perseguidores da Igreja excomungados, inclusive com o do Imperador Teófilo. Uma semana depois, após ter recebido a visão de um anjo, o patriarca resgatou a lista de debaixo do altar e viu que o nome de Teófilo não estava mais lá.

os "párias" e "hereges" não referem-se à oração pelos defuntos não cristãos, embora tenham sido citadas pelos adversários dessa. Em 1905, um sacerdote russo escreveu que a oração por um defunto luterano não seria agradável para o próprio luterano, pois, em vida, ele não acreditava na força das orações funerárias. Assim, essas orações serão um serviço inconveniente, pois "o defunto não pensava em se converter em ortodoxia no leito da morte". O autor argumentava por analogia com associações e corporações profissionais, que mantinham suas "fronteiras" delimitadas. "Cada membro da Igreja deve criar um espírito verdadeiramente cristão, *um espírito corporativo de solidariedade ortodoxa*, e, sem esquecer o seu comprometimento com o amor ao próximo, manter firmemente a bandeira cristã".

Esse ponto de vista foi contestado por um professor da Academia de Teologia de Moscou, que escreveu:

> Em todos esses comentários aparece uma insensibilidade extraordinária, um desejo egoísta de não assumir um serviço complementar, para não parecer alguém obsessivo e intrometido. Esquece-se completamente que, em detrimento das diferenças confessionais, somos todos cristãos, e por isso, amando ao nosso próximo, devemos conceder a ele uma ajuda generosa. Em vida, os defuntos luteranos e os membros da Igreja Reformada não acreditavam nas orações pelos defuntos. E daí? Não somos nós ortodoxos? Acreditamos que a nossa oração pode auxiliar grandemente aos defuntos.

A verdadeira ortodoxia [escreve ele], não se baseia sobre um "espírito corporativista", mas sobre o espírito do amor, da misericórdia e da compaixão por todos os homens, inclusive por aqueles que não fazem parte da Igreja Ortodoxa[18].

---

18. SOKOLOV, V. *Podemos e devemos rezar na Igreja pelos defuntos não cristãos?* Sergiev Possad, 1906, p. 23-31.

## A ressurreição dos mortos

Embora a alma não morra no momento da morte do corpo, mas continue vivendo, sendo sujeita ao julgamento, a Igreja acredita que a história do mundo será concluída pela ressurreição geral e pelo juízo final, que será definitivo para todos os homens.

A fé na ressurreição dos mortos é expressa claramente no Antigo Testamento: "Porque eu sei que o meu Redentor vive, e que por fim se levantará sobre a terra. E depois de consumida a minha pele, ainda em minha carne verei a Deus", diz Jó (Jó 19,25-26). "Os teus mortos viverão, os teus mortos ressuscitarão", diz o Profeta Isaías (Is 26,19). "E muitos dos que dormem no pó da terra ressuscitarão, uns para a vida eterna, e outros para vergonha e desprezo eterno", é dito no Livro do Profeta Daniel (Dn 12,2). O Livro de Ezequiel contém a profecia sobre a ressurreição geral:

> Veio sobre mim a mão do Senhor [...] e me pôs no meio de um vale que estava cheio de ossos. [...] E eis que eram muito numerosos sobre a face do vale, e estavam sequíssimos. E me disse: "Filho do homem, poderão viver estes ossos?" E eu disse: "Senhor Jeová, Tu o sabes". Então me disse: "Profetiza sobre estes ossos, e dize-lhes: 'Ossos secos, ouvi a palavra do Senhor. [...] Eis que farei entrar em vós o espírito, e vivereis, e sabereis que eu sou o Senhor'". Então profetizei como me ordenara. E houve um ruído, enquanto eu profetizava, e eis que se fez um rebuliço, e os ossos se juntaram, cada osso ao seu osso. E olhei, e eis que vieram nervos sobre eles, e cresceu a carne, e estendeu-se a pele sobre eles por cima [...] então o espírito entrou neles e viveram, e se puseram em pé, um exército grande em extremo. Então me disse: Filho do homem, estes ossos são toda a casa de Israel (Ez 37,1-8.10-11).

O relato sobre o martírio de sete irmãos com a sua mãe, que recusaram a submeter-se às ordens de um rei pagão e a trair as leis dos ancestrais, é uma demonstração impressionante da fé na ressurreição dos mortos. Lemos no Segundo Livro dos Macabeus: "Maldito, tu nos arrebatas a vida presente, mas o Rei do universo nos ressuscitará para a vida eterna, se morrermos por fidelidade às suas leis", diz um dos irmãos à beira da morte. Outro, respondendo à ordem de esticar os braços para serem cortados, disse: "Do céu recebi estes membros, mas eu os desprezo por amor às suas leis, e dele espero recebê-los um dia de novo". Um outro irmão disse: "É uma sorte desejável perecer pela mão humana com a esperança de que Deus nos ressuscite". Exortando os seus filhos, a mãe dizia-lhes: "Ignoro, dizia-lhes ela, como crescestes em meu seio, porque não fui eu quem vos deu nem a alma, nem a vida, e nem fui eu mesma quem ajuntou vossos membros. Mas o criador do mundo, que formou o homem na sua origem e deu existência a todas as coisas, vos restituirá, em sua misericórdia, tanto o espírito como a vida, se agora fizerdes pouco caso de vós mesmos por amor às suas leis". Todos os sete, após serem severamente torturados, foram executados. "Seguindo as pegadas de todos os seus filhos, a mãe pereceu por último", termina o autor o seu relato (2Mc 7,1-41).

O Novo Testamento expressa o ensinamento sobre a ressurreição dos mortos com mais clareza ainda. O Apóstolo Paulo diz que a carne dos homens ressuscitados será diferente, pois será um "corpo espiritual":

> Mas alguém dirá: "Como ressuscitarão os mortos? E com que corpo virão?" [...] Semeia-se o corpo em corrupção, ressuscitará em incorrupção. Semeia-se em ignomínia, ressuscitará em glória. Semeia-se em fraqueza, ressuscitará com vigor. Semeia-se corpo animal, ressuscitará corpo espiritual. [...] Assim como trouxemos a imagem do terreno, assim traremos tam-

> bém a imagem do celestial. [...] Os mortos ressuscitarão incorruptíveis, e nós seremos transformados. Porque convém que isto que é corruptível se revista da incorruptibilidade, e que isto que é mortal se revista da imortalidade (1Cor 15,35.42-44.49, 52.53).

O novo "glorioso" corpo do homem será semelhante ao corpo de Cristo após a sua ressurreição, no momento em que Ele apresentou-se aos discípulos, através de portas fechadas (Jo 20,19.26). Ele será imaterial, semelhante à luz e ligeiro[19], porém manterá a "imagem" do corpo material terreno. Com isso, ele não será sujeito às deficiências do corpo material, como feridas, envelhecimento e outras.

A ressurreição dos mortos, de acordo com o ensinamento de Cristo, será geral. Porém, para alguns ela representará a "ressurreição da vida", e para outros, a "ressurreição da condenação" (Jo 5,29). São Gregório Palamas assim aborda a ressurreição geral:

> Embora na futura existência, junto com os corpos dos justos, ressuscitarão os corpos dos iníquos e dos pecadores, estes ressuscitarão apenas para sujeitar-se a uma segunda morte [...]. A morte consiste, basicamente, na separação da alma da graça divina e na sua união com o pecado. Essa é a verdadeira e temível morte, que todos os seres conscientes deveriam evitar. Para os prudentes, ela é mais terrível que o fogo do inferno. [...] Uma vez deixado o seu corpo, os justos não deixarão Deus; após a ressurreição, eles ascenderão a Deus com o corpo. [...] Mas não serão dignos disso aqueles que viveram aqui de acordo com a carne e que não uniram-se com Deus no momento de seu perecimento. Embora todos res-

19. *São Bersanófio e São João de Gaza* – Correspondência. Resposta 613.

suscitarão, mas cada um por sua ordem, segundo as Escrituras (1Cor 15,23)[20].

## O juízo final

No momento da morte, a alma deixa o corpo e entra em uma nova forma de existência, porém não perde nem a memória nem a capacidade de pensar e de sentir. Ademais, a alma dirige-se para o além, sobrecarregada de responsabilidade pela vida vivida, da qual guarda a recordação.

O ensinamento cristão sobre o juízo final é fundado na ideia de que todas as boas e más ações feitas pelo homem deixam uma marca na alma. Assim, é preciso responsabilizar-se por elas perante o Bem Absoluto, perto do qual nenhum mal e nenhum pecado subsistem. O Reino de Deus é incompatível com o pecado: "E não entrará nele coisa alguma que contamine, e cometa abominação e mentira, mas só os que estão inscritos no livro da vida do Cordeiro" (Ap 21,27). Todo mal do qual o homem não se arrependeu na Confissão, todo pecado que ele escondeu, toda impureza da alma, tudo isso será revelado durante o juízo final: "Porque nada há encoberto que não venha a ser manifesto, e nada se faz para ficar oculto, mas para ser descoberto" (Mc 4,22).

O juízo final já era conhecido desde o Antigo Testamento. Eclesiastes diz: "Alegra-te, mancebo, na tua mocidade, e recreie-se o teu coração nos dias da tua mocidade [...], sabe, porém, que por todas estas coisas te trará Deus a juízo" (Ecl 11,9). Mas é o próprio Cristo que fala sobre o juízo com a maior clareza:

> E quando o Filho do Homem vier em sua glória, e todos os santos anjos com Ele, então se assentará no trono da sua glória; e todas as nações serão reunidas

---

20. Apud BISPO INÁCIO (BRIANTCHIANINOV). Vol. 3, p. 119-121 [obra em 5 volumes, em russo].

> diante dele, e apartará uns dos outros, como o pastor aparta dos bodes as ovelhas; e porá as ovelhas à sua direita, mas os bodes à esquerda. Então dirá o Rei aos que estiverem à sua direita: Vinde, benditos de meu Pai, possuí por herança o Reino que vos está preparado desde a fundação do mundo; porque tive fome, e me destes de comer; tive sede, e me destes de beber; era estrangeiro, e me hospedastes; estava nu, e me vestistes; adoeci, e me visitastes; estive na prisão, e fostes me ver. Então os justos lhe responderão, dizendo: "Senhor, quando te vimos com fome, e te demos de comer? ou com sede, e te demos de beber? [...]". E, respondendo, o Rei lhes dirá: "Em verdade vos digo que, quando o fizestes a um destes meus pequeninos irmãos, a mim o fizestes". Então dirá também aos que estiverem à sua esquerda: "Apartai-vos de mim, malditos, para o fogo eterno, preparado para o diabo e seus anjos; porque tive fome, e não me destes de comer; tive sede, e não me destes de beber [...]". E irão estes para o tormento eterno, mas os justos para a vida eterna (Mt 25,31-37,40-42,46).

As palavras de Cristo demonstram que para muitos o juízo final representará o momento da revelação, pois aqueles que eram convencidos de ser salvos, subitamente se acharão condenados, enquanto aqueles que não chegaram a conhecer Cristo em sua vida terrena ("Senhor, quando te vimos?"), mas praticavam a misericórdia pelo seu próximo, serão salvos. No sermão sobre o juízo final, o Rei não questiona os homens se eles frequentavam a igreja, observavam os jejuns, dedicavam-se à oração, mas pergunta como eles se comportavam com o seu próximo, seus "pequeninos irmãos". As obras de misericórdia, realizadas ou não durante a vida, servirão do principal critério de julgamento durante o juízo final. Este se aplicará a todos, aos crentes e aos não crentes, aos cristãos e aos pagãos. Porém, enquanto os cristãos serão julgados de acordo com o Evangelho, os não cristãos serão julgados de acordo com "a lei escrita em seus corações" (Rm 2,15).

No entanto, o Novo Testamento contém também indícios de que todos os homens comparecerão ao juízo final tendo ouvido a Boa-nova de Cristo, inclusive aqueles que não conheceram Cristo durante a sua vida na terra. O Apóstolo Paulo diz que, após a sua ressurreição, Cristo desceu ao inferno para pregar aos pecadores, que pereciam nas águas do dilúvio na época de Noé:

> Porque também Cristo padeceu uma vez pelos pecados, o justo pelos injustos, para levar-nos a Deus; mortificado, na verdade, na carne, mas vivificado pelo Espírito; no qual também foi, e pregou aos espíritos em prisão; os quais noutro tempo foram rebeldes, quando a longanimidade de Deus esperava nos dias de Noé, enquanto se preparava a arca; na qual poucas (isto é, oito) almas se salvaram pela água; que também, como uma verdadeira figura, agora vos salva, o Batismo, [...] pela ressurreição de Jesus Cristo (1Pd 3,18-21).

Se Cristo pregou no inferno, sua pregação era direcionada a todos que estavam lá ou apenas aos escolhidos? De acordo com alguns comentadores, Cristo pregou apenas para os piedosos e justos do Antigo Testamento, que estavam no inferno aguardando sua libertação. De acordo com uma outra interpretação, a pregação de Cristo se estendia a todos em geral, inclusive àqueles que tinham vivido no mundo pagão, fora da verdadeira fé. Essa é a opinião de Clemente de Alexandria:

> Não declaram as Escrituras que o Senhor evangelizou aos que morreram no dilúvio, ou melhor, aos acorrentados e aos detidos sob custódia e guarda? [...] O Salvador atua, penso eu, desde que a sua tarefa é de salvar. [...] Por isso, se o Senhor não desceu ao

> Hades por outra razão senão anunciar o Evangelho, Ele evangelizou a todos e não unicamente aos hebreus. Certamente, se evangelizou a todos, então se salvaram todos que criam, mesmo que provieram dos gentios. [...] Mesmo que se encontrassem no Hades e sob custódia, ao escutar a voz do Senhor, a autêntica, assim como aquela outra que atuava por meio dos apóstolos, se converteram rapidamente e creram[21].

Como o Apóstolo Pedro fala sobre as pessoas que viviam na época de Noé, que foram designadas no Antigo Testamento como sendo de grande maldade e cuja "imaginação dos pensamentos de seu coração era continuamente má" (Gn 6,5), fica claro que Cristo pregou no inferno não apenas aos justos, mas também aos pecadores. O apóstolo retorna a esse assunto umas estrofes mais adiante: "Os quais hão de dar conta ao que está preparado para julgar os vivos e os mortos. Porque por isto foi pregado o Evangelho também aos mortos, para que, na verdade, fossem julgados segundo os homens na carne, mas vivessem segundo Deus em espírito" (1Pd 4,5-6). Um bispo ortodoxo russo assim interpreta essas palavras do apóstolo:

> Pelo termo "morto" (*nekroi*) devemos entender todos os falecidos até o dia do juízo final de Cristo, ou seja, aqueles que ouviram a palavra do Evangelho durante a sua vida terrena, assim como aqueles que não a ouviram [...]. Se o Evangelho de Cristo não tivesse sido ouvido por todos os mortos, então todos não poderiam ser submetidos ao juízo final. Esse versículo nos dá fundamentos a crer que, assim como aqueles que faleceram antes da encarnação de Cristo foram catequizados por Ele descido ao inferno, os falecidos após a sua encarnação – mas que não chegaram a

21. CLEMENTE DE ALEXANDRIA. *Stromata VI-VIII*. Ciudad Nueva, 2006, Stromata VI, cap. VI, 45.4, 46.1-2, 47.3.

> ouvir a pregação do Evangelho e conhecer Cristo – também serão catequisados por essa pregação no inferno. Se isso será realizado múltiplas vezes, ou apenas uma vez antes do juízo final, o apóstolo não nos revela. Uma única e indubitável conclusão que procede das palavras do apóstolo consiste no fato de que todos os mortos – inclusive aqueles que não ouviram o Evangelho de Cristo na terra – comparecerão ao juízo final como se o tivessem tido ouvido. [...] Nada nos dá fundamentos de limitar a definição do termo *nekroi* (morto) por uma determinada categoria de defuntos[22].

Nessas palavras há uma resposta à pergunta se existe a salvação para os não batizados e não crentes? A Igreja acredita firmemente que *fora de Cristo, fora do Batismo e da Igreja não há salvação.* Porém, aqueles que não conheceram Cristo aqui na terra não serão impossibilitados de livrar-se do inferno, pois até mesmo lá ouve-se a pregação do Evangelho. Ao criar o homem, Deus concedeu-lhe a liberdade, mas Ele assumiu a responsabilidade pela sua salvação, que já foi realizada por Cristo. Aquele que recusa a Cristo e a sua pregação conscientemente, escolha o diabo e torne-se o meio de sua própria condenação: "quem não crê já está condenado, porquanto não crê no nome do Unigênito Filho de Deus" (Jo 3,18). Mas como pode ser condenado aquele que nem ouviu a palavra do Evangelho? "Seria um ato de clara iniquidade que os que haviam partido antes da vinda do Senhor tivessem salvação ou castigo sem ter sido evangelizados"[23], escreve Clemente de Alexandria. Da mesma maneira, aqueles que faleceram após a encarnação de Cristo e que não receberam a

---

22. BISPO GREGÓRIO. *Comentários sobre a Primeira Epístola do Santo Apóstolo Pedro*. Simferopol, 1902, p. 10 [em russo].

23. CLEMENTE DE ALEXANDRIA. *Stromata VI-VIII*. Ciudad Nueva, 2006, Stromata VI, cap. VI, 48.4.

pregação do Evangelho, não podem ser imputados nem da fé nem da falta dela. É por isso que Cristo anuncia a Boa-nova no inferno, para que cada homem criado por Ele possa fazer a escolha pelo bem ou pelo mal, e, conforme essa escolha, salvar-se ou ser condenado.

## O inferno

"Meus padres, pergunto a mim mesmo: 'O que é o inferno?'" Defino-o assim: "O sofrimento por não poder mais amar", diz o personagem de Dostoiévski, *starets* Zóssima[24].

Certas pessoas estranham: Como pode o Deus Amor ser ao mesmo tempo Deus Juiz, que condena os homens que Ele havia criado aos tormentos eternos? Santo Isaque de Nínive assim responde a essas perguntas: não há homem privado do amor divino, e não há lugar desprovido desse amor, porém todo aquele que escolha seguir o mal se priva, por ele próprio, da misericórdia de Deus. O amor, que para os justos no paraíso representa uma fonte da bem-aventurança e da consolação, para os pecadores no inferno se transforma em uma fonte de sofrimento, na medida em que eles não possam desfrutá-lo. Santo Isaque diz:

> Aqueles que são passíveis do inferno são castigados pelo amor. E como é amargo e violento esse tormento do amor! Pois aqueles que pecaram contra o amor terão em si uma condenação muito maior que os mais severos castigos. O sofrimento que é posto no coração pelo pecado contra o amor é mais ressentido que qualquer outro tormento. É absurdo pensar que os pecadores no inferno são privados do amor de Deus. O amor [...] é dado sem restrições. Mas o amor age de duas maneiras. Ele atormenta os pecadores,

24. DOSTOIÉVSKI, F. *Os Irmãos Karamazov*. Op. cit. Livro VI, III, p. 334.

> assim como acontece aqui, quando um amigo atormenta o outro. E ele alegra aqueles que cumpriram suas obrigações (perante Deus). Eis, eu entendo, o tormento do inferno – o amargo arrependimento[25].

De acordo com o ensinamento de São Simeão, o Novo Teólogo, a principal razão dos sofrimentos do homem no inferno é o sentimento agudo de excomunhão de Deus: "Nenhum dos homens, que crê em ti, ó Senhor, nenhum dos homens que se batizaram em teu nome é capaz de suportar esse sofrimento grande e temível de estar separado de ti, Misericordioso, porque é um tormento terrível, uma tristeza insuportável e eterna. Pois o que há de ser pior de ser separado de ti, Salvador? O que há de ser mais penoso que deixar a Vida e viver lá como se fosse um morto; sendo privado da vida, ser privado também de todos os benefícios, pois quem se distancia de ti é privado de qualquer benefício"[26]. São Simeão afirma que, enquanto na terra os distantes de Deus desfrutam de prazeres carnais, eles irão sofrer um tormento incessante depois de ter deixado o corpo[27]. Todas as imagens dos tormentos do inferno que existem na literatura mundial – fogo, frio, sede, fornos ardentes, lagos de fogo etc. – são, na realidade, apenas uns símbolos do sofrimento, decorrente do sentimento do homem de ser separado de Deus.

Para os cristãos ortodoxos, a ideia do inferno e dos tormentos eternos provém do mistério, revelado durante os ofícios da Semana Santa e da Páscoa. Esse é o mistério da descida de Cristo ao inferno e da libertação dos homens que lá permaneciam do mal e da morte. A Igreja acredita que, após a sua morte, Cristo desceu ao abismo do inferno para abolir o inferno e a morte, para aniquilar o reino terrível do diabo. Assim como, entrando

---

25. *Discurso 84* [*Isaak tou Syrou eurethenta asketika*, sel. 326].

26. HINO 1, 93-97 [SC 156, 164].

27. Ibid., 98-103.

nas águas do Jordão no momento de seu Batismo, Cristo santifica essas águas repletas do pecado humano, assim, descendo ao inferno, Ele ilumina-o com a luz de sua presença até as mais profundas fronteiras. Dessa maneira, o inferno já não suporta a força divina e é arruinado: "Neste dia, o inferno lamenta-se e grita: teria valido mais para mim não acolher o filho de Maria, pois, penetrando em meus domínios, Ele pôs fim ao meu poder, Ele quebrou minhas portas de ferro, e aqueles a quem eu detinha desde tão longo tempo, sendo Deus, Ele os ressuscitou"[28]. São João Crisóstomo diz em sua Homilia pascal: "O inferno ficou consternado quando te encontrou. O inferno ficou cheio de amargor porque foi arruinado; humilhado, porque foi entregue à morte; esmagado, porque foi aniquilado"[29]. Isso não significa, contudo, que não há mais inferno após a ressurreição de Cristo; ele ainda existe, mas condenado à morte.

Os textos litúrgicos revelam mais um mistério, sobre homens que foram resgatados por Cristo do Hades após a ressurreição. Alguns comentadores acreditam que Cristo libertou os justos do Antigo Testamento, que aguardavam a vinda dele, enquanto os pecadores permaneceram lá para os tormentos eternos. Porém, a Liturgia ortodoxa revela que todos os que estavam no reino dos mortos foram libertados: "Nesse dia, o inferno lamenta-se e grita: Meu poder está destruído. Eu recebi um morto como um qualquer dentre os mortos, mas não o pude deter de modo algum e vou ser despojado por Ele das almas de quem era o rei. Eu, que desde longo tempo possuía os mortos, eis que Ele os desperta *todos*, [...] tendo reinado, despossei, e todos que tinha engolido, *todos* expeli" (ou seja, foram resgatados todos os que tinham sido engolidos pelo inferno)[30]. Cada domingo,

---

28. *Hino das Vésperas do Sábado Santo.*

29. *Homilia de Páscoa de São João Crisóstomo.*

30. *Hinos do Sábado Santo.*

os cristãos ortodoxos ouvem os cantos, dedicados à vitória de Cristo sobre a morte: "A multidão dos anjos ficou estupefata vendo-te contado dentre os mortos, ó Salvador, enquanto Tu aniquilavas a força da morte [...] e libertavas todos os homens"[31]. O resgate do inferno não deve ser entendido como um ato mágico, realizado por Cristo em detrimento da vontade do homem. Para aquele que rejeita conscientemente Cristo e a vida eterna, o inferno continua existindo enquanto sofrimento e tormento da separação de Deus.

Os textos litúrgicos, inclusive o Cânon do Grande e Santo Sábado, apontam que o poder do inferno sobre os detidos nele não é eterno: "O inferno reina sobre a raça humana, mas não é eterno, pois Tu foste depositado no túmulo [...], abriu as portas da morte e pregou a todos que lá estavam dormindo por séculos, sendo a libertação verdadeira, ó Salvador, para os falecidos"[32]. Esses versos correspondem ao ensinamento de São Gregório de Nissa, que disse que, após os longos séculos, no fim da história humana, o inferno e a morte serão abolidos definitivamente por Cristo e "nada permanecerá fora do bem"[33]. Dialogando com São Gregório, Santo Isaque de Nínive escrevia que "a maioria dos homens entrará no Reino dos Céus sem ter passado pelo inferno", e o sofrimento daqueles que estão no inferno não será eterno[34].

No entanto, Santo Isaque ressalta que, embora a morte e o pecado serão abolidos um dia para sempre, o destino final do inferno permanece oculto para nós. "O pecado, o inferno e a morte não existem para Deus, pois eles são ações e não essên-

---

31. *Tropários das matinas do Sábado Santo.*

32. *Cânon do Grande e Santo Sábado* – Hino 6.

33. SÃO GREGÓRIO DE NISSA. *A alma e a ressurreição.*

34. SANTO ISAQUE DE NÍNIVE. *Dos mistérios divinos e da vida espiritual.* Moscou, 1998 [em russo].

cias. O pecado é o fruto do livre-arbítrio. Havia tempos, nos quais não havia pecado. E haverá tempos, nos quais ele não mais existirá. O inferno é o fruto do pecado. Em algum momento no tempo ele surgiu, mas o seu fim é desconhecido. [...] A morte reinará sobre a natureza por um tempo curto, porque ela será totalmente abolida no futuro"[35].

Assim, "o fim do inferno" permanece um mistério, inacessível à razão humana. Não é por acaso que, no século VI, a Igreja condenou o ensinamento de Orígenes sobre a apocatástase, ou seja, a restauração universal, entendida como o retorno de todas as almas ao estado original, após o fim dos tormentos temporários dos pecadores no inferno, e a reunião de todas elas sob o poder de Cristo. Entre outras razões, a escatologia de Orígenes foi condenada porque apresentava alguns elementos sob forte influência do platonismo, que claramente contrariavam as Escrituras Sagradas. Entre eles, inclusive, o ensinamento sobre a transmigração das almas.

Embora tenha rejeitado a teoria de Orígenes, a Igreja não nega a *esperança* da salvação de todos os homens e a *fé na possibilidade* da salvação universal, que derivam da experiência litúrgica e mística da Igreja. Essas esperança e fé estão também presentes em algumas obras dos Santos Padres. Além de já mencionados Gregório de Nissa e Isaque de Nínive, é preciso mencionar também São João Clímaco, que acreditava que, "embora todos não possam ser sem pecado, *não é impossível que todos sejam salvos* e conciliados com Deus"[36].

Seria oportuno mencionar aqui também São Silvano do Monte Athos, um dos maiores santos contemporâneos. Ele afirmava que é preciso rezar pelo mundo inteiro e por cada alma huma-

---

35. SANTO ISAQUE DE NÍNIVE. *Discurso 26.*

36. SÃO JOÃO CLÍMACO. *Climax ou escada do céu.* São Paulo, cap. 26 [Trad. João Mendes de Almeida Junior].

na: "Devemos nos preocupar com uma única coisa, que *todos se salvem*"[37]. Um dia, um eremita viera visitar São Silvano e dissera: "Deus castigará todos os infiéis. Eles queimar-se-ão no fogo eterno". Para o eremita, essa ideia parecia ser prazerosa. Porém, *Starets* Silvano respondeu com uma inquietação: "Diz-me, se fosses estabelecido no paraíso e visses de lá alguém se queimando no fogo eterno, ficarias em paz?" "Não há nada para fazer. A culpa é dele", respondera o eremita. Então São Silvano respondeu, entristecido: "O amor não pode suportá-lo. É preciso rezar por todos"[38].

São Silvano não era adepto do ensinamento de Orígenes, mas a ideia sobre os tormentos dos pecadores no inferno era insuportável para ele. Por essa razão, achava necessário acreditar na possibilidade da salvação de todos os homens e rezar por eles. "E ele efetivamente rezava por todos [escreve o seu biógrafo]. A sua alma sofria pelo fato de que as pessoas vivem sem conhecer Deus e seu amor, e ele rezava [...] pelos vivos e pelos defuntos, pelos amigos e pelos inimigos, por todos"[39].

Embora o ensinamento sobre os tormentos do inferno seja um dos dogmas da fé, a Igreja não afirma que eles sejam inevitáveis para todos os pecadores. Pelo contrário, a Igreja reza por todos "detidos no inferno" e acredita que a salvação provém não da vontade humana, mas sim de "Deus, que se compadece" (Rm 9,14). Deus "quer que todos os homens se salvem" (1Tm 2,4), quer que "todos venham a arrepender-se" (2Pd 3,9), e não há nada de impossível para Ele. Graças à oração da Igreja e a sua própria misericórdia, Ele pode libertar do inferno até aqueles que rejeitavam-no durante a vida.

A Igreja cristã do Ocidente acredita, baseando-se em ensinamento de alguns Padres da Igreja latinos, que os tormen-

---

37. HIEROMONGE SOFRONIO. *Starets Silvano.*

38. Ibid.

39. Ibid.

tos póstumos possam ser purificadores e salvadores para os pecadores. "Aquele que não manifestou o arrependimento no século passado [ou seja, na vida terrena], precisa ser purificado pelo fogo purificante. Embora esse fogo não seja eterno, ele será extremamente penoso", escreveu Santo Agostinho[40]. Santo Ambrósio de Mediolano acreditava que o defunto pecador se salvará, mas "passará pelo tormento do fogo, para que seja purificado com o fogo e seja salvo, e não sofra eternamente"[41]. O Papa Gregório I via nas palavras de Cristo, "se alguém falar contra o Espírito Santo, não lhe será perdoado, nem neste século nem no futuro" (Mt 12,32), o indício de que alguns pecados podem ser perdoados no século futuro[42]. O ensinamento dos Padres ocidentais sobre o fogo purificador póstumo fundamentou o dogma católico sobre o purgatório, ou seja, um estado intermediário entre o inferno e o paraíso, no qual o homem está em tormentos temporários.

A Igreja Ortodoxa não admite o ensinamento ocidental sobre o purgatório. A teologia dogmática ortodoxa não faz distinção entre os tormentos temporários no purgatório, dos quais é possível se livrar, e os tormentos eternos do inferno, dos quais é impossível ser libertado. A Igreja Ortodoxa reza por "aqueles que perecem no inferno" e pratica uma visão mais otimista sobre o assunto, pois acredita na possibilidade de ser libertado dos tormentos do inferno. Contudo, a ideia do fogo purificador é encontrada em alguns escritos dos Padres orientais. São Gregório de Nissa escreve: "Assim como a matéria corruptível é destruída pelo fogo purificador, assim é necessário que a alma unida com o pecado permaneça no fogo até que sejam destruí-

---

40. PL 40, 1127.

41. PL 17, 200.

42. PL 77, 396.

dos por completo todos os pecados e impurezas"[43]. Porém, não se trata aqui do fogo do purgatório, mas sim do fogo do inferno, que, segundo São Gregório, é passível de ser evitado.

Assim, existem pelo menos três elementos que permitem ao cristão ortodoxo ter esperança de que a salvação seja possível não só para os justos, mas também para os pecadores que não foram dignos do Reino dos Céus após a morte. São eles: a oração da Igreja por "aqueles que perecem no inferno", a esperança de ser libertado dos tormentos do inferno e, finalmente, a mensagem sobre a descida de Cristo Ressuscitado ao abismo para resgatar todos os detidos. Enquanto a Igreja seja viva – e ela viverá eternamente – não cessará a oração dos cristãos por aqueles que estão excluídos do Reino de Deus. O coração cristão é repleto de amor por toda a humanidade, por toda criatura de Deus. Não rezarão os cristãos a Deus por seus irmãos pecadores, assim como o Papa Gregório rezou por Trajano, assim como São Silvano e muitos outros santos rezavam pelo mundo inteiro? Não apelará a Igreja a Deus com uma esperança firme de que, cedo ou tarde, o Senhor aceitará a sua oração? Diariamente, a Igreja oferece o sacrifício incruento em nome de todos os vivos e mortos, reza pela salvação de todo mundo ao Sempre Puro Cordeiro Cristo, que assumiu o pecado do mundo. E ela rezará pelos moribundos e pelos defuntos, pela salvação de todos os homens criados por Deus, até mesmo após o tempo ser transformado em eternidade e todos nós "sermos transformados".

## Paraíso, o Reino dos Céus

O paraíso não é um lugar, mas sobretudo um estado da alma. Assim como o inferno é um sofrimento decorrente da impossibilidade de amar, o paraíso é a bem-aventurança da alma,

---

43. PG 46, 97C-100A.

derivada da abundância de amor e de luz. Aquele que se uniu a Cristo, adere plenamente ao paraíso. Não é contraditório que o paraíso é representado como um lugar, possuindo "habitações" e "salões", pois todas as representações têm por objetivo expressar verbalmente aquilo que é inefável e superior à razão humana.

Na Bíblia, a palavra paraíso (*paradeisos*) designa o jardim, no qual Deus pôs o primeiro homem. Na tradição da Igreja primitiva, a mesma palavra designava a futura bem-aventurança dos homens, expiados e salvos por Cristo. Ela também é chamada de "Reino dos Céus", "a vida do século futuro", "oitavo dia", "o novo céu", "Jerusalém celestial". Santo Apóstolo João Evangelista diz:

> E vi um novo céu, e uma nova terra. Porque já o primeiro céu e a primeira terra passaram, e o mar já não existe. E eu, João, vi a santa cidade, a nova Jerusalém, que de Deus descia do céu, adereçada como a esposa ataviada para o seu marido. E ouvi uma grande voz do céu, que dizia: "Eis aqui o tabernáculo de Deus com os homens, pois com eles habitará, e eles serão o seu povo, e o mesmo Deus estará com eles, e será o seu Deus. E Deus limpará de seus olhos toda a lágrima; e não haverá mais morte, nem pranto, nem clamor, nem dor; porque já as primeiras coisas são passadas". E o que estava assentado sobre o trono disse: "Eis que faço novas todas as coisas". E disse-me: "Escreve; porque estas palavras são verdadeiras e fiéis". E disse-me mais: "Está cumprido. Eu sou o Alfa e o Ômega, o princípio e o fim. A quem quer que tiver sede, de graça lhe darei da fonte da água da vida". [...] E levou-me em espírito a um grande e alto monte, e mostrou-me a grande cidade, a santa Jerusalém, que de Deus descia do céu. [...] E tinha a glória de Deus; [...] e nela não vi templo, porque o seu templo é o Senhor Deus Todo-poderoso, e o Cordeiro.

> E a cidade não necessita de sol nem de lua, para que nela resplandeçam, porque a glória de Deus a tem iluminado, e o Cordeiro é a sua lâmpada. E as nações dos salvos andarão à sua luz; [...] E não entrará nela coisa alguma que contamine, e cometa abominação e mentira; mas só os que estão inscritos no livro da vida do Cordeiro (Ap 21,1-6.10.22-24.27).

Essa é a descrição do paraíso mais antiga na literatura cristã.

Quando lemos as descrições do paraíso na literatura hagiográfica e teológica, precisamos considerar o fato de que a maioria dos autores da Igreja Oriental escreviam sobre o paraíso que eles mesmos viram, sendo levados pela força do Espírito Santo. Até mesmo entre os nossos contemporâneos, que tinham passado pela morte clínica, há pessoas que viram o paraíso e que compartilharam a sua experiência. Nas histórias de vida dos santos encontramos numerosas descrições do paraíso. Santa Teodora, Santa Efrocínia de Suzdal, São Simeão Estilita, Santo André de Constantinopla e alguns outros santos foram, assim como o Apóstolo Paulo, "arrebatados ao terceiro céu" (2Cor 12,2) e contemplaram a bem-aventurança do paraíso. Santo André (século X) assim descreveu o paraíso:

> Eu estava no paraíso belo e maravilhoso. Surpreso, eu pensava: "O que é isso?" "Como fui parar aqui?" Eu vi que estava usando vestes claras, como se fossem feitas de relâmpagos; portava uma coroa, feita de flores, e um cinto dos reis. Alegrando-me com essa beleza, admirado pela inefável perfeição do paraíso divino, eu caminhava lá, contente. Havia nele muitos jardins com árvores altas, cujas copas balançavam e emanavam um aroma abundante. [...] Essas árvores não se parecem com nenhuma árvore terrena, pois não foi a mão humana, e sim a divina que as plantou. Havia nesses jardins um número incontável de

> aves. [...] Eu vi um grande rio, que fluía entre os jardins. Havia um vinhedo do outro lado do rio. [...] Os ventos brandos e perfumados sopravam dos quatro cantos, agitando os jardins e produzindo um ruído encantador. [...] Depois disso, entramos em um fogo misterioso, que não nos queimava, mas só iluminava. Comecei a temer, e então o anjo que me acompanhava disse, dando-me a sua mão: "Precisamos subir mais". Assim, chegamos ao terceiro céu, no qual eu vi e ouvi inúmeras forças celestiais cantando e glorificando a Deus. [...] [Subindo mais ainda], eu vi o Senhor, como um dia o Profeta Isaías, que estava sentado num trono alto, cercado por serafins. Ele usava uma veste vermelha, sua face resplandecia de uma luz inefável, e Ele me olhou com amor. Com isso, eu me prostrei diante dele. [...] Que alegria inefável que senti por ter visto a sua face! Até hoje encho-me de alegria, recordando essa visão!"[44]

Santa Teodora viu no paraíso "cidades belas e salões numerosos, preparados para aqueles que amam a Deus", e ouviu "a voz da alegria e do contento espiritual"[45].

Todas as descrições do paraíso ressaltam que as palavras humanas dificilmente podem retratar a beleza celestial, pois ela é "inefável" e extrapola a compreensão humana. Elas também apontam para "muitas moradas" (Jo 14,2), ou seja, para diferentes graus da bem-aventurança. "Um (Deus) honra uns com benefícios maiores, outros com os menores, pois 'uma estrela difere em glória de outra estrela'" (1Cor 15,41). E como são "'muitas moradas' do Pai, uns serão acolhidos por Ele num estado superior e mais alto, outros, nos estados inferiores", escreve São

44. Apud BISPO INÁCIO BRIANTCHIANINOV. Vol. 3. São Petersburgo, 1905, p. 83-87 [obra em 7 volumes, em russo].

45. Ibid., p. 84.

Basílio Magno[46]. No entanto, para cada um deles, a sua própria "morada" será a mais plena e superior bem-aventurança que ele possa atingir, dependendo de sua proximidade com Deus durante a sua vida na terra. Todos os santos, presentes no paraíso, verão e conhecerão uns aos outros, enquanto Cristo verá e irradiará a todos, de acordo com São Simeão, o Novo Teólogo. No Reino dos Céus os justos "resplandecerão como o sol" (Mt 13,43), serão semelhantes a Deus (1Jo 3,2) e o conhecerão (1Cor 13,12). Comparada com a beleza e com o esplendor do paraíso, a nossa terra é apenas "um calabouço sombrio". Comparada com a luz triúna, a luz do sol parece apenas uma pequena vela[47]. Comparadas com a futura bem-aventurança dos homens no paraíso, as alturas da contemplação divina, que São Simeão atingiu durante a sua vida, parecem apenas um céu, desenhado no papel com um lápis[48].

Segundo o ensinamento de São Simeão, todas as imagens do paraíso, encontradas na literatura hagiográfica, a saber: campos, florestas, rios, palácios, aves, flores etc., são apenas símbolos daquela bem-aventurança que deriva da contemplação incessante de Cristo:

> Tu és o Reino dos Céus!
> Tu és a terra para os humildes, ó Cristo,
> Tu és o meu paraíso verdejante,
> Tu és a minha morada divina. [...]
> Tu és o alimento de todos e o pão da vida.
> Tu és o orvalho da renovação,
> Tu és o cálice vivificante,
> És a fonte da água viva,
> Tu és a luz para todos os teus santos. [...]

---

46. SÃO BASÍLIO MAGNO. Tomo 1, p. 405 [obra em 3 tomos, em russo].

47. *Tratado ético*, 1 [SC 122, 292-300].

48. *Ação de graças*, 2, 250-252 [SC 113, 350].

E "muitas moradas", acredito eu,
Revelam-nos que haverá muitos estágios
Do amor e do esclarecimento,
Que cada um, na medida de suas forças,
Atingirá a contemplação,
E a medida será essa, para cada um,
A magnitude, a glória,
A paz, o júbilo –
Embora em proporção diferente.
Assim, os salões múltiplos,
As moradas diferentes,
As vestes preciosas. [...]
As coroas variadas,
E as pedras, e as pérolas,
As flores perfumadas [...] –
Tudo isso é igual,
No paraíso,
À única contemplação
De ti, ó Senhor Deus![49]

São Gregório de Nissa propõe uma ideia similar:

> Nos tempos presentes, o transcorrer de nossa vida é variado e multiforme; e numerosas são as coisas às quais nós participamos, como o tempo, o ar, o lugar, a alimentação e a bebida, as vestes, o sol, a luz, e muitas outras coisas essenciais às necessidades da vida, nenhuma das quais é Deus. A bem-aventurança que aguardamos, ao contrário, não tem necessidade de nada, uma vez que a natureza divina se transformará para nós em todas as coisas, dando-se em partilha, de maneira apropriada, para todas as necessidades da vida celeste. [...] Para aqueles que disto são dignos, [Deus] se torna lugar, casa, vestimenta, alimen-

49. SÃO SIMEÃO, O NOVO TEÓLOGO. *Hino 1*, 132-159 [SC 156, 168-170].

> to, bebida, luz, riqueza, realeza e todo pensamento e nome relativos às coisas que contribuirão para a beleza da nossa vida. Mas aquele que se torna tudo se encontra também em todas as coisas[50].

Após a ressurreição universal, Cristo preencherá consigo toda alma humana e todas as criaturas, e nada permanecerá fora dele, mas tudo transfigurar-se-á, resplandecerá e transformar-se-á. Esse é aquele "dia sem anoitecer" do Reino de Deus, "a alegria eterna, a Liturgia eterna com Deus e em Deus"[51]. Tudo que é excedente e desnecessário desaparecerá, e Cristo reinará nas almas dos homens expiados por Ele, assim como no universo transfigurado. Isso representará a vitória definitiva do Bem sobre o mal, da Luz sobre a escuridão, do paraíso sobre o inferno, de Cristo sobre o anticristo. Isso será a abolição definitiva da morte. "Então cumprir-se-á a palavra que está escrita: Tragada foi a morte pela vitória. Onde está, ó morte, o teu aguilhão? Onde está, ó inferno, a tua vitória? (Os 13,14). [...] Mas graças a Deus que nos dá a vitória por nosso Senhor Jesus Cristo" (1Cor 15,54-57).

* * *

> Amados, observemos como o Senhor não cessa de dar-nos provas de que, no futuro, a ressurreição se concretizará. Deu-nos prova dela primeiramente ressuscitando Jesus Cristo dos mortos. Amados, vejamos como se dá a ressurreição no seu tempo. O dia e a noite nos manifestam a ressurreição: dorme a noite, ressuscita o dia; o dia se retira, chega a noi-

---

50. GREGÓRIO DE NISSA. *A alma e a ressurreição*, IV. São Paulo: Paulus, 2011, p. 238-239 [Trad. Bento Silva Santos].

51. ARCEBISPO CIPRIANO (KERN). *Da hora da morte*. Moscou, 1990, p. 13 [em russo].

te. Exemplifiquemos com os frutos da terra: Como e de que modo faz-se a semeadura? O semeador sai e espalha, semente por semente, pela terra lavrada, que caem secas e nuas sobre a terra e aí se desfazem; desta decomposição, a grandiosa providência do Senhor as ressuscita, de forma que, de uma, aumentam para muitas e produzem fruto (SÃO CLEMENTE ROMANO. *Primeira Carta aos Coríntios*, 24).

É preciso esperar que a criatura sofrerá, como se fosse condenada à morte por meio da queimação. Mas é para que ela seja recriada, e não para que pereça, para nós, renovados, vivermos em um mundo renovado. [...] Observe o exemplo do sono e do despertar. Porque após o despertar segue o sono, e após o sono segue o despertar. Isso é a essência do ensinamento sobre a morte e a ressurreição, pois "o sono e a morte são gêmeos" (Homero). Assim, a vivificação dos mortos é tão necessária como o despertar do sono. [...] Os corpos mortos reviverão. Se quiser, isso procede também das sementes e plantas, pois todas elas anunciam a ressurreição. Observa as sementes, que, nuas e secas, são espalhadas pela terra, e aparecem de lá férteis novamente (SÃO METÓDIO DE OLIMPOS. *Da ressurreição dos mortos* [contra Orígenes]).

Se não há ressurreição, tampouco há Deus, nem a providência: tudo se move e é conduzido automaticamente [...]. Mas alguém dirá: "Como ressuscitarão os mortos?" Ó, que incredibilidade! Ó, que insensatez! Ele que transforma o pó em um corpo com sua única vontade, Ele que ordena crescer uma pequena semente no seio da mãe, Ele que completa esse organismo múltiplo e variado que é o corpo, por acaso, apenas com a sua vontade, não ressuscitará de novo alguém que existiu e se desfez? [...] Mas não só com as palavras, mas com as obras mostrou a ressurreição dos mortos. Em primeiro lugar, [o Senhor] ressuscita Lázaro, falecido havia quatro dias, já corrompido e cheirando mal. Levantou não a alma privada do corpo, mas o corpo junto com a alma, e não um outro, mas aquele que estava corrompido. [...] Portanto, vemos que as sementes estão cobertas em sulcos como se estivessem em túmulos. Quem lhes fornece estas raízes, os talos, as folhas, as espigas e as espinhas finíssimas? Não é o criador de tudo? Por acaso não foi tudo feito por Ele segundo o seu mandato? [...] Assim, pois, seremos ressuscitados quando serão unidas as almas aos corpos transformados em incorruptíveis e livres da corrupção (SÃO JOÃO DAMASCENO. *Exposição da fé*, IV, 27 [JUAN DAMASCENO. *Exposición de la fe*. Madri: Ciudad Nueva, 2003]).

Um dia, levantei-me cedo e fui com os dois irmãos para [...] fora da cidade e levantei o meu olhar aos céus, que, como se fosse um espelho límpido, iluminava gloriosamente a terra com as estrelas, e espantado disse: "Se as estrelas resplandecem com tanta intensidade, como então resplandecerão, no momento da vinda do Senhor, com a luz inefável da glória salvadora, aqueles justos e santos que obedeceram à vontade divina!" Mas, tendo recordado dessa temível vinda de Cristo, meus ossos tremeram e eu chorei, sentindo meu corpo e minha alma abalados. Então disse, suspirando: "Como serei eu, pecador, nessa hora temível? Como apresentar-me-ei perante o trono do Grande Juiz? [...] Como eu, estéril, poderia entrar no meio dos santos? [...] O que farei quando os santos reconhecerem-me nos salões celestiais? Quem reconhecer-me-á? Os justos estarão nos salões e os ímpios no fogo" (SANTO EFRÉM O SÍRIO. *Sermão compassivo*. [*Ephraim tou Syrou erga*. Tessalônica, 1988, sel. 392-393]).

Uma vez destruído o mal depois de longos períodos de tempo, não permanecerá senão o Bem. De fato, essas criaturas também reconheceram concorde e unanimemente o senhorio de Cristo. [...] Mas aquele que se torna tudo se encontra também em todas as coisas; este discurso me parece, portanto, ensinar também a destruição completa do mal. Se, de fato, Deus está em todos os seres, é claro que o mal não se encontra neles. [...] O propósito de Deus é um só: tornar possível para todos a participação nos bens que se encontram nele [...]. Quando, portanto, os seres desse gênero forem eliminados e destruídos pela cura do fogo, cada uma dessas realidades cuja noção tem um conteúdo positivo virá tomar o lugar: a incorruptibilidade, a vida, a honra, a graça, a glória, a potência, e toda outra realidade desse gênero que, segundo nossas conjecturas, se possa contemplar ao mesmo tempo em Deus mesmo e em sua imagem, que é a natureza humana (SÃO GREGÓRIO DE NISSA. *A alma e a ressurreição*. São Paulo: Paulus, 2011, p. 215-216, 238-239, 274, 281 [Trad. Bento Silva Santos]).

"E vi um novo céu, e uma nova terra. Porque já o primeiro céu e a primeira terra passaram, e o mar já não existe" (Ap 21,1). Não é da destruição das criaturas que se trata aqui, mas de mudanças para o melhor, segundo o testemunho do apóstolo: "a mesma criatura será libertada da servidão da corrupção, para a liberdade da glória dos filhos de Deus" (Rm 8,21). [...] A renovação daquilo que é antigo não significa a aniquilação, mas sim a abolição da velhice e das rugas. Assim se diz sobre os homens que se tornaram melhores ou piores por alguma razão: "é ele, mas não é", ou seja, é transformado. [...] A visão de São João da santa cidade de Jerusalém indica uma passagem para a claridade, que foi concedida à Jerusalém celestial. [...] Essa cidade é composta de santos, e o seu fundamento é Cristo. [...] Não haverá [nela] pranto, nem lágrimas, pois a Fonte de Alegria Eterna concede a alegria constante a todos os santos (SANTO ANDRÉ DE CESAREIA. *Comentários sobre o Apocalipse*, 65).

Na cruz, a morte é engolida pela vida. Em Cristo, a morte entra em divindade e é consumida por ela, pois "não acha nela um lugar". Assim, a redenção significa a luta da vida contra a morte e o triunfo da vida. A humanidade de Cristo constitui a premissa da nova criação, pois através dela uma força viva invade o universo para ressuscitá-lo e transfigurá-lo por meio da destruição final da morte. Após a encarnação e a ressurreição a morte não está mais tranquila, pois ela não é mais absoluta. Tudo tende agora à restauração universal de tudo que tenha sido destruído pela morte, à iluminação de todo universo pela glória de Deus, que se torna "tudo em todos". [...] Cristo é o chefe da Igreja, isto é, daquela nova humanidade, no seio da qual nenhum pecado, nenhuma força maligna possam separar definitivamente o homem da graça. [...] A obra de Cristo se expande para toda humanidade, para além dos limites visíveis da Igreja. Toda fé no triunfo da vida sobre a morte, todo pressentimento da ressurreição constituem uma fé implícita em Cristo, pois só a força de Cristo pode ressuscitar e ressuscita os mortos. Após a vitória de Cristo sobre a morte, a ressurreição se tornou uma lei geral de toda a criação, não apenas da humanidade, mas também dos animais, plantas, pedras e todo o universo [...] (LOSSKY, V. *Teologia dogmática – Estudo sobre a teologia mística da Igreja Oriental*, p. 286-288).

Que ninguém receie a morte, porque a morte do Salvador dela nos libertou. Aquele que a morte tinha agarrado destruiu-a, Aquele que desceu aos infernos despojou-os... Isaías tinha-o predito ao dizer: "O inferno ficou consternado quando te encontrou" (14,9). O inferno ficou cheio de amargor porque foi arruinado; humilhado, porque foi entregue à morte; esmagado, porque foi aniquilado. Apoderou-se de um corpo e viu-se diante de Deus; agarrou-se à terra e encontrou o céu; apropriou-se do que via e foi derrotado por causa do Invisível. "Ó morte, onde está o teu aguilhão? Inferno, onde está a tua vitória?" (1Cor 15,55). Cristo ressuscitou e foste arruinado! Cristo ressuscitou e os demônios foram precipitados! Cristo ressuscitou e os anjos estão em júbilo! Cristo ressuscitou e já não há mortos nos túmulos porque Cristo, ressuscitado dos mortos, tornou-se as primícias dos que tinham adormecido. A Ele a glória e o poder pelos séculos dos séculos. Amém! (SÃO JOÃO CRISÓSTOMO. *Homilia de Páscoa [spuria]* [PG 59, 723-724]).

# Principais abreviaturas

PG: MIGNE, J.-P. *Patrologiae cursus completus* – Series graeca.

PL: MIGNE, J.-P. *Patrologiae cursos completus* – Series latina.

SC: *Sources Chrétiennes*.

*A filocalia*: *Filokalia ton hieron neptikon*. Atenas, 1957-1963.

# ÍNDICE

# Dicionário de Teologia Fundamental

Esse *Dicionário* tem por base o binômio revelação-fé. Em torno deste eixo giram os 223 verbetes que o compõem. A estrutura do *Dicionário* foi pensada de modo a propor, a quem o desejar, um estudo sistemático de todos os temas da Teologia Fundamental: os princípios básicos e suas implicações.

Em sua concepção inicial, essa obra procurou definir, antes de tudo, as grandes linhas do *Dicionário* e, em seguida, determinar os verbetes a serem tratados, levando em conta uma série de critérios.

Mesmo tendo sido composto há algumas décadas, permanece muitíssimo atual, justamente pela forma abrangente utilizada em sua organização. Sendo um dicionário, não contém tratados teológicos sistemáticos, mas cada temática é apresentada com uma grande abrangência. Além disso, ao final de cada verbete há indicações bibliográficas para aprofundamento.

# A humanidade de Jesus

*José Maria Castillo*

Só é possível alcançar a plenitude "do divino" na medida em que nos empenhamos para atingir a plenitude "do humano". Só podemos chegar a ser "mais divinos" fazendo-nos "mais humanos". Esta proposta tem que invadir e impregnar toda a vida e a atividade da Igreja: sua teologia, seu sistema organizativo, sua moral, suas leis, sua presença na sociedade e sobretudo a vida e a espiritualidade dos cristãos.

É uma proposta que brota do próprio centro da fé cristã: o Deus do cristianismo é o "Deus encarnado". Ou seja, o "Deus humanizado", que se deu a conhecer num ser humano, Jesus de Nazaré. Entretanto, ocorre que, na história do cristianismo, a humanidade de Jesus, bem como suas consequências, foi mais difícil de ser aceita do que a divindade de Cristo. Esta dificuldade nos exige encarar a seguinte pergunta: Quem ocupa realmente o centro da vida da Igreja, Jesus e seu Evangelho ou São Paulo e sua teologia? Não se trata da velha questão sobre quem fundou a Igreja. A Igreja tem sua origem em Jesus. Ela, portanto, tem seu centro em Jesus, o Messias, o Senhor, o Filho de Deus. Porém, mesmo tendo isto por pressuposto, não se pode negligenciar esta pergunta imperativa.

A partir dela surgem outras perguntas: De onde ou de quem foram tomados os grandes temas que são propostos e explicados na teologia católica? Em que e como se justificam o culto, os ritos e, em geral, a liturgia que se celebra em nossos templos? A partir de quem e de quais argumentos se legitima o modo de governo que se exerce na Igreja? Que forma de presença na sociedade a Igreja deve ter? Por que o cristianismo aparece mais como uma religião e muito menos como a presença do Evangelho de Jesus em nosso mundo? Enquanto a Igreja não enfrentar seriamente estas questões, dando-lhes as devidas respostas, dificilmente ela recuperará sua identidade, e tampouco cumprirá sua missão no mundo.

Na presente obra, José Maria Castilho busca respostas para as várias perguntas que surgem quando se trata da humanidade de Jesus.

**José Maria Castillo** nasceu em Granada (Espanha) em 1929. É doutor em Teologia pela Universidade Gregoriana de Roma. Lecionou em Granada, Roma e Madri, sendo professor-convidado em São Salvador. Fundador e membro da direção da Associação de Teólogos e Teólogas João XXIII, e autor de dezenas de obras de teologia e espiritualidade. Tem publicada pela Vozes a obra *Jesus: a humanização de Deus*.

**EDITORA VOZES LTDA.**
**Rua Frei Luís, 100 – Centro – Cep 25689-900 – Petrópolis, RJ**
**Tel.: (24) 2233-9000 – E-mail: vendas@vozes.com.br**